旅游政策与法规
（第3版）

李海峰 主编

清华大学出版社
北京

内 容 简 介

本书根据新旅游政策与法规编写,共 12 章,内容包括旅游法概述、旅行社管理法规制度、导游人员管理法规制度、旅游饭店管理法规制度、旅游交通管理法规制度、旅游安全管理法规制度、旅游保险法规制度、旅游投诉管理法规制度、旅游资源管理法规制度、旅游者出境入境管理法规制度、旅游消费者权益保护法律制度、合同法律制度。

本书可作为高等院校旅游专业及导游人员资格考试"旅游政策与法规"科目的教材,也可作为旅游企事业单位管理人员的岗位培训教材和参考书。

图书在版编目(CIP)数据

旅游政策与法规/李海峰主编.—3 版.—北京:清华大学出版社,2020.7(2025.1 重印)
ISBN 978-7-302-55484-4

Ⅰ.①旅… Ⅱ.①李… Ⅲ.①旅游业－方针政策－中国 ②旅游业－法规－中国 Ⅳ.①F592.0
②D922.296

中国版本图书馆 CIP 数据核字(2020)第 083917 号

责任编辑:吴梦佳
封面设计:常雪影
责任校对:赵琳爽
责任印制:杨 艳

出版发行: 清华大学出版社
  网 址: https://www.tup.com.cn,https://www.wqxuetang.com
  地 址: 北京清华大学学研大厦 A 座   **邮 编:** 100084
  社 总 机: 010-83470000   **邮 购:** 010-62786544
  投稿与读者服务: 010-62776969,c-service@tup.tsinghua.edu.cn
  质量反馈: 010-62772015,zhiliang@tup.tsinghua.edu.cn
  课件下载: https://www.tup.com.cn,010-83470410
印 装 者: 北京嘉实印刷有限公司
经 销: 全国新华书店
开 本: 185mm×260mm **印 张:** 16 **字 数:** 361 千字
版 次: 2015 年 5 月第 1 版 2020 年 7 月第 3 版 **印 次:** 2025 年 1 月第 10 次印刷
定 价: 49.00 元

产品编号:086813-01

第 3 版前言

2015 年 5 月,《旅游政策与法规》出版;2017 年 11 月,《旅游政策与法规(第 2 版)》出版。近两年来,又有一批新制定或修正的旅游政策、法规公布实施。例如,2018 年 3 月 9 日,国务院办公厅印发了《关于促进全域旅游发展的指导意见》(国办发〔2018〕15 号);2018 年 12 月 10 日,文化和旅游部、国家发展和改革委员会等 17 部门联合印发了《关于促进乡村旅游可持续发展的指导意见》(文旅资源发〔2018〕98 号);2019 年 1 月 6 日,文化和旅游部印发《关于实施旅游服务质量提升计划的指导意见》(文旅市场发〔2019〕12 号)。再如,2017 年 11 月 4 日,《中华人民共和国文物保护法》第五次修正;2018 年 1 月 1 日,《导游管理办法》施行;2018 年 4 月 27 日,《中华人民共和国国境卫生检疫法》第三次修正;2018 年 10 月 26 日,《中华人民共和国旅游法》第二次修正;2018 年 12 月 29 日,《中华人民共和国民用航空法》第五次修正;2018 年 12 月 29 日,《中华人民共和国食品安全法》修正;2019 年 10 月 11 日,修订后的《中华人民共和国食品安全法实施条例》公布,自 2019 年 12 月 1 日起施行。

本次教材修订主要突出三个方面的特点:一是所援引的法律法规更新至 2019 年 10 月 31 日,体现了新时代旅游立法和旅游行政管理的新动态;二是在内容选择上注重与全国导游人员资格考试新大纲对接,抓住了旅游业发展对从业人员素质提出的新要求;三是结合这两年新形势发展的要求对全部章节均做了较为系统、细致的更新、优化,既保留了原书的特色,又体现了与时俱进的时代特色,反映了国家旅游及相关行业进程的演变及新成果。

本次教材修订仍由李海峰教授(重庆交通大学)担任主编,全书共 12 章,具体编写分工如下:第 1、第 11、第 12 章由李海峰编写;第 3、第 5 章由师晓华(西安外事学院)编写;第 2、第 4、第 8 章由宋银萍(西安外事学院)编写;第 6、第 7 章由孙颖玲(西安外事学院)编写;第 9、第 10 章由郭良(西安外事学院)编写。

本书在编写和修订过程中参考了许多专家、学者的研究成果,在此一并表示感谢。

由于编者水平有限,书中难免有不当之处,恳请广大读者批评、指正。

编　者

2019 年 11 月

第 2 版前言

本书第 1 版自 2015 年 5 月出版以来，受到广大读者的好评，先后重印五次，发行近万册。

两年来，新的旅游法律法规相继出台。2015 年 11 月，住房和城乡建设部制定了《国家级风景名胜区管理评估和监督检查办法》；2016 年 2 月和 12 月，国务院和国家旅游局分别对《旅行社条例》和《旅行社条例实施细则》进行了修订；2016 年 8 月，国家旅游局发布了《关于深化导游体制改革加强导游队伍建设的意见》；2016 年 9 月 29 日，国家旅游局第 41 号令发布《旅游安全管理办法》，并于 2016 年 12 月 1 日起施行。尽管每次重印我们都根据新的法律法规修订了教材的相关内容，但在局部修订不能确保本书的严谨性，也不能确保教材能紧跟法律法规的变化时，我们就必须对照新的法律法规、结合读者的意见，启动本书的再版工作。

本次再版，修订内容主要集中在第 1、第 2、第 3、第 6、第 9 章，同时结合近两年各地导游资格考试大纲及试题，更新了各章的习题、案例。再版后的教材，在保持原版的体例结构和风格的同时，体现了以下特色：紧扣新旅游法律法规；简明扼要、通俗易懂；理论知识与应用能力培养并重；内容灵活多样，便于教与学；免费提供教学课件及习题参考答案；融入经典案例与解析。

本书由李海峰担任主编，全书共分 12 章，具体编写分工如下：第 1、第 2 章由陈文娟编写；第 3、第 5 章由师晓华编写；第 4、第 8 章由宋银萍编写；第 6、第 7 章由孙颖玲编写；第 9、第 10 章由郭良编写；第 11、第 12 章由李海峰编写。

本书在编写过程中参考了许多专家、学者的研究成果，在此一并表示感谢。

由于编者水平有限，教材内容如有与法律法规不同之处，以法律法规为准。书中难免有不当之处，恳请广大读者批评、指正。

编　者

2017 年 3 月

　　旅游法制建设是随着国家法制体系的逐步健全和旅游业的逐步壮大而日益完善的。近年来,国内旅游业和地方旅游经济发展迅速,新的单项法规和地方法规不断施行,以往过时的行政法规被修改和补充。

　　2013 年 10 月 1 日,我国首部旅游法——《中华人民共和国旅游法》(以下简称《旅游法》)正式实施。《旅游法》的出台,旨在保障旅游者和旅游经营者的合法权益,规范旅游市场秩序,保护和合理利用旅游资源,促进旅游业持续健康发展。《旅游法》对旅游相关内容都做了明确规定,全面、科学,指导性强。根据《旅游法》修订教学内容,不仅是落实《旅游法》的需要,也是教材编者应承担的义务。

　　为此,我们根据 2005 年以来新的旅游法规,结合多年的教学实践,编写了本书。

　　本书从旅游管理专业及相应职业技能鉴定的需要出发,简明、实用、通俗、全面地介绍了我国新旅游政策与法规的基本知识和基本概念。同时,为突出对学生运用所学理论解决实际问题能力的培养,除了在正文中穿插案例外,还在每章的后面增加了思考与练习,引导学生"学法、守法、用法"。

　　本书由李海峰担任主编。全书共分 12 章,具体编写分工如下:第 1、第 2 章由陈文娟编写;第 3、第 5 章由师晓华编写;第 4、第 8 章由宋银萍编写;第 6、第 7 章由孙颖玲编写;第 9、第 10 章由郭良编写;第 11、第 12 章由李海峰编写。

　　本书在编写过程中参考了许多专家、学者的研究成果,一并作为参考文献附于书后以示感谢。

　　需要说明的是,本书是高等院校旅游类相关专业的教材,其内容所涉及法律的解释尽量以相关的法规为依据,但由于编者水平有限,如有与法规不同之处则以法规为准,若有不当或不足之处,恳请广大读者批评、指正。

编　者

2015 年 4 月

目　录

第 1 章

旅游法概述

内容提要

　　"依法治旅""依法兴旅"已经成为各级政府主管部门和旅游业业内人士的共识。本章首先对旅游法的产生和发展、国内外旅游立法状况进行简要的介绍,明确旅游法的概念及其特点,然后对旅游法律关系的概念、特征、构成要素、确立与保护等内容进行讲解,最后介绍了《旅游法》的立法目的、适用范围和基本框架。

本章重点

　　(1) 旅游法的概念及其特点。
　　(2) 旅游法律关系的概念及其特征。
　　(3) 旅游法律关系的构成要素。
　　(4) 旅游法律关系的确立与保护。

1.1　旅游法的产生和发展

1.1.1　旅游业的发展与旅游法的产生

　　旅游法是旅游活动发展的必然产物,它随着旅游业的发展而产生,随着旅游业的不断发展而健全、完善。

　　旅游作为人类社会的一种活动现象,最早产生于原始社会末期和奴隶社会的形成时期,但那时的旅游活动是分散的和个别的,没有形成一个产业部门。

　　进入近代,随着资本主义生产关系的确立和工业革命的兴起,社会生产力和阶级关系发生了巨大变化。社会经济的迅速增长、资产阶级财富的积累及带薪假日的出现,为旅游活动的发展奠定了基础,为更多的人外出旅游提供了机会和条件。但是,由于大多数人没有外出旅游的经验,特别是对远距离的出境游更是陌生,需要有机构提供帮助,就导致一个新的经济领域——旅游业的产生。19 世纪 40 年代,在英国出现了专门从事旅游活动的组织者和经营机构——旅行社,标志着人类的旅游活动进入一个新的历史阶段,也标志着旅游业的诞生。此后,在欧洲和北美相继出现了许多类似的旅游经营组织,它们极大地推动了旅游业的发展。

随着旅游活动范围和规模的扩大,以及内容和形式的丰富,旅游活动和生态环境保护之间、旅游者与旅游经营者之间、旅游经营者之间,以及旅游业发展与政治、经济、文化发展之间等,也出现了一系列错综复杂的社会关系,如何处理这些关系成为国家亟待解决的问题。因此,许多国家和政府,特别是发达国家已经逐步认识到通过法律手段规范和调整上述社会关系的迫切性与重要性。20世纪50年代,旅游法在一些旅游业比较发达的国家应运而生。

在旅游业快速发展的过程中产生的各种错综复杂的关系,以及必然带来的各种矛盾和问题,足以左右一个国家的政策,也使越来越多的国家逐步意识到,必须用强有力的手段特别是用法律的手段协调关系、缓和矛盾、解决问题。也就是说,现代旅游业的发展已顺理成章地向上层建筑提出了立法要求。

1.1.2　旅游法的概念及其特点

旅游法作为一个概念被提出来,大约是在20世纪50年代末60年代初。有关专家和学者对这样一个首先出现在旅游业发达国家的新兴的法律部门开始加以研究。那么,什么是旅游法呢? 这里所说的旅游法,不是一部单一的法律,而是以旅游关系为调整对象的各种法律规范的总和。它有自身的特点。

1. 旅游法是调整旅游关系的一系列法律规范的总和

旅游法是调整旅游关系的一系列法律规范的总和,而非一部单一的法律文件。这一规范体系以旅游为主线统一,既包括一个国家发展旅游业的根本大法——旅游基本法,也包括涉及旅游活动各领域内单行的旅游法律、法规、规章,还包括散见于其他法律法规中的有关旅游的法律规定;既包括国内规范,也包括国际规范。

2. 旅游法的调整对象是旅游活动中的各种社会关系

旅游活动中的各种社会关系包括旅游企业与旅游者之间的关系、旅游行政管理机关与旅游企业之间的关系、旅游企业与旅游企业之间的关系、旅游涉外因素之间的关系(如外国旅游企业和中国旅游企业之间的关系)等。这些社会关系都是在旅游活动过程中产生的,体现了旅游活动的特点,这也是旅游法区别于其他法的显著标志之一。例如,旅游者在旅游活动过程会和旅游企业之间结成权利、义务关系,旅游者同时也会与其他的法律关系主体形成社会关系,但有些关系不是因旅游活动而产生的,体现不了旅游活动的特点,因此,不属于旅游法的调整范围。

1.1.3　国外旅游立法概况

国外旅游立法主要包括两方面:一方面是指适用于参加国或签字国的多国旅游立法,如条约、公约、协定等;另一方面是指单一国家旅游立法状况。

1. 国际旅游立法概述

随着世界范围内旅游业的快速发展,地区与地区、国家与国家间旅游业务往来越来越频繁,而矛盾和纠纷也会随之出现。然而,由于各国旅游法规的制订都是基于本国旅游业发展的实际情况,当出现国际旅游矛盾和纠纷时,关于法律使用问题、法律责任问题、赔偿额度问题等难以统一,尤其当双方分别为发达国家和发展中国家时,各自相关法律规定会更加悬殊。为此,制订有关调整国际旅游领域中各种社会关系的条约、公约、协定等成为必要。所谓的国际立法,便是指各主权国家在遵循国际法原则的前提下,就其所适用的旅游法律规范由缔约国共同协商统一的结果。

由于国际旅游法的构成以各缔约国之间达成的条约、公约、协定、宣言、章程、国际惯例等为主,是各国在国际旅游相关业务活动中意志的统一,因此,在国际上并没有一个统一的立法机构。就参加国而言,有义务遵守条约或条约性文件;对于未参加国,国际旅游条约或条约性文件不具有约束力。

在国际旅游法中比较有影响的有以下几部。

(1) 国际旅馆业:《国际旅馆业新章程》(1981 年由国际旅馆协会理事会通过)。

(2) 国际旅游合同:《关于旅行契约的国际公约》(1970 年在布鲁塞尔签订)。

(3) 国际旅游交通:《华沙公约》(1929 年在华沙的第二次国际航空法会议上通过)、《国际航空运输协定》(1944 年签订于芝加哥)、《国际道路旅客和行李运输合同公约》(1923 年签订)等。

 补充阅读——条约的定义和特点

　　条约是国际法主体签订的协议。换句话说,非国际法主体间订立的协议不能称为条约。条约的双方或各方都必须是国际法主体,只要有一方不是国际法主体就不能形成条约。因此,下列所举的协议不能认为是条约。

　　(1) 个人之间缔结的协议,无论这些个人在国际社会中的地位如何重要,也无论这些协议的内容何等重要。

　　(2) 联邦国家中各成员国之间的协议以及成员国与其他国家间缔结的协议(除非另经授权)。

　　(3) 各国的行政部门或公共机构未经本国授权,非以国家名义签订的协议。

　　(4) 国家和外国个人或外国企业之间的协议。

2. 一些国家的旅游立法

在具有旅游传统的一些国家,旅游业起步早、发展快,这些国家对运用旅游法律调整旅游领域中的各种社会关系的重要性有清醒的认知,加之其法制建设比较完备,因此,在旅游立法方面形成了比较完善的法律体系。但是,由于各国具体情况不同,立法程序和法律法规形式存在较大的差异。

就目前旅游业发达的国家的旅游立法活动看,旅游立法形式主要有 3 种。

(1) 在通用性的法律法规中规定有关旅游业的法律条文。例如,德国的民法典中就有关于旅游契约的条文,这些条文是关于旅游政策方针、旅游企业及其经营原则、保护旅游者权益的法律。这些国家的立法者认为,旅游活动用通用性法律的一般规定就足以调整,不必针对旅游活动进行系统立法。

(2)针对旅游企业经营或旅游发展中出现的具体问题制订单行的旅游法律法规。例如,英国的《旅游保证金法案》、比利时的《旅行社法》。

(3)制订本国发展旅游事业的基本法律——旅游基本法。在一些旅游业比较发达、法制比较完善的国家,如日本、美国、英国、韩国、巴西、墨西哥等,都已颁布了旅游基本法。

1)日本的旅游立法

第二次世界大战以后,日本的旅游业随着经济的复苏逐渐发展起来,到日本旅游的外国人数量很快超过了第二次世界大战以前的水平。在此情况下,迫切要求旅游各行业及交通运输、旅游资源开发和保护等相关部门迅速提高工作服务质量。为此,日本政府制定了包括旅游行业法、与旅游相关的法律和旅游基本法在内的一系列法律,形成了一套完整的旅游法律法规体系。

(1)单项法律。单项法律主要包括1952年颁布的《旅行联络法》(1971年被《旅行业法》取而代之,1982年和1995年又两次修改),以及《旅馆业法》《翻译导游法》《国际观光振兴法》等。

(2)与旅游相关的法律。日本政府在旅游资源、旅游环境的管理和保护方面体制完善、法律完备,具有较高的效率和良好的效果。日本环境厅、农林水产省、建设省、国土厅、文化厅等部门及其派出机构负责旅游相关政策的制订、执行及旅游资源的开发、管理和环境保护。为掌握全日本的自然环境及其变化,日本环境厅已经进行了多次全国范围的"自然环境保全基础调查"(被称为"绿色人口普查"),每次普查结果都对旅游相关行政管理产生了很大影响。在协调旅游开发与资源环境保护的关系方面,《观光基本法》《国土利用规划法》《环境基本法》《自然公园法》《都市公园法》《自然环境保全法》《文化财产保护法》《古都保护法》《森林法》《以维护城市景观为目的的树木保存法》《鸟兽保护法》《温泉法》《海岸法》《都市计划法》《生产绿地法》等法律、法规发挥着重要的保障作用。

(3)旅游基本法。日本的《旅游基本法》于1963年颁布,是在总结长期旅游工作经验,出台大量旅游单项法律、相关法律的基础上制定的,是日本旅游事业发展的根本性法律。从2003年开始,日本为实现旅游立国的战略目标,召开旅游立国推进战略会议,大力发展生态旅游,不断加强与世界各国和地区之间的旅游合作,使日本的入境旅游得到快速发展。为适应新形势的变化,2007年1月1日,日本彻底废弃了《旅游基本法》,重新颁布实施《旅游立国推进基本法》。

在旅游法规制订方面,日本走在世界其他国家的前列。这是其旅游事业得以快速发展的一个重要原因。

2)美国的旅游立法

美国是旅游业最发达的国家,这与其积极有效的旅游立法活动有着密不可分的关系。

(1)关于旅游的单行法规、法案。美国政府制定了各种关于旅游的单行法规、法案,从多方面保证了旅游事业的健康发展。这些法规、法案,有的是关于保护公园和游览地的法律,对旅游资源的开发、利用和游览地的环境保护做了具体的规定;有的是关于食宿业方面的法律,对旅馆和餐馆的开业、经营做了具体规定;有的是关于旅行社行业的法律,对旅行社的经营、开办等都做了规定,其中对旅行社的开办规定得尤为具体。

此外,美国对于旅游相关行业也有单行法规,如运输业法、商业法等,它们从不同侧面保证了美国旅游事业的健康发展。

(2) 美国旅游基本法。1979 年 5 月,美国政府颁布了旅游基本法《全国旅游政策法》。该法共设 3 编,从国家发展旅游业的作用、设立全国旅游政策委员会的政策、旅游资源的保护、旅行游览发展公司的政策、旅游者的政策 5 个方面做出了规定。美国政府希望通过立法,在联邦政府、州和地方政府以及其他有关公众和私人组织之间建立一种合作方式,采取一些行之有效的措施和方法执行全国旅游政策。

1.1.4　我国旅游立法和旅游法制建设

我国的旅游法制建设是随着国家法制体系的逐步健全和旅游业的逐步壮大而日益完善的。在旅游业发展的不同阶段,旅游立法活动也显现出不同的特征。大体可分为 4 个阶段,即缺乏专项法规时期、出台单项法规时期、多种综合法规发展时期和法制建设初步形成体系时期。

在改革开放之前的近 30 年时间里,我国缺乏旅游专项法规。这一时期,我国旅游业发展规模小,旅游接待管理主要依靠国家的基本法律规范和政策性文件。

1978 年至 20 世纪 80 年代中期,是我国旅游法制建设的萌芽时期。这一时期,旅游业开始真正起步并迅速发展,旅游立法活动也紧随其后,尤其是 1985 年国务院发布实施的《旅行社管理暂行条例》,标志着我国旅游立法工作取得突破。

20 世纪 80 年代中期到 90 年代中期,随着旅游业的进一步发展,多种单项旅游法规相继出台,旅游法制建设上了一个新的台阶。

20 世纪 90 年代中期至今,是我国旅游法制建设初步形成体系的时期。这一时期,随着产业规模、内涵、地位的发展和提高,产业内部结构不断优化,尤其是国内旅游业和地方旅游经济发展迅速,使旅游立法活动中除了颁布新的单项法规和地方法规外,更多的是对以往过时的行政法规进行修改和补充,初步形成了我国旅游法律体系框架。

目前,我国已经形成的比较规范的旅游立法体系涉及以下 6 个方面的法律和规章。

1. 国家大法

党的十一届三中全会以来,我国颁布的涉及市场经济的国家大法很多,如《中华人民共和国专利法》《中华人民共和国商标法》《中华人民共和国消费者权益保护法》《中华人民共和国劳动法》《中华人民共和国合同法》等。这些经济法律对于保障社会主义市场经济的发展起到了极其重要的作用。旅游业是一个综合性的行业,上述涉及市场经济的国家大法对旅游业的发展同样起着至关重要的法律保护作用。

2. 旅游法

2013 年颁布的《旅游法》是我国的首部旅游法,具有里程碑意义。

3. 国务院行政法规

目前,国务院专门针对旅游业制定的行政法规主要有《旅行社条例》《导游人员管理条例》《中国公民出国旅游管理办法》。

4. 地方旅游管理条例

全国已有海南、河南、河北、武汉等多个省市出台了地方旅游业管理条例。

5. 旅游部门规章

旅游部门规章是由国家旅游行政管理部门制定的一些规定和技术性规范,已经制定并在实行的有旅行社管理方面的规章、旅游饭店管理方面的规章、导游人员管理方面的规章、出境旅游管理方面的规章等。

6. 其他部门相关法律法规

旅游业的发展离不开相关行业的协调与配合,这些相关部门的法律法规也是我国旅游立法体系中的重要组成部分,如《文物保护法》《风景名胜区管理条例》《自然保护区条例》等,在不同程度上对旅游社会关系起到了调整和促进作用。

总体而言,我国目前的旅游法律体系已经涉及旅游业的方方面面,这些法律法规在调整旅游业结构、规范旅游市场、解决旅游纠纷、保护旅游法律关系主体各方权利和义务等方面起到了一定的作用。

 补充阅读——政策与法规的关系

政策是指国家为实现一定政治、经济、文化等目标任务而确定的行动指导原则与准则。旅游政策是指国家或地方政府为实现一定时期内的旅游发展目标而确定的行动指导原则与准则。在我国,旅游政策的主要表现形式包括意见、通知、决定、规定等。例如,为了加强旅游市场综合监管、加强部门间对旅游市场违法违规行为的信息沟通、强化联合执法协调监管的相关工作机制、提升综合监管效率和治理效果,2016年2月4日,国务院办公厅印发了《关于加强旅游市场综合监管的通知》;为加快旅游供给侧结构性改革、指导各地促进全域旅游发展,2018年3月9日,国务院办公厅印发了《关于促进全域旅游发展的指导意见》(国办发〔2018〕15号);为深入贯彻落实《中共中央国务院关于实施乡村振兴战略的意见》(中发〔2018〕1号)和《乡村振兴战略规划(2018—2022年)》、推动乡村旅游提质增效、促进乡村旅游可持续发展、加快形成农业农村发展新动能,2018年12月10日,文化和旅游部、国家发展和改革委员会等17部门联合印发了《关于促进乡村旅游可持续发展的指导意见》(文旅资源发〔2018〕98号);为进一步提高旅游管理服务水平、提升旅游品质、推动旅游业高质量发展,根据《中共中央国务院关于开展质量提升行动的指导意见》(中发〔2017〕24号),2019年1月6日,文化和旅游部印发了《关于实施旅游服务质量提升计划的指导意见》(文旅市场发〔2019〕12号);另外,2016年12月7日,国务院印发了《"十三五"旅游业发展

规划》(国发〔2016〕70 号),明确了"十三五"时期(2016—2020 年)我国旅游业发展的
总体思路、基本目标、主要任务和保障措施。

法规是法律规范的简称,是指由国家制定和认可的,并由国家强制力保障实施的
行为规范的总称。旅游法规是指调整旅游活动领域中发生的各种社会关系的法律规
范的总称,既包括一个国家发展旅游业的基本法律,也包括涉及旅游活动的各项单行
法律、法规、规章,还包括散见于其他法律法规中的相关规定,以及政府缔结的国际条
约、协定等。旅游法规的主要表现形式包括本节前面所讲的法律、行政法规、部门规
章、地方性法规、地方性部门规章等。

旅游政策与旅游法规的关系主要表现为:①旅游政策是制订旅游法规的基本依
据。旅游立法,无论是立法机关的旅游立法,还是行政机关的旅游立法,都必须以国
家的旅游政策为依据。旅游法规则是旅游政策的法律化或定型化。②旅游法规是法
律化了的旅游政策。旅游立法的过程,其实质就是国家立法机关通过法律规定的程
序,把旅游政策以旅游法规的形式表现出来,明确规定公民(自然人)、法人、其他组织
和国家机关在旅游法律关系中的权利与义务,以及违反规定所应承担的法律责任。
③旅游政策是旅游法规的重要补充。在实践中,在没有旅游法规可循的情况下,旅游
政策往往起到了补充旅游法规的作用,可以弥补旅游法规的空白。当然,时机一旦成
熟,这些旅游政策就可以通过立法程序上升为旅游法规。必须说明的是,虽然旅游法
规是根据旅游政策制定的,但是旅游法规并不包括全部的旅游政策,只是一部分旅游
政策的法律化。因此,只有认真领会和掌握旅游政策,才能准确把握旅游法规的精神
实质和内容,并对其进行正确的理解和实施。

1.2　旅游法律关系

1.2.1　旅游法律关系的概念及其特征

旅游法律关系是指由旅游法确认和调整的,在旅游活动各方当事人之间形成的以权
利和义务为内容的社会关系。它是旅游关系被旅游法确认和调整以后形成的,体现了国
家和统治阶级的意志。这种国家意志的确立,有利于确保旅游关系中各方当事人在法律
的范围内依法享有一定的权利,履行一定的义务。旅游法律关系除了和其他法律关系一
样都属于上层建筑的范畴外,还有自身的特点。

1. 旅游法律关系是受旅游法律规范调整的具体社会关系

旅游法律关系反映的是旅游活动中各方当事人之间的一种社会关系。从这个意义上
说,旅游法律关系是具体的社会关系的反映,但由于旅游活动的内容和范围具有相当的广
泛性,因此,旅游法律关系无论是从主体范围,还是从权利、义务内容范围看,都是十分广
泛的。

2. 旅游法律关系是以权利和义务为内容的社会关系

旅游关系和其他社会关系一样,之所以能成为法律关系,就在于法律规定了各方当事

人之间的权利义务关系。这种权利义务关系的确认体现了国家的意志,是国家维护旅游活动秩序的重要保障。

3. 旅游法律关系的产生、发展和变更是依据旅游法规进行的

旅游法律关系的产生和存在必须以旅游法律规范的存在为前提。由于法律关系归根结底取决于社会的物质生活条件,统治阶级会根据旅游活动的发展变化,不断对旅游法律规范进行修订、补充或废止,从而引起旅游法律关系的发展和变更。如我国 1985 年发布的《旅行社管理暂行条例》,根据经营业务范围的不同,将旅行社分为第一类旅行社、第二类旅行社和第三类旅行社。随着旅游形势的发展变化,1996 年 10 月 15 日,国务院发布了《旅行社管理条例》,根据经营业务范围,将旅行社重新划分为国内旅行社和国际旅行社。2009 年 1 月 21 日,国务院常务会议再次通过了《旅行社条例》,更改了原有旅行社的分类,根据经营业务范围将旅行社分为经营国内旅游业务、入境旅游业务和出境旅游业务的旅行社。

1.2.2　旅游法律关系的构成要素

旅游法律关系和其他法律关系一样,也由主体、客体和内容 3 个基本要素构成。

1. 旅游法律关系的主体

旅游法律关系的主体是指旅游法律关系的参与者,即旅游法律关系权利的享有者和旅游法律关系义务的承担者。具体而言,是指依照旅游法享有一定权利和承担一定义务的国家旅游行政管理机关、旅游企业、旅游者和境外旅游组织。

1) 国家旅游行政管理机关

国家旅游行政管理机关是指国家授权对旅游行政事务进行组织和管理的机关,也称国家旅游管理机关。根据国家旅游行政管理机关行政级别的不同,可将其划分为中央旅游行政管理机关和地方旅游行政管理机关。在我国,前者是指文化和旅游部;后者是指各省、自治区和直辖市的文化和旅游厅以及各县、市、区等相应的旅游管理机关,它们各自代表地方政府在辖区范围内管理旅游行政事务。根据旅游行政管理机关的职责范围不同,可将其分为专门的旅游行政管理机关和辅助的旅游行政管理机关。前者是指那些代表国家和地方各级人民政府对旅游业行使管理职权的机关,如国家文化和旅游部以及各省、自治区、直辖市和县、市等的文化和旅游厅或旅游主管单位;后者是指那些既管理与旅游有关的事务,又管理与旅游无关的事务的其他行政管理机关,如公安、海关、宗教、园林、文物、环保等部门。

2) 旅游企业

旅游企业是指旅游活动中直接或间接地向旅游者提供各种旅游资源、旅游设施和旅游服务的经营单位。旅游企业是旅游法律关系的重要主体,其重要任务是为旅游者提供各种旅游服务以及经营与此有密切联系的其他业务。旅游企业可以根据其是否专门为旅游者提供服务而分为专门的旅游企业和辅助的旅游企业。主要为旅游者提供旅游资源、旅游设施和旅游服务的企业,被称为专门的旅游企业,如各种类型的旅行社、旅游宾馆(饭店)、旅游专业商店、旅游风景区等。那些主要是为本地区居民服务,同时也为旅游者提供一定服务的企业,被称为辅助的旅游企业,如交通运输部门、饮食部门、银行等,虽然不是专门为旅游者服务而开设的,但旅游者在旅游过程中又离不开它们;如果没有它们,旅游者的活动就不能顺利进行。因此,辅助的旅游企业也是旅游法的主体,依照旅游法享有一定的权利,并承担一定的义务。根据旅游企业的国籍不同,可以将其分为本国旅游企业和外国旅游企业。外国旅游企业与我国的旅游法律关系主体发生的旅游关系,也由我国旅游法加以调整。因此,外国旅游企业也可以成为我国旅游法律关系的主体。

3) 旅游者

旅游者是旅游法律关系的重要主体,因为有了旅游者,才会有旅游和旅业业。旅游者是自然人,具有一定的权利能力和行为能力,能够依法享有权利,承担义务。旅游者包括国内旅游者和境外旅游者两类。国内旅游者是在国内外进行旅游活动的中国公民;境外旅游者主要是指来我国、回国或到我国内地旅游的外国人、外籍华人、华侨,包括我国港、澳、台同胞。对于境外旅游者,我国一般是按照国际惯例,在特定范围内给予其互惠的国民待遇。所谓国民待遇,是指一个国家给予外国自然人和法人等在某些事项上其与本国自然人和法人等同等的待遇。如《中华人民共和国民法通则》《中华人民共和国民事诉讼法》《中华人民共和国专利法》《中华人民共和国商标法》《中华人民共和国著作权法》等,都给予外国人互惠的国民待遇。根据宪法和有关法律的规定,中国政府保护外国旅游者在中国的合法权利和利益,外国人的人身自由不受侵犯,非经法律程序不受逮捕。同时,外国旅游者在中国旅游必须遵守中国法律,不得危害中国国家安全、损害公共利益、破坏社会公共秩序。不过,境外旅游者也有其特殊性。因为他们要进入中国或到中国内地旅游,需要跨越国境线或特定的边界线,必须具备必要的法定证件,并接受检查。他们在进行旅游结算时,还涉及货币的兑换、使用等问题。境外旅游者旅游时遇到的问题,涉及的领域和部门与国内旅游者有所不同。因此,二者的法律地位、权利和义务不可能完全一样。

4) 境外旅游组织

境外旅游者来中国或到中国内地旅游,以及中国旅游者到境外旅游,必然需要我国旅游组织同境外旅游组织进行协调和联系,因此,境外旅游组织便成为我国旅游法律关系的主体,也是我国旅游法律关系中的一方当事人,依法享有一定的权利和承担一定的义务。

2. 旅游法律关系的客体

旅游法律关系的客体是指旅游法律关系主体享有权利和承担义务所指向的对象。旅游法律关系的客体是旅游法律关系中的重要内容。因为没有它,旅游法律关系主体之间的权利和义务就会落空,失去实际意义。一般而言,旅游法律关系的客体主要由物、行为以及和人身相联系精神财富 3 部分组成。

1) 旅游法律关系中的物

物是旅游法律关系的普遍客体。从形态上,可以分为旅游资源、旅游设施和旅游商品。旅游资源是吸引旅游者前往游览、观光的各种物,包括自然旅游资源和人文旅游资源两类。前者如自然风光、野生动植物等;后者如各种名胜、历史古迹等。它们是旅游的对象物和发展旅游业的前提条件。旅游设施主要是指旅游交通运输设施、游览娱乐设施、旅游膳食设施等。它们是旅游得以顺利进行的保证,是一个国家或地区发展旅游业的基础。旅游商品是指旅游者在旅游活动中的日用品、纪念品、礼品等。对以上各种物,旅游者在支付了一定的费用后,便取得了对其的使用权或所有权。例如,对旅游资源取得游览和参观权,对旅游设施取得一定时间的使用权,对旅游商品取得所有权。

2) 旅游法律关系中的行为

旅游法律关系中的行为是指主体的行为。它是旅游法律关系中的重要客体。旅游法律关系中的行为,可根据主体是否作为,分为作为和不作为两种情况。其中,大量的行为属于作为,如旅游服务行为、管理行为等。旅游服务行为贯穿于旅游活动的全过程。因为无论是旅游资源、旅游设施,还是旅游商品,它们仅是旅游或旅游业存在的物质条件,只有当旅游企业的职工凭借一定的旅游资源和旅游设施,向旅游者提供一定的服务时,才能满足旅游者在旅游活动中的需求。旅游服务行为是通过中间联络、导游、代办手续、安排交通和食宿等对旅游者提供热情周到的必要服务而体现的。因此,旅游服务行为对旅游活动起保障作用。参加者参加旅游的目的都是为了游览和娱乐,追求一定的精神享受。因此,旅游服务质量的高低,对旅游者精神上的满足程度具有直接影响。好的旅游服务甚至可以弥补旅游者在旅游活动中其他方面的需求缺憾。正因为如此,旅游者在支付了一定的费用后,旅游服务部门就有义务为之提供相应标准质量的服务。旅游行政管理行为是国家旅游行政管理机关依法对旅游活动实行的管理,各有关旅游法律关系主体有义务接受这种管理。

旅游法中也有一些不作为的规定。例如,《旅行社条例》第六十一条规定:"旅行社违反旅游合同约定,造成旅游者合法权益受到损害,不采取必要的补救措施的,由旅游行政管理部门或者工商行政管理部门责令改正,处1万元以上5万元以下的罚款。"

3) 和人身相联系的精神财富

这里的人身既包括自然人,也包括法人。这里的精神财富,是指旅游法律关系中主体所取得的智力成果。例如,专利、旅游企业的名称、标志、商品商标、管理模式等都属于精神财富,其所有权的使用和转让都是有偿的。

3. 旅游法律关系的内容

旅游法律关系的内容是指旅游法律关系的主体依法所享有的权利和承担的义务。由于旅游法律关系主体的法律地位不同,旅游法律关系主体各自所享有的权利和承担的义务也不一样。

旅游法律关系主体的权利是指主体一方能够做出或不做出一定行为,以及要求它们相应做出或不做出一定行为的许可和保障。权利由法律确认、设定,并为法律所保护。当权利受到侵害时,国家应依法予以恢复,或使享有权利的一方得到相应的补偿。例如,我国《旅游法》规定,旅游者有权自主选择旅游产品和服务,有权拒绝旅游经营者的强制交易行为;有权知悉其购买的旅游产品和服务的真实情况;有权要求旅游经营者按照约定提供产品和服务。旅游者在人身、财产安全遇到危险时,有请求救助和保护的权利。

旅游法律关系主体的义务是指主体一方为满足对方某种利益上的要求必须做出或不

做出某种行为的约束。负有义务的人按照权利人的要求做出一定的行为或抑制一定的行为,有其法定范围的限度。负有义务的旅游法律关系主体应当自觉地履行应尽的义务。如果不履行或不适当履行义务,应受到法律的制裁。不过,旅游法律关系中的权利和义务是对等的,即任何权利的实现总是以义务的履行为条件的。没有权利就无所谓义务,没有义务也就没有权利。即使像国家旅游行政管理机关这样的旅游法律关系主体,在对旅游行业行使管理权时,对于国家和社会公众来说,也是在履行义务。例如,我国《旅游法》规定,旅游者在旅游活动中应当遵守社会公共秩序和社会公德,尊重当地的风俗习惯、文化传统和宗教信仰,爱护旅游资源,保护生态环境,遵守旅游文明行为规范;旅游者在旅游活动中或者在解决纠纷时,不得损害当地居民的合法权益,不得干扰他人的旅游活动,不得损害旅游经营者和旅游从业人员的合法权益;旅游者购买、接受旅游服务时,应当向旅游企业经营者如实告知与旅游活动相关的个人健康信息,遵守旅游活动中的安全警示规定。

1.2.3 旅游法律关系的确立与保护

一般而言,法律规范本身并不能直接引起法律关系的出现。那么,如何才能确立旅游法律关系呢? 这就需要有旅游法律事实的出现。

1. 法律事实

1) 法律事实的含义

法律事实是指能引起法律关系发生、变更或终止的各种事实的总称。法律事实与法律关系存在着必然的因果关系,由于法律事实的存在和产生,导致法律关系的形成、变更和消灭。然而,并非所有事实都可以称为法律事实,只有那些能够引起法律后果的客观情况,才能称为法律事实。

2) 法律事实的分类

能够引起法律关系产生、变更和消灭的法律事实,按其性质可分为两类,即事件和行为。

(1) 事件又称为法律事件,是指与当事人意志无关、能够引起法律关系产生、变更或消灭的事实。事件的特点:它的出现与当事人的意志无关,不是由当事人的行为所引发的。导致事件发生的原因既可以来自社会,也可以来自自然,还可以来自时间的流逝,如各种时效的规定等。因此,诸如天气的变化、自然灾害的影响、战争的爆发、政治事件的左右等都会影响到法律关系的产生、变更和消灭。

(2) 行为又称为有法律意义的行为。从法律关系的角度看,是指与当事人意志有关,能够引起法律关系产生、变更和消灭的作为与不作为。行为一旦做出,就是一种事实,它与事件的不同之处在于:当事人的主观因素成为引发此种事实的原因。因此,当事人既无故意又无过失,而是由于不可抗力或不可预见的原因而引起的某种法律后果的活动,在法律上不被视为行为,而被归入意外事件。行为又可以分为合法行为和违法行为。

合法行为是指旅游法律关系主体实施的符合法律规定的行为。这种行为又可以分为以下几类:①法律行为,即旅游经营企业或旅游者为实现引发、更改或终止权利义务的目的而发生的行为,如签订合同行为、履行工商登记行为、依法纳税行为等。它们受国家法律的保护。②行政行为,即国家旅游行政管理机构依法实施行政管理权而发生法律后果的行为,如国家旅游行政主管部门依据有关法律对旅游企业进行宏观管理的行为、实施行政处罚的行为等。③司法行为,即法院或仲裁机构的调解、仲裁和判决行为。例如,导游在旅游活动中权益受到旅游者或旅游行政管理部门的侵害时,可向有关法院起诉,法院对此做出判决。

违法行为是指旅游法律关系主体实施的违反旅游法律、法规的行为,如旅行社的违约行为、拒纳所得税行为、国家旅游行政主管机关的不当罚款行为等。违法行为从性质上可分为民事违法、行政违法和刑事违法3种情况。无论是何种违法行为,都须承担相应的法律责任。

2. 旅游法律关系的产生、变更和消灭

一般而言,法律规范本身并不能直接引起法律关系的出现。只有当法律规范的假定情况出现时,才会引起具体的法律关系的产生、变更和消灭。

(1) 旅游法律关系的产生是指旅游法律关系主体之间权利义务关系的形成。旅游合同或住宿合同的签订便意味着旅游者与旅行社、旅游者与饭店之间权利义务关系的产生。例如,旅游者王先生来到 A 市一家五星级饭店办理完住宿手续,拿到房卡,他与饭店的权利义务关系形成,双方的旅游法律关系随即产生。

(2) 旅游法律关系的变更是指原有的旅游法律关系主体、客体和内容的一方或几方的变更。旅游法律关系三要素中任何一个要素的变化都可能引起其他要素的变化,例如,当主体发生变更将导致客体和内容的变化,一支 50 人的旅游团队,出发前发生变故,由50 人减少到 40 人,随着主体范围的缩小,旅游法律关系中的客体,如服务范围也会相应缩小,同时权利义务的范围也发生了变化。因此,旅游法律关系的变更,可以是个别的,也可以是全部的;可以是旅游法律关系三要素范围的扩大,也可以是缩小。但是,需要明确的是,旅游法律关系的变更并不是随意的,而是依法受到严格的限制。除因不可抗力或经当事人协商同意,当事人要承担法律责任。

(3) 旅游法律关系的消灭是指旅游法律关系主体间权利和义务关系的完全终结。在旅游活动中,旅游法律关系的消灭通常有以下几种情况:①各主体权利义务的实现,如旅游合同履行完毕。②主体一方或双方未能履行义务,导致双方权利义务关系终结。③主体消亡、结业或破产,导致双方权利义务关系终结。

3. 旅游法律关系的保护

旅游法律关系的保护是指国家有关部门监督旅游法律关系主体正确行使权利、切实履行义务,并对侵犯旅游法律关系合法权利或不履行法定义务的行为追究法律责任的各种措施。

由于旅游法律部门属于第三层次的法律部门,需要由相应的部门借助于民法、刑法、行政法乃至国际法的许多手段和原则保护旅游法律关系。因此,保护旅游法律关系的机构也是多层次的。

1) 旅游法律关系的保护机构

(1) 国家旅游行政管理机关。国家各级专门的旅游行政管理机关是统一管理旅游业

的政府职能部门。它有权依据旅游法规,在其职责范围内运用奖励或处罚的方法保护旅游法律关系。辅助的旅游行政管理机关(工商、公安、税务、卫生、环保、物价、文物、园林、海关等部门)也可以依法对旅游活动做出奖励或者处罚的决定。例如,在旅游区、游览点内损害旅游资源和旅游设施的;采用不正当手段损害旅游者利益的;擅自涨价或削价扰乱旅游市场秩序的;违反出入境有关法律规定的,由旅游行政主管部门会同有关部门对其采取警告、罚款、没收非法所得、停业整顿、吊销营业执照、停止营业、拘留等行政处罚。

（2）仲裁机构。在旅游者和旅游经营单位之间,或旅游经营单位相互之间发生旅游纠纷时,当事人可以请求旅游行政管理部门或专门的仲裁机构调解或仲裁。旅游经营单位与其他单位发生旅游纠纷时,当事人也可以请求旅游行政管理部门会同有关部门或专门的仲裁机构共同调解或仲裁。如果双方当事人对旅游法律关系发生争议,经协商不能自行解决,提交上述部门调解或仲裁达成的协议或做出的裁决,当事人双方应当履行。当事人一方或双方对仲裁不服的,可以在规定的时间内向人民法院起诉。期满不起诉时,仲裁决定即发生法律效力。

（3）司法机关。司法机关一般是指人民检察院和人民法院。人民检察院和人民法院根据法律的规定,分别对在旅游活动中触犯刑法者行使检察权和审判权。各级法院还可以对旅游活动中的民事法律行为做出判决。

2）旅游法律关系的保护措施

旅游法律关系的保护措施可以分为行政法律措施、民事法律措施和刑事法律措施。

（1）行政法律措施是国家行政机关对违反法律法规的单位和个人所做出的警告、罚款、责令停业整顿、没收非法所得、吊销营业执照、行政拘留等相关处理措施。

（2）民事法律措施主要包括停止侵害,排除妨碍,消除危险,返还财产,恢复原状,修理、重做或更换,赔偿损失,支付违约金,消除影响、恢复名誉,赔礼道歉等。其中,支付违约金和赔偿损失是旅游法律关系保护中较常采取的措施。

（3）刑事法律措施主要是指人民法院对于构成犯罪的旅游法律关系主体依法追究刑事责任。

1.3 《旅游法》概述

2013 年 4 月 25 日发布、自 2013 年 10 月 1 日起施行的《旅游法》对促进我国旅游业的全面协调可持续发展具有十分重大的意义。

自施行至今,《旅游法》共进行了两次修订:根据 2016 年 11 月 7 日第十二届全国人民代表大会常务委员会第二十四次会议《关于修改〈中华人民共和国对外贸易法〉等十二部法律的决定》第一次修正,该决定自公布之日起施行;根据 2018 年 10 月 26 日第十三届全国人民代表大会常务委员会第六次会议《关于修改〈中华人民共和国野生动物保护法〉等十五部法律的决定》第二次修正,该决定自公布之日起施行。

1.3.1　立法目的

立法目的是指制定法律所要达到的目标。立法目的作为法律存在的原因,贯穿于法律条文始终,并指引法律的适用。一部法律中的每一条都应当围绕该法律的立法目的展开,并为实现立法目的服务。《旅游法》第一条明确规定了其立法目的:"为保障旅游者和旅游经营者的合法权益,规范旅游市场秩序,保护和合理利用旅游资源,促进旅游业持续健康发展,制定本法。"

1. 保障旅游者和旅游经营者的合法权益,规范旅游市场秩序

如果旅游市场的经营规则不健全、竞争秩序不规范,一旦旅游者的合法权益受到损害,其产生的恶劣影响就会在社会上引起很大反响。因此,需要通过立法明确旅游行业的经营规范,切实维护旅游者的合法权益,创造旅游业发展的良好法治环境。与此同时,不规范的旅游竞争会给旅游经营者的正当经营带来严重冲击,因此需要通过规范旅游市场秩序来维护旅游经营者的合法权益。

2. 保护和合理利用旅游资源

旅游资源是旅游者进行旅游活动的基础和前提条件,从某种意义上来说,旅游资源具有不可替代性,因此保护旅游资源是旅游开发利用的前提,合理利用是实现资源保护的有效途径。《旅游法》的立法目的就是在强调有效保护旅游资源的前提下,依法合理利用旅游资源,实现保护和合理利用旅游资源的有机统一。

3. 促进旅游业持续健康发展

旅游业涉及的领域广,产业带动性强,资源消耗低,综合效益好。发展旅游业可以有效拉动居民消费和社会投资,优化产业结构,扩大劳动就业,增加居民收入,推动科学发展,促进社会和谐。为此,《旅游法》的立法目的就是促进旅游业持续健康发展,充分发挥旅游业对经济建设、文化建设、社会建设、生态文明建设的综合推动作用。

1.3.2　适用范围

法律的适用范围是指法律的效力范围,包括法律适用的地域范围和主体、行为范围。《旅游法》第二条规定:"在中华人民共和国境内的和在中华人民共和国境内组织到境外的游览、度假、休闲等形式的旅游活动以及为旅游活动提供相关服务的经营活动,适用本法。"

1. 地域范围

《旅游法》作为国内法,其效力仅限于我国境内的旅游活动和旅游经营活动:一是在我国境内的旅游活动,主要包括我国公民在境内的旅游活动和外国旅游者在我国境内的旅游活动;二是在我国境内由我国旅行社等经营者组织的出境旅游活动的全程,包括对派出的领队人员的管理,对境外导游和我国旅游者活动的监督、劝阻,旅游活动的内容安排都适用《旅游法》。

需要指出的是,旅游者在境外的旅游活动应当遵守相关国家或者地区的法律,同时按照属地管理的原则,《旅游法》对外国公民在中国境内的一些旅游活动及行为也提出了要遵守我国有关法律法规的规定。

2. 主体、行为范围

《旅游法》规范和调整的对象主要包括两类：一类是从事游览、度假、休闲等形式的旅游活动；另一类是为这些旅游活动提供相关服务的经营活动。

从主体范围来讲，《旅游法》未对适用主体作出具体界定，因此，凡从事上述活动的单位和个人都应当遵守《旅游法》。

对于行为范围，除了浏览、度假、休闲等有特定目的的旅游活动和经营行为外，由于旅游涉及面广，包含了食、住、行、游、购、娱各个环节，所以《旅游法》规定，为旅游活动提供相关服务的其他行业的经营行为也纳入《旅游法》的调整范围。

1.3.3　基本框架

《旅游法》共设十章一百一十二条，具体如下。

第一章总则，共八条，规定了立法目的、适用范围、基本原则等。

第二章旅游者，共八条，规定了旅游者的权利和义务。

第三章旅游规划和促进，共十一条，规定了旅游规划的编制、与相关规划的衔接、旅游促进与保障等。

第四章旅游经营，共二十九条，规定了旅行社的设立和经营业务范围、旅游经营的规则、旅游经营者和履行辅助人的权利义务与责任等。

第五章旅游服务合同，共十九条，规定了旅游服务合同的类别，包价旅游合同的内容和形式，合同当事人的权利、义务和责任等。

第六章旅游安全，共七条，确定了旅游安全的责任主体，旅游安全的事前、事中、事后的全过程制度等。

第七章旅游监督管理，共八条，确立了旅游综合监管制度、规定了行业组织自律规范。

第八章旅游纠纷处理，共四条，规定了旅游投诉统一受理制度、纠纷处理途径和方法等。

第九章法律责任，共十六条，规定了违反本法应当承担的法律责任。

第十章附则，共两条，规定了相关用语的含义及法律的生效。

小结

旅游法是调整旅游关系的一系列法律规范的总和，它的调整对象是旅游活动中的各种社会关系。

旅游法律关系是指由旅游法确认和调整的，在旅游活动中各方当事人之间形成的以权利和义务为内容的社会关系。它具有以下特点：①旅游法律关系是受旅游法律规范调整的具体社会关系；②旅游法律关系是以权利和义务为内容的社会关系；③旅游法律关系的产生、发展和变更是依据旅游法规进行的。

旅游法律关系由主体、客体和内容 3 个基本要素构成。旅游法律关系的主体是指旅游法律关系的参与者，即旅游法律关系权利的享有者和旅游法律关系义务的承担者，包括国家旅游行政管理机关、旅游企业、旅游者和境外旅游组织;旅游法律关系的客体是指旅游法律关系主体享有权利和承担义务所指向的对象,主要由物、行为和精神财富 3 部分组成;旅游法律关系的内容是指旅游法律关系的主体依法所享有的权利和承担的义务。

　　旅游法律关系的产生是指旅游法律关系主体之间权利义务关系的形成。旅游法律关系的变更是指原有的旅游法律关系主体、客体和内容的一方或几方的变更。旅游法律关系的消灭是指旅游法律关系主体间权利和义务关系的完全终结。旅游法律关系的保护是指国家有关部门监督旅游法律关系主体正确行使权利、切实履行义务,并对侵犯旅游法律关系合法权利或不履行法定义务的行为追究法律责任的各种措施。

　　《旅游法》的立法目的是保障旅游者和旅游经营者的合法权益,规范旅游市场秩序,保护和合理利用旅游资源,促进旅游业持续健康发展。其适用范围包括在中华人民共和国境内的和在中华人民共和国境内组织到境外的游览、度假、休闲等形式的旅游活动以及为旅游活动提供相关服务的经营活动。

思考与练习

一、单项选择题

1. 旅游业产生于( )。
   A. 原始社会末期　　　　　　　　　　B. 奴隶社会
   C. 人类社会产生初期　　　　　　　　D. 19 世纪 40 年代

2. 旅游法的调整对象是( )。
   A. 旅游行为　　　　　　　　　　　　B. 旅游活动中的各种社会关系
   C. 旅游者　　　　　　　　　　　　　D. 旅游企业

3. 下列关于旅游法的说法中,错误的是( )。
   A. 旅游法是一个单一的法律文件
   B. 旅游法的调整对象是旅游活动中的各种社会关系
   C. 旅游法是我国社会主义法律体系中的一个组成部分
   D. 旅游法当中各主体间的经济关系的调整,要遵守民法和经济法的有关原则与制度

4. 如果在我国境内的外国旅游企业与我国的旅游企业发生了纠纷,应当由( )加以调整。
   A. 我国旅游法　　　　　　　　　　　B. 外国旅游企业所在国的旅游法
   C. 国际旅游法　　　　　　　　　　　D. 其他法律

5. 旅游法律关系的产生、发展和变更是依据( )进行的。
   A. 旅游法规　　　　　　　　　　　　B. 旅游法律事实
   C. 旅游行政机关的裁定　　　　　　　D. 其他法律

6. 旅游法律关系以( )为内容。
   A. 旅游法规　　　　　　　　　　　　B. 权利和义务

C. 旅游事实   D. 旅游主体之间的关系

7. 旅游者和旅行社之间的法律关系产生于(   )。

    A. 旅游者开始向旅行社咨询时   B. 旅游者和旅行社签订旅游合同时

    C. 旅游者开始旅游活动时   D. 旅游者结束旅游活动时

8. 下列不属于旅游法律关系中的客体的是(   )。

    A. 旅游资源   B. 旅游服务行为

    C. 旅游企业的名称、标志   D. 旅游者

9. 下列不属于旅游法律关系的消灭的情况是(   )。

    A. 旅行社和旅游者之间的旅游合同履行完毕

    B. 旅行社未能履行义务,导致双方权利义务关系终结

    C. 旅行社因为消亡、结业或破产,导致双方权利义务关系终结

    D. 旅行社因为客观原因,把旅游团委托给其他旅行社

10. 旅游企业因为违约,被要求向游客支付违约金,这是旅游法律关系的(   )保护措施。

    A. 刑事   B. 行政   C. 民事   D. 其他

二、多项选择题

1. 旅游活动对人类社会的负面影响有(   )。

    A. 可能造成旅游接待国物价上涨

    B. 可能带来社会文化的污染

    C. 可能破坏旅游地的自然景观和人文景观

    D. 可能造成旅游接待地产业结构失衡

2. 旅游法律关系的基本构成要素有(   )。

    A. 主体   B. 客体   C. 内容   D. 事实

3. 旅游法律关系的主体有(   )。

    A. 旅游行政管理机关   B. 旅游企业

    C. 旅游者   D. 境外旅游组织

4. 旅游法律关系的客体有(   )。

    A. 物   B. 行为   C. 人   D. 精神财富

5. 旅游法律关系的保护措施有(   )。

    A. 行政措施   B. 民事措施   C. 刑事措施   D. 强制措施

6. 以下属于《旅游法》立法目的的有(   )。

    A. 保障旅游者和旅游经营者的合法权益

    B. 规范旅游市场秩序

    C. 保护和合理利用旅游资源

    D. 促进旅游业持续健康发展

7. 以下适用《旅游法》的有(   )。

    A. 我国公民在境内的旅游活动

    B. 外国旅游者在我国境内的旅游活动

    C. 在我国境内由我国旅行社等经营者组织的出境旅游活动的全过程

    D. 我国公民在境外的旅游活动

三、简答题

1. 什么是旅游法？它有哪些特点？

2. 什么是旅游法律关系？它有哪些特征？

3. 简述旅游法律关系的基本构成要素。

4. 什么是旅游法律事实？它分为哪几类？

5. 简述我国的旅游立法体系。

第 2 章

旅行社管理法规制度

内容提要

　　根据《旅游法》《旅行社条例》和《旅行社条例实施细则》,本章全面论述了我国旅行社的相关法规和制度,重点围绕旅行社基本常识、旅行社的设立、旅行社的经营管理、旅行社的法律责任等几个方面进行详细介绍。

本章重点

　　(1) 旅行社的概念及法律特征。
　　(2) 旅行社的设立。
　　(3) 旅行社的质量保证金制度。
　　(4) 旅行社的经营原则与经营要求。

2.1 旅行社概述

　　我国的《旅行社条例》和《旅行社条例实施细节》分别于 2009 年 5 月 1 日和 5 月 3 日起正式施行。随着形势的变化和发展,2016 年 2 月和 12 月,国务院和国家旅游局分别对《旅行社条例》和《旅行社条例实施细则》进行了第一次修订;2017 年 3 月 1 日,根据《国务院关于修改和废止部分行政法规的决定》进行了第二次修订。2020 年 12 月 11 日,中华人民共和国国务院令(第 732 号)《国务院关于修改和废止部分行政法规的决定》中明确规定:删去《旅行社条例》第二十一条第二款。

2.1.1 旅行社的概念及法律特征

1. 旅行社的概念

　　根据《旅游法》和《旅行社条例》的规定,旅行社是从事招徕、组织、接待旅游者等活动,为旅游者提供相关旅游服务,开展国内旅游业务、入境旅游业务或者出境旅游业务的企业法人。

2. 旅行社的法律特征

从《旅行社条例》和《旅行社条例实施细则》的相关规定可以看出,旅行社具有以下法律特征。

(1) 旅行社是依法向工商行政管理部门登记注册再经行政许可的企业法人。设立旅行社必须具备一般企业法人的法定条件,取得旅行社企业法人的资格,经旅游行政管理部门批准,领取旅行社业务经营许可证。

(2) 旅行社所从事的旅游业务主要是招徕、组织并接待旅游者,为旅游者提供相关的旅游服务。招徕是指旅行社按照批准的业务范围,在国内外开展宣传活动,组织招徕旅游者的业务。接待是指旅行社根据与旅游者达成的协议为其安排食、住、行、游、购、娱等活动,并提供导游服务。

2.1.2　旅行社的经营范围

根据《旅游法》规定,旅行社可以经营以下一项或者多项业务。

(1) 国内旅游业务是指旅行社招徕、组织、接待中国内地居民在境内旅游的业务。

(2) 入境旅游业务是指旅行社招徕、组织、接待外国旅游者来我国旅游,香港特别行政区、澳门特别行政区旅游者来内地旅游,台湾地区居民来大陆旅游,以及招徕、组织、接待在中国内地的外国人,在内地的香港特别行政区、澳门特别行政区居民和在大陆的台湾地区居民在境内旅游的业务。

(3) 出境旅游业务是指旅行社招徕、组织、接待中国内地居民出国旅游,赴香港特别行政区、澳门特别行政区和台湾地区旅游,以及招徕、组织、接待在中国内地的外国人、在内地的香港特别行政区、澳门特别行政区居民和在大陆的台湾地区居民出境旅游的业务。

2.2　旅行社的设立与变更

2.2.1　设立旅行社的条件

根据《旅游法》《旅行社条例》及《旅行社条例实施细则》,申请设立旅行社,经营境内旅游业务和入境旅游业务的,应当同时具备以下条件。

1. 取得法人资格

设立旅行社必须具备一般企业法人的法定条件,依法向工商行政管理部门登记注册,领取企业法人营业执照,取得旅行社企业法人的资格。

2. 有固定的经营场所

经营场所应当符合下列要求。

（1）申请者拥有产权的营业用房，或者申请者租用的、租期不少于 1 年的营业用房。

（2）营业用房应当满足申请者业务经营的需要。

3. 有必要的营业设施

营业设施应当至少包括下列设施、设备。

（1）两部以上的直线固定电话。

（2）传真机、复印机。

（3）具备与旅游行政管理部门及其他旅游经营者联网条件的计算机。

4. 有符合规定的注册资本

注册资本是旅行社开展业务经营活动的基础，也是旅行社承担法律责任的基本保证。旅行社的注册资本不少于 30 万元，出资形式包括现金，实物、土地使用权等非现金资产。

5. 有必要的经营管理人员和导游

《国家旅游局关于执行〈旅游法〉有关规定的通知》（旅发〔2013〕280 号）中指出，"必要的经营管理人员"是指具有旅行社从业经历或者相关专业经历的经理人员和计调人员；"必要的导游"是指有不低于旅行社在职员工总数 20％且不少于 3 名、与旅行社签订固定期限或者无固定期限劳动合同的持有导游证的导游。

6. 法律、行政法规规定的其他条件

旅行社取得经营许可满两年，且未因侵害旅游者合法权益受到行政机关罚款以上处罚的，可以申请经营出境旅游业务。

补充阅读——网络旅行业与传统旅行社的碰撞

近年来，随着互联网、移动互联网的发展，在线旅游分销商已经成长到百亿美元的规模。你可以在互联网上订票、订酒店、查攻略。这种灵活、便捷的互联网"轻"公司给传统旅游业带来不小的冲击。那么，传统旅行社面临怎样的挑战？它们又该如何生存和发展？

近日，市民郭女士刚刚享受了一次愉快的自由行。她说休假前就通过好几个旅游网进行查询，搜罗了自己想要去的城市后，在网上订好机票和酒店，就开启了她的假期旅行，非常方便。郭女士说："如果跟团走，旅行团安排的一些行程不是我喜欢的，但是还要跟着走，不能独自出行。跟旅行团还挺疲惫的，而网络上有景点介绍或者是介绍在哪里住比较便宜，环境还好，我想上哪个景点就上哪个景点，自己订一张机票自己走，比较舒心。"

像郭女士这样喜欢自由行的市民在吉林市还真不少。随时在网上搜罗自己想去

的城市,看看行程安排,甚至连住宿和吃饭的地方都可以一并订好。网络旅游渐渐成了市民休闲娱乐时的主要选择。

那么,网络旅行社与传统旅行社相比有哪些优势呢?吉林市雾凇旅行社有限公司电商部胡经理说:"从电商方面,途牛也好、携程也好,像这种在线旅游的模式针对的是喜欢自由行的比较年轻化的一些人群,比如你现在要找一个相对冷门的地方,云南的某一个省某一个县的酒店,它线上的资源是整合所有的航空公司的资源和各地采购的所有酒店的资源,利用它的平台进行销售,这个平台我们传统旅行社是做不到的。"

面对网络旅游业的兴起,传统旅行社也纷纷在网络上注册了公司网络客户端,发展网络业务,以迎合市场发展。胡经理说:"其实我们也在做线上的服务,通过微信、网站、团购做一些便民的服务。"

除了发展线上业务外,传统旅行社也根据网络旅游业自身的弊端,从线路安排、价格定位、咨询服务等多方面进行调整,稳定固有客户群,发展创新服务。胡经理说:"携程主要做的是国内业务,因为出境涉及护照办完了怎么办签证、怎么准备材料等,我们传统旅行社的优势就是可以面对面地跟客户谈,帮客户把材料准备好,然后给客户办签证。"

中国国际旅行社有限责任公司重庆路营业部王经理说:"每一样东西都有客户群,不会上网的老年人还是要咨询旅行社,回答的肯定要比网上的好一些。"

2.2.2 旅行社的审批程序

1. 申办材料

申请设立旅行社,经营国内旅游业务和入境旅游业务的,应当向省、自治区、直辖市旅游行政管理部门或受其委托的设区的市(含州、盟)级旅游行政管理部门提交下列文件。

(1) 设立申请书。内容包括申请设立的旅行社的中英文名称及英文缩写,设立地址,企业形式、出资人、出资额和出资方式,申请人、受理申请部门的全称、申请书名称和申请的时间。

(2) 法定代表人履历表及身份证明。

(3) 企业章程。

(4) 经营场所的证明。

(5) 营业设施、设备的证明或者说明。

(6) 工商行政管理部门出具的《企业法人营业执照》。注意,旅行社经营国内旅游业务和入境旅游业务的,《企业法人营业执照》的经营范围不得包括边境旅游业务、出境旅游业务。

旅行社申请出境旅游业务的,应当向国务院旅游行政主管部门提交经营旅行社业务满两年,且连续两年未因侵害旅游者合法权益受到行政机关罚款以上处罚的承诺书和经工商行政管理部门变更经营范围的《企业法人营业执照》。

2. 申办程序

设立旅行社的申办人在上述材料准备就绪后,便可向相应的旅游行政管理部门提出申请,旅游行政管理部门应当根据《旅行社条例》规定的最低注册资本限额要求,通过查看企业章程、在企业信用信息公示系统查询等方式,对旅行社认缴的出资额进行审查。同时,受理申请的旅游行政管理部门还可以对申请人的经营场所、营业设施、设备进行现场检查,或者委托下级旅游行政管理部门检查。申办程序具体如下。

1) 申请营业许可

(1) 申请国内旅游业务和入境旅游业务的,应当向所在地省、自治区、直辖市旅游行政管理部门或者其委托的设区的市级旅游行政管理部门提出申请,并提交符合《旅行社条例》规定的相关证明文件。受理申请的旅游行政管理部门应当自受理申请之日起 20 个工作日内做出许可或者不予许可的决定。予以许可的,向申请人颁发旅行社业务经营许可证;不予许可的,书面通知申请人并说明理由。

(2) 申请经营出境旅游业务的,应当向国务院旅游行政主管部门或者其委托的省、自治区、直辖市旅游行政管理部门提出申请,受理申请的旅游行政管理部门应当自受理申请之日起 20 个工作日内做出许可或者不予许可的决定。予以许可的,由国务院旅游行政主管部门向申请人换发旅行社业务经营许可证;不予许可的,书面通知申请人并说明理由。

2) 缴纳质量保证金

《旅行社条例》规定,旅行社应当自取得旅行社业务经营许可证之日起 3 个工作日内,在国务院旅游行政主管部门指定的银行开设专门的质量保证金账户,存入质量保证金,或者向做出许可的旅游行政管理部门提交依法取得的担保额度不低于相应质量保证金数额的银行担保。经营国内旅游业务和入境旅游业务的旅行社,应当存入质量保证金 20 万元;经营出境旅游业务的旅行社,应当增存质量保证金 120 万元。旅行社在银行存入质量保证金的,应当设立独立账户,存期由旅行社确定,但不得少于 1 年。账户存期届满 1 个月前,旅行社应当办理存续手续或提交银行担保。

旅行社存入、续存、增存质量保证金后 7 个工作日内,应当向做出许可的旅游行政管理部门提交存入、续存、增存质量保证金的证明文件,以及旅行社与银行达成的使用质量保证金的协议。

2.2.3　旅行社服务网点、旅行社分社、外商投资旅行社的设立

1. 旅行社服务网点的设立

1) 旅行社服务网点的性质和设立条件

旅行社服务网点是指旅行社设立的、为旅行社招徕旅游者,并以旅行社的名义与旅游者签订旅游合同的门市部等机构。设立社可以在其所在地的省、自治区、直辖市行政区划内设立服务网点,在其所在地的省、自治区、直辖市行政区划外设立分社的,可以在该分社所在地设区的市的行政区划内设立服务网点。分社不得设立服务网点。同时,服务网点应当设在方便旅游者认识和出入的公众场所。服务网点的名称、标牌应当包括设立社名称、服务网点所在地地名等,不得含有使消费者误解为是旅行社或者分社的内容,也不得作易使消费者误解的简称。

2) 旅行社服务网点的设立程序

设立社向服务网点所在地工商行政管理部门办理服务网点设立登记后,应当在3个工作日内,持下列文件向服务网点所在地与工商登记同级的旅游行政管理部门备案。没有同级的旅游行政管理部门的,向上一级旅游行政管理部门备案。

(1)服务网点的营业执照。

(2)服务网点经理的履历表和身份证明。

旅行社服务网点备案后,受理备案的旅游行政管理部门应当向旅行社颁发《旅行社服务网点备案登记证明》。

3) 旅行社服务网点的经营管理

旅行社服务网点应当在设立社的经营范围内招徕旅游者、提供旅游咨询服务。

2. 旅行社分社的设立

旅行社分社不具有法人资格,以设立分社的名义从事《旅行社条例》规定的经营活动,其经营活动的责任和后果,由设立社承担。

1) 分社的设立条件

分社的经营场所、营业设施、设备,应当符合上述规定的旅行社设立的条件。同时,分社的名称中应当包含设立社名称、分社所在地地名和"分社"或者"分公司"字样。

2) 分社的设立程序

设立社向分社所在地工商行政管理部门办理分社设立登记后,应当持下列文件向分社所在地与工商登记同级的旅游行政管理部门备案。

(1)设立社的旅行社业务经营许可证副本和企业法人营业执照副本。

(2)分社的营业执照。

(3)分社经理的履历表和身份证明。

(4)增存质量保证金的证明文件。《旅行社条例》规定,旅行社每设立1个经营国内旅游业务和入境旅游业务的分社,应当向其质量保证金账户增存5万元;每设立1个经营出境旅游业务的分社,应当向其质量保证金账户增存30万元。

旅行社分社备案后,受理备案的旅游行政管理部门应当向旅行社颁发《旅行社分社备案登记证明》。

设立社应当与分社、服务网点的员工订立劳动合同。设立社应当加强对分社和服务网点的管理,对分社实行统一的人事、财务、招徕、接待制度规范,对服务网点实行统一管理、统一财务、统一招徕和统一咨询服务规范。

3. 外商投资旅行社的设立

外商投资旅行社包括中外合资经营旅行社、中外合作经营旅行社和外资旅行社。

设立外商投资旅行社,由投资者向国务院旅游行政主管部门提出申请,并提交设立旅行社的相关证明文件。国务院旅游行政主管部门应当自受理申请之日起30个工作日内审查完毕。同意设立的,出具外商投资旅行社业务许可审定意见书;不同意设立的,书面通知申请人并说明理由。

申请人持外商投资旅行社业务许可审定意见书、章程,合资、合作双方签订的合同向国务院商务主管部门提出设立外商投资企业的申请。国务院商务主管部门应当依照有关法律、法规的规定,做出批准或者不予批准的决定。予以批准的,颁发外商投资企业批准证书,并通知申请人向国务院旅游行政主管部门领取旅行社业务经营许可证,申请人持旅行社业务经营许可证和外商投资企业批准证书向工商行政管理部门办理设立登记;不予批准的,书面通知申请人并说明理由。

2.2.4　旅行社的变更

旅行社名称、经营场所、出资人、法定代表人等登记事项变更的,应当在办理变更登记后,持已变更的企业法人营业执照向原许可的旅游行政管理部门备案。

旅行社终止经营的,应当在办理注销手续后,持工商行政管理部门出具的注销文件,向原许可的旅游行政管理部门备案。

2.3　旅行社的经营管理

2.3.1　旅行社业务经营许可证制度和质量保证金制度

1. 旅行社业务经营许可证制度

旅行社业务经营许可证是旅行社经营旅游业务的资格证明,由国务院旅游行政主管部门制定统一样式,国务院旅游行政主管部门和省级旅游行政管理部门分别印制,由具有审批权的旅游行政管理部门颁发。未取得许可证的,不得从事旅游业务。旅行社及其分社、服务网点,应当将《旅行社业务经营许可证》《旅行社分社备案登记证明》或者《旅行社服务网点备案登记证明》,与营业执照一起,悬挂在经营场所的显要位置,以便有关部门监督检查以及旅游者、其他企业识别。如果旅行社及其分社、服务网点未悬挂旅行社业务经营许可证、备案登记证明的,由县级以上旅游行政管理部门责令改正,可以处1万元以下的罚款。另外,旅行社以互联网形式经营旅行社业务的,除符合法律、法规规定外,其网站首页应当载明旅行社的名称、法定代表人、许可证编号和业务经营范围,以及原许可的旅游行政管理部门的投诉电话。

《旅游法》第三十条规定:“旅行社不得出租、出借旅行社业务经营许可证,或者以其他形式非法转让旅行社业务经营许可。”

2. 旅行社质量保证金制度

20 世纪 80 年代后期,旅游业迅速发展,旅行社数量急剧增加,行业规模不断扩大,国内外旅游者对旅行社服务的质量要求也越来越高。同时,旅行社经营和旅游市场上出现了一些新的问题,如旅行社市场秩序混乱,不顾质量和信誉;有的旅行社行为随意性强,经营活动不规范;有的旅行社把拖欠费用作为经营手段,采取削价竞争;有的旅行社实行个人承包,转卖营业执照,出现了无证经营或超范围经营的情况。这样做的结果必然导致服务质量低劣,既损害旅游者的利益,也损害旅行社的利益,从而对旅游业管理工作提出了新的要求。

为加强对旅行社服务质量的监督和管理,减少服务事故,保护旅游者的合法权益,保证旅行社规范经营,维护我国旅游业的声誉,经国务院批准,在我国实行旅行社质量保证金制度,利用经济手段参与管理,以期得到比其他管理和监督办法(如检查、评比、曝光、行政处罚)更明显的效果。

1) 质量保证金的含义

根据《旅游法》和《旅行社条例》的规定,旅游质量保证金是一种专用款项,用于旅游者权益损害赔偿和垫付旅游者人身安全遇有危险时紧急救助的费用。

2) 质量保证金的缴存标准

《旅行社条例》规定,旅行社应当自取得旅行社业务经营许可证之日起3个工作日内,在国务院旅游行政主管部门指定的银行开设专门的质量保证金账户,存入质量保证金,或者向做出许可的旅游行政管理部门提交依法取得的担保额度不低于相应质量保证金数额的银行担保。

经营境内旅游业务和入境旅游业务的旅行社,应当存入保证金20万元;经营出境旅游业务的旅行社,应当增存保证金120万元。

旅行社每设立一个经营境内旅游业务和入境旅游业务的分社,应当向其保证金账户增存5万元;每设立一个经营出境旅游业务的分社,应当向其保证金账户增存30万元。

质量保证金的利息属于旅行社所有。

3) 质量保证金的使用范围

《旅行社条例》规定,有下列情形之一的,旅游行政管理部门可以使用旅行社的质量保证金:①旅行社违反旅游合同约定,侵害旅游者合法权益,经旅游行政管理部门查证属实的。②旅行社因解散、破产或者其他原因造成旅游者预交旅游费用损失的。

同时,《旅行社条例》还规定,旅行社自缴纳或者补足质量保证金之日起3年内未因侵害旅游者合法权益受到行政机关罚款以上处罚的,旅游行政管理部门应当将旅行社质量保证金的交存数额降低50%,并向社会公告。旅行社可凭省、自治区、直辖市旅游行政管理部门出具的凭证减少其质量保证金。

旅行社在旅游行政管理部门使用质量保证金赔偿旅游者的损失,或者依法减少质量保证金后,因侵害旅游者合法权益受到行政机关罚款以上处罚的,应当在收到旅游行政管理部门补交质量保证金的通知之日起5个工作日内补足质量保证金。

旅行社不再从事旅游业务的,凭旅游行政管理部门出具的凭证,向银行取回质量保证金。

2.3.2　旅行社的经营原则及经营要求

1. 旅行社的经营原则

旅行社在经营活动中应当遵循自愿、平等、公平、诚实信用原则,遵守商业道德。

1) 自愿原则

自愿原则就是要求在市场交易中能充分表达自己的真实意愿,根据自己的意愿选择交易对手、交易内容和条件以及终止或变更交易的条件。《中华人民共和国民法通则》把自愿原则作为一项基本原则,即一切民事活动都必须遵守这一原则。凡以欺诈、胁迫等手段或者乘人之危,使对方违背真实意愿的情况下所做的民事行为均为无效的民事行为。

2) 平等原则

平等原则是指在具体的交易中不论交易一方是法人还是自然人,或双方在经济力量上存在的差别有多大,或即使一方交易者属某行政机关管辖,交易者双方都是平等的。在双方权利与义务的约定上必须平等协商,一方不得恃强凌弱,强迫对方服从自己的意愿。同时,平等原则要求法律对交易者双方提供平等的法律保障和保护。

3) 公平原则

公平原则是指在交易和竞争的方法、条件和结果上都应当是公平的。发展社会主义市场经济必须保护公平竞争,发挥竞争机制推动市场经济的作用。

4) 诚信原则

诚信原则要求经营者以善意、诚实公正为基础,自觉履行对其他经营者、消费者和国家所承担的基本责任。诚实信用原则是市场经济中公认的商业道德,也是道德规范在法律中的表现。

2. 旅行社的经营要求

为保护旅游者的合法权益,《旅游法》和《旅行社条例》对旅行社经营提出了以下要求。

1) 旅游者的招徕、组织及旅游服务的采购方面

(1) 旅行社为招徕、组织旅游者发布信息,必须真实、准确,不得进行虚假宣传,误导旅游者。

(2) 旅行社不得以低于旅游成本的报价招徕旅游者。

(3) 旅行社招徕、组织、接待旅游者,其选择的交通、住宿、餐饮、景区等企业,应当符合具有合法经营资格和接待服务能力的要求。《旅行社条例实施细则》规定:"旅行社为接待旅游者选择的交通、住宿、餐饮、景区等企业,不具有合法经营资格或者接待服务能力的,由县级以上旅游行政管理部门责令改正,没收违法所得,处违法所得 3 倍以下但最高不超过 3 万元的罚款,没有违法所得的,处 1 万元以下的罚款。"

(4) 旅行社为旅游者提供服务,应当与旅游者签订旅游合同并载明相关具体事项。在签订旅游合同时,旅行社不得要求旅游者必须参加旅行社安排的购物活动或者需要旅游者另行付费的旅游项目。

 补充阅读——旅游合同中应该包括的内容

《旅行社条例》规定,旅行社在与旅游者签订旅游合同时,应当对旅游合同的具体内容做出真实、准确、完整的说明。

(1) 旅行社的名称及其经营范围、地址、联系电话和旅行社业务经营许可证编号。

(2) 旅行社经办人的姓名、联系电话。

(3) 签约地点和日期。

(4) 旅游行程的出发地、途经地和目的地。

(5) 旅游行程中交通、住宿、餐饮服务安排及其标准。

(6) 旅行社统一安排的游览项目的具体内容及时间。

(7) 旅游者自由活动的时间和次数。

(8) 旅游者应当交纳的旅游费用及交纳方式。

(9) 旅行社安排的购物次数、停留时间及购物场所的名称。

(10) 需要旅游者另行付费的游览项目及价格。

(11) 解除或者变更合同的条件和提前通知的期限。

(12) 违反合同的纠纷解决机制及应当承担的责任。

(13) 旅游服务监督、投诉电话。

(14) 双方协商一致的其他内容。

如果旅行社和旅游者签订的旅游合同约定不明确或者对格式条款的理解发生争议的,应当按照通常理解予以解释;对格式条款有两种以上解释的,应当做出有利于旅游者的解释;格式条款和非格式条款不一致的,应当采用非格式条款。

2) 旅游接待方面

(1) 旅行社及其从业人员组织、接待旅游者,不得安排参观或者参与违反我国法律、法规和社会公德的项目或者活动。

(2) 旅行社不得以不合理的低价组织旅游活动,诱骗旅游者,并通过安排购物或者另行付费旅游项目获取回扣等不正当利益。

(3) 旅行社组织、接待旅游者,不得指定具体购物场所,不得安排另行付费旅游项目。但是,经双方协商一致或者旅游者要求且不影响其他旅游者行程安排的除外。

发生违反(2)、(3)两款规定情形的,旅游者有权在旅游行程结束后 30 日内,要求旅行社为其办理退货并先行垫付退货货款,或者退还另行付费旅游项目的费用。

(4) 旅行社组织团队出境旅游或者组织、接待团队入境旅游,应当按照规定安排领队或者导游全程陪同。

(5) 旅游者在境外滞留不归的,旅行社委派的领队人员应当及时向旅行社和中华人民共和国驻该国使领馆、相关驻外机构报告。旅行社接到报告后应当及时向旅游行政管理部门和公安机关报告,并协助提供非法滞留者的信息。旅行社接待入境旅游发生旅游者非法滞留我国境内的,应当及时向旅游行政管理部门、公安机关和外事部门报告,并协助提供非法滞留者的信息。

(6) 旅行社需要对旅游业务做出委托的,应当委托给具有相应资质的旅行社,征得旅游者的同意,并与接受委托的旅行社就接待旅游者的事宜签订委托合同,确定接待旅游者的各项服务安排及其标准,约定双方的权利、义务。同时,应当向接受委托的旅行社支付不低于接待和服务成本的费用;接受委托的旅行社不得接待不支付或者不足额支付接待和服务费用的旅游团队。如果由于接受委托的旅行社违约,造成旅游者的合法权益受到损害的,做出委托的旅行社应当承担相应的赔偿责任。做出委托的旅行社对旅游者进行赔偿后,可以向接受委托的旅行社追偿。接受委托的旅行社故意或者因重大过失造成旅游者的合法权益受到损害的,应当承担连带责任。

（7）旅行社对可能危及旅游者人身、财产安全的事项,应当向旅游者做出真实的说明和明确的警示,并采取防止危害发生的必要措施。发生危及旅游者人身安全的情形的,旅行社及其委派的导游人员、领队人员应当采取必要的处置措施并及时报告旅游行政管理部门;在境外发生的,还应当及时报告中华人民共和国驻该国使领馆、相关驻外机构、当地警方。

（8）在旅游行程中,当发生不可抗力、危及旅游者人身、财产安全,或者非旅行社责任造成的意外情形,旅行社不得不调整或者变更旅游合同约定的行程安排时,应当在事前向旅游者做出说明;确因客观情况无法在事前说明的,应当在事后向旅游者做出说明。

（9）在旅游行程中,旅行社及其委派的导游人员、领队人员应当提示旅游者遵守文明旅游公约和礼仪。

3）其他方面

（1）旅行社违反旅游合同约定,造成旅游者合法权益受到损害的,应当采取必要的补救措施,并及时报告旅游行政管理部门。

（2）旅行社应当投保旅行社责任险。为减少自然灾害等意外风险给旅游者带来的损害,旅行社在招徕、接待旅游者时,可以提示旅游者购买旅游意外保险。

2.3.3　旅行社工作人员的管理

人才的使用和管理是旅行社经营好坏的关键。为保证旅游服务水平和保护旅游者的权益,《旅行社条例》对于旅行社的导游和领队人员提出了以下要求。

（1）旅行社为接待旅游者委派的导游人员或者为组织旅游者出境旅游委派的领队人员,应当持有国家规定的导游证、领队证。如旅行社委派的导游人员和领队人员未持有国家规定的导游证或者领队证的,由旅游行政管理部门责令改正,对旅行社处 2 万元以上 10 万元以下的罚款。

补充阅读——领队应该具备的素质和条件

（1）取得导游证。

（2）具有大专以上学历。

（3）取得相关语言水平测试等级证书或通过外语语种导游资格考试,但为赴港、澳、台地区旅游委派的领队除外。

（4）具有两年以上旅行社业务经营、管理或者导游等相关从业经历。

（5）与委派其从事领队业务的取得出境旅游业务经营许可的旅行社订立劳动合同。赴台旅游领队还应当符合《大陆居民赴台湾地区旅游管理办法》规定的要求。

（2）旅行社聘用导游人员、领队人员应当依法签订劳动合同,并向其支付不低于当地最低工资标准的报酬,缴纳社会保险费用。旅行社临时聘用导游为旅游者提供服务的,应当全额向导游支付导游服务费用。旅行社不向其聘用的导游人员、领队人员支付报酬,或者所支付的报酬低于当地最低工资标准的,按照《中华人民共和国劳动合同法》的有关规定处理。

（3）旅行社及其委派的导游人员和领队人员不得有下列行为：①拒绝履行旅游合同约定的义务；②非因不可抗力改变旅游合同安排的行程；③欺骗、胁迫旅游者购物或者参加需要另行付费的游览项目。

 补充阅读——擅自改变旅游合同安排行程的行为

　　根据《旅行社条例实施细则》的规定，下列行为均属于擅自改变旅游合同安排行程：①减少游览项目或缩短游览时间的；②增加或者变更旅游项目的；③增加购物次数或者延长购物时间的；④其他擅自改变旅游合同安排的行为。

另外，旅行社不得要求导游人员和领队人员接待不支付接待和服务费用或者支付的费用低于接待和服务成本的旅游团队，不得要求导游人员和领队人员承担接待旅游团队的相关费用。否则，由旅游行政管理部门责令改正，处 2 万元以上 10 万元以下的罚款。

2.4　旅行社的法律责任

　　根据《旅游法》规定，旅行社及其从业人员存在下列情况时，应当承担相应的法律责任。

2.4.1　经营业务许可方面

　　（1）未经许可经营旅行社业务的，由旅游主管部门或者工商行政管理部门责令改正，没收违法所得，并处 1 万元以上 10 万元以下罚款；违法所得 10 万元以上的，并处违法所得 1 倍以上 5 倍以下罚款；对有关责任人员处 2000 元以上 2 万元以下罚款。

　　（2）未经许可经营出境、边境旅游业务的，或者出租、出借旅行社业务经营许可证，或者以其他方式非法转让旅行社业务经营许可的，除依照前款规定处罚外，还应责令停业整顿；情节严重的，吊销旅行社业务经营许可证；对直接负责的主管人员，处 2000 元以上 2 万元以下罚款。

 补充阅读——转让、出借或出租的含义

　　根据《旅行社条例实施细则》的规定，旅行社的下列行为属于转让、出租或者出借的行为：①除招徕旅游者和合法接待旅游者的情形外，准许或者默许其他企业、团体或者个人，以自己的名义从事旅行社业务经营活动的；②准许其他企业、团体或者个人，以部门或者个人承包、挂靠的形式经营旅行社业务的。

　　（3）旅行社未在规定期限内向其质量保证金账户存入、增存、补足质量保证金或者提交相应的银行担保的，由旅游行政管理部门责令改正；拒不改正的，吊销旅行社业务经营许可证。

　　（4）旅行社有下列情形之一的，由旅游行政管理部门责令改正；拒不改正的，处 1 万元以下的罚款：①变更名称、经营场所、法定代表人等登记事项或者终止经营，未在规定期限内向原许可的旅游行政管理部门备案，换领或者交回旅行社业务经营许可证的；

②设立分社未在规定期限内向分社所在地旅游行政管理部门备案的;③不按照国家有关规定向旅游行政管理部门报送经营和财务信息等统计资料的。

(5) 外商投资旅行社经营中国内地居民出国旅游业务以及赴香港特别行政区、澳门特别行政区和台湾地区旅游业务,或者经营出境旅游业务的旅行社组织旅游者到国务院旅游行政主管部门公布的中国公民出境旅游目的地之外的国家和地区旅游的,由旅游行政管理部门责令改正,没收违法所得,违法所得 10 万元以上的,并处违法所得 1 倍以上5 倍以下的罚款;违法所得不足 10 万元或者没有违法所得的,处 10 万元以上 50 万元以下的罚款;情节严重的,吊销旅行社业务经营许可证。

2.4.2　旅游服务的销售和采购方面

旅行社违反法律规定,有下列行为之一的,由旅游主管部门或者有关部门责令改正,没收违法所得,并处 5000 元以上 5 万元以下罚款;违法所得 5 万元以上的,并处违法所得1 倍以上 5 倍以下罚款;情节严重的,责令停业整顿或者吊销旅行社业务经营许可证;对直接负责的主管人员和其他直接责任人员,处 2000 元以上 2 万元以下罚款。

(1) 进行虚假宣传,误导旅游者的。

(2) 向不合格的供应商订购产品和服务的。

(3) 未按照规定投保旅行社责任保险的。

2.4.3　旅游接待方面

(1) 旅行社违反法律规定,有下列情形之一的,由旅游行政管理部门责令改正,处2 万元以上 10 万元以下的罚款;情节严重的,责令停业整顿 1 个月至 3 个月:①未与旅游者签订旅游合同;②与旅游者签订的旅游合同未载明《旅行社条例》第二十八条规定的事项;③未取得旅游者同意,将旅游业务委托给其他旅行社;④将旅游业务委托给不具有相应资质的旅行社;⑤未与接受委托的旅行社就接待旅游者的事宜签订委托合同。

(2) 旅行社违反法律规定,有下列行为之一的,由旅游主管部门责令改正,没收违法所得,并处 5000 元以上 5 万元以下罚款;情节严重的,责令停业整顿或者吊销旅行社业务经营许可证;对直接负责的主管人员和其他直接责任人员,处 2000 元以上 2 万元以下罚款:①未按照规定为出境或者入境团队旅游安排领队或者导游全程陪同的;②安排未取得导游证或者领队证的人员提供导游或者领队服务的;③未向临时聘用的导游支付导游服务费用的;④要求导游垫付或者向导游收取费用的。

(3) 旅行社违反法律规定,有下列行为之一的,由旅游主管部门责令改正,处 3 万元以上 30 万元以下罚款,并责令停业整顿;造成旅游者滞留等严重后果的,吊销旅行社业务经营许可证;对直接负责的主管人员和其他直接责任人员,处 2000 元以上 2 万元以下罚款,并暂扣或者吊销导游证、领队证:①在旅游行程中擅自变更旅游行程安排,严重损害旅游者权益的;②拒绝履行合同的;③未征得旅游者书面同意,委托其他旅行社履行包价旅游合同的。

✧ 案例再现

2015 年"五一黄金周"期间,湖南导游杨某受湘西中旅委派,带一个 50 人的散客团,在去往张家界途中,因部分游客不愿意参加购物,杨某不安排中餐,导致游客不满,与游客发生冲突,杨某随即到餐馆厨房拿了一把菜刀与游客对峙。依据《旅游法》《导游人员管理条例》的有关规定,对杨某做出如下处罚:①吊销杨某导游证,今后不得从事导游业务,张家界市公安局已责成事件发生地的慈利县公安局对杨某持刀行为立案调查,依法处理;②对湘西中旅责令改正,没收违法所得,并处5万元罚款,停业整顿6个月;③对旅行社法人代表处2万元罚款;④责成长沙市旅游局对长沙市欧亚旅行社(组团社)进一步核查,发现问题,依法处理。

(4)旅行社违反法律规定,安排旅游者参观或者参与违反我国法律、法规和社会公德的项目或者活动的,由旅游主管部门责令改正,没收违法所得,责令停业整顿,并处2万元以上20万元以下罚款;情节严重的,吊销旅行社业务经营许可证;对直接负责的主管人员和其他直接责任人员,处2000元以上2万元以下罚款,并暂扣或者吊销导游证、领队证。

(5)旅行社以不合理的低价组织旅游活动,诱骗旅游者,并通过安排购物或者另行付费旅游项目获取回扣等不正当利益,或者在接待过程中指定具体购物场所,安排另行付费旅游项目的,由旅游主管部门责令改正,没收违法所得,责令停业整顿,并处3万元以上30万元以下罚款;违法所得30万元以上的,并处违法所得1倍以上5倍以下罚款;情节严重的,吊销旅行社业务经营许可证;对直接负责的主管人员和其他直接责任人员,没收违法所得,处2000元以上2万元以下罚款,并暂扣或者吊销导游证、领队证。

✧ 案例再现——不合理低价

2015年5月,为整治"不合理低价"、违法"一日游"等扰乱旅游市场秩序的行为,国家旅游局组织9个暗访组赴云南、湖南、海南、湖北等地,每个暗访组由3人组成,互相之间打掩护,有的成员为掩人耳目假扮恋人、兄妹。

5月12日,国家旅游局一路暗访组报名参加了3晚4天的昆明——西双版纳旅游团。小组由3人组成,映儒(化名)年龄稍大扮姐姐,其他两人扮情侣。

从行程单看,这个299元每人的旅游团行程丰富,参观野象谷、森林公园,乘坐澜沧江游轮,参观傣族村寨。

可行程安排在次日全部变了。映儒说,早上,导游一上大巴车就宣布,行程更改。野象谷、森林公园压缩到半天内,此后几天除了自费项目就是购物。

映儒和一名女同事针对导游违规以及强制购物等问题发问,另一名男同事用针孔摄像机取证。"导游在车上不介绍风土民情,一直推销玉器,一上车就给我们讲云南那个导游骂游客的事,游客因为贪便宜也被旅游局处罚了。"映儒说。

在玉器店,男同事装作要给"女友"买一件价值6万元的玉器,导游一直跟着介绍,并称可以给出很大折扣。借此,暗访组套出了导游与玉器店之间分红的事实。

怎样辨识不合理低价的风险?国家旅游局相关负责人介绍,关于"不合理低价",目前还没有权威、准确的说法。但根据业内分析以及游客投诉情况反映,"不合理低价"具有几个明显特征:背离价值规律、低于经营成本、以不实价格招揽游客、以不实宣传诱导消费、以不正当竞争手段扰乱旅游市场。

（6）旅行社组织、接待出入境旅游，发现旅游者从事违法活动而未尽报告义务的，由旅游主管部门处 5000 元以上 5 万元以下罚款；情节严重的，责令停业整顿或者吊销旅行社业务经营许可证；对直接负责的主管人员和其他直接责任人员，处 2000 元以上 2 万元以下罚款，并暂扣或者吊销导游证、领队证。

（7）旅行社及其委派的导游人员、领队人员有下列情形之一的，由旅游行政管理部门责令改正，对旅行社处 2 万元以上 10 万元以下的罚款；对导游人员、领队人员处 4000 元以上 2 万元以下的罚款；情节严重的，责令旅行社停业整顿 1 个月至 3 个月，或者吊销旅行社业务经营许可证、导游证、领队证：①发生危及旅游者人身安全的情形，未采取必要的处置措施并及时报告的；②旅行社组织出境旅游的旅游者非法滞留境外，旅行社未及时报告并协助提供非法滞留者信息的；③旅行社接待入境旅游的旅游者非法滞留境内，旅行社未及时报告并协助提供非法滞留者信息的。

2.4.4　其他方面

（1）违反法律规定被吊销导游证、领队证的导游、领队和受到吊销旅行社业务经营许可证处罚的旅行社的有关管理人员，自处罚之日起未逾 3 年的，不得重新申请导游证、领队证或者从事旅行社业务。

（2）旅行社违反法律规定，给予或者收受贿赂的，由工商行政管理部门依照有关法律、法规的规定处罚；情节严重的，并由旅游主管部门吊销旅行社业务经营许可证。

（3）违反本条例的规定，有下列情形之一的，由旅游行政管理部门责令改正，停业整顿 1 个月至 3 个月；严重的，吊销旅行社业务经营许可证：①旅行社不向接受委托的旅行社支付接待和服务费用的；②旅行社向接受委托的旅行社支付的费用低于接待和服务成本的；③接受委托的旅行社接待不支付或者不足额支付接待和服务费用的旅游团队的。

小结

1. 旅行社是从事招徕、组织、接待旅游者等活动，为旅游者提供相关旅游服务，开展国内旅游业务、入境旅游业务或者出境旅游业务的企业法人。

2. 设立旅行社的条件有：取得法人资格，有固定的经营场所，有必要的营业设施，有符合规定的注册资本，有必要的经营管理人员和导游，以及法律、行政法规规定的其他条件。

3. 旅行社分社是指由旅行社设立、以设立社的名义开展旅游经营活动、不具有独立的法人资格、民事责任由设立社承担的分支机构。

4. 旅游质量保证金是指由旅行社缴纳、旅游行政管理部门管理，用于旅游者权益损害赔偿和垫付旅游者人身安全遇有危险时紧急救助的专用款项。

5. 旅行社在经营活动中应当遵循自愿、平等、公平、诚信的原则，遵守商业道德。

思考与练习

一、单项选择题

1. 旅行社招徕、组织、接待中国内地居民赴香港特别行政区、澳门特别行政区,接待大陆居民赴我国台湾地区旅游的业务属于(　　)旅游业务。

    A. 国内　　　　　　　　B. 边境　　　　　　　　C. 入境　　　　　　　　D. 出境

2. 旅行社招徕、组织在大陆的台湾地区居民在境内旅游的业务属于(　　)旅游业务。

    A. 国内　　　　　　　　B. 边境　　　　　　　　C. 入境　　　　　　　　D. 出境

3. 根据《旅游法》规定,因不可抗力而影响旅游行程、造成游客滞留的,旅行社应当采取相应的安置措施,因此支出的食宿费用由(　　)承担。

    A. 旅行社　　　　　　　　　　　　　B. 旅游者

    C. 旅行社和旅游者共同承担　　　　　D. 视情况而定

4. 如果旅行社的营业用房是申请者租用的,则租期应不少于(　　)年。

    A. 5　　　　　　　　　B. 3　　　　　　　　　C. 2　　　　　　　　　D. 1

5. 根据《旅行社条例》的规定,设立旅行社的注册资本应当不少于(　　)万元。

    A. 20　　　　　　　　B. 30　　　　　　　　C. 50　　　　　　　　D. 80

6. 经营出境旅游业务的,应当缴纳(　　)万元的质量保证金。

    A. 20　　　　　　　　B. 30　　　　　　　　C. 120　　　　　　　　D. 140

7. 旅行社每设立一个经营国内旅游业务和入境旅游业务的分社,应当向其质量保证金账户增存(　　)万元。

    A. 5　　　　　　　　　B. 10　　　　　　　　C. 15　　　　　　　　D. 30

8. 《旅行社条例》规定,旅行社自缴纳或者补足质量保证金之日起 3 年内未因侵害旅游者合法权益受到行政机关罚款以上处罚的,旅游行政管理部门应当将旅行社质量保证金的交存数额降低(　　)。

    A. 50%　　　　　　　B. 40%　　　　　　　C. 20%　　　　　　　D. 10%

9. 《旅游法》规定,对于危及旅游者人身、财产安全的,旅行社应当采取相应的安全措施,因此支出的费用由(　　)分担。

    A. 旅游者　　　　　　　　　　　　　B. 旅行社

    C. 旅行社与旅游者　　　　　　　　　D. 旅游行政管理部门

10. 《旅游法》规定,组团社把旅游业务委托给地接社,由于地接社的原因导致违约的,由(　　)承担责任。

    A. 组团社

    B. 地接社

    C. 组团社和地接社共同承担

    D. 组团社、地接社和旅游者三方共同承担

11. 中国内地居民港澳游属于（　　）旅游。

  A. 边境　　　　　　B. 出境　　　　　　C. 境内　　　　　　D. 入境

二、多项选择题

1. 旅行社为旅游者提供的服务包括（　　）。

  A. 安排交通、住宿、餐饮服务

  B. 安排导游、领队服务

  C. 提供旅游咨询、旅游活动设计服务

  D. 为旅游者代办出境、入境、签证手续

2. 旅行社设立的条件包括（　　）。

  A. 有固定的经营场所　　　　　　B. 有必要的营业设施

  C. 有不少于 30 万元的注册资本　　D. 有必要的经营管理人员和导游

3. 申请经营出境旅游业务的旅行社应当（　　）。

  A. 取得经营许可满 2 年

  B. 取得经营许可满 3 年

  C. 未因侵害旅游者合法权益受到行政机关罚款以上处罚

  D. 未因侵害旅游者合法权益受到行政机关吊销营业执照以上处罚

4. 旅行社的经营原则主要有（　　）。

  A. 自愿原则　　　B. 平等原则　　　C. 公平原则　　　D. 诚实信用原则

5. 旅行社聘请的导游和领队,（　　）。

  A. 应当持有国家规定的导游证、领队证

  B. 旅行社应当与其依法签订劳动合同

  C. 旅行社应当向导游和领队人员支付劳动报酬,缴纳社会保险费用

  D. 如遇特殊情况,旅行社可以要求导游和领队先垫付相关费用

6. 根据《旅游法》规定,某旅行社组织一个旅游团出境旅游,旅游者王某非法滞留,对此,旅行社应当立即向（　　）报告。

  A. 旅游主管部门　　B. 公安机关　　　C. 外事部门　　　D. 我国驻外机构

三、名词解释

1. 旅行社

2. 入境旅游业务

3. 出境旅游业务

4. 旅行社服务网点

四、简答题

1. 什么是旅行社？它具有什么性质和法律特征？

2. 旅行社的设立需要具备哪些条件？

3. 旅行社如何才能更好地保护旅游者的合法权益？

4. 旅行社质量保证金制度的意义何在?

五、案例分析

(一)

某年,刘某与一行30人报名某旅行社"豪华某省一地七日游"。由于"十一"期间出行游客特别多,原计划的四星级住房变为实际的三星级,原计划的豪华旅游巴士也被普通巴士代替。行程结束后,该旅行社也认识到自己的过错,答应游客赠送某市一地两日游作为补偿。在得到大多数游客的同意后,旅行社同游客签署了一个补充协议。虽然刘某对补充协议中赠送的景点不感兴趣,但迫于大多数游客同意,刘某虽不情愿也只得在协议上签了字。行程结束后,刘某倍感不满,返回后便向旅游质监部门投诉,称该旅行社违约,要求退还差额,并承担差额2倍的赔偿金。

请问:

1. 旅行社的行为是否违约?为什么?补充协议是否有效?为什么?

2. 刘某的主张能否得到支持?请分析原因。

(二)

某年8月,3名外地游客到某市旅游,通过旅游广告与市区一家旅行社电话联系,次日上车交钱,参加了该旅行社组织的当地一日游。期间,游客发现该旅行社未经他们同意就把他们拼入其他社的团队,而导游为赶时间也漏了部分景点。为不虚此行,3名游客坚持自己游览了漏看的景点,自费乘车返回住处。随后向旅游质监部门投诉,要求旅行社赔礼道歉并给予经济赔偿。

请问:旅行社的行为是否合法?为什么?

(三)

某年2月,游客刘女士报名参加华东五市七日游旅游团。旅游期间,刘女士的手袋在旅行社带其就餐的饭店被盗。刘女士认为该饭店安保不达标,投诉旅行社没有尽到谨慎选择供应商的责任,要求赔偿。旅行社称该饭店证照齐全,导游也一再强调游客要注意保管随身财物。遗憾的是,游客就餐时把手袋放在其身后的椅子上,导致盗窃发生。

请问:旅行社是否该为此次失窃事故负责?为什么?

第 3 章

导游人员管理法规制度

内容提要

本章主要对导游人员的概念、导游人员资格考试、导游证制度以及导游人员的权利与义务、导游人员等级考核制度及标准进行介绍。

本章重点

(1) 导游人员的概念。

(2) 导游人员资格考试制度与导游证。

(3) 导游人员的权利和义务。

(4) 导游人员等级考核制度及标准。

3.1 导游人员管理法规概述

导游人员是旅游业的窗口,是旅游接待工作第一线的关键人员,代表旅行社乃至旅游目的地的对外形象,同时也是一个国家文明的代表和体现。为此,旅游行业对导游人员的素质有较高的要求。

为确保对导游人员的有效管理,提高旅游服务质量,规范导游工作,保护旅游者和导游员的合法权益,经国务院批准,国家旅游局于 1987 年 11 月 14 日颁布了《导游人员管理暂行规定》。1999 年 5 月 14 日,国务院修订发布了《导游人员管理条例》,该条例自 1999 年 10 月 1 日起施行,《导游人员管理暂行规定》同时废止。新条例从政治思想、职业道德、法制纪律、业务培训、内容考核和奖惩办法等方面对导游人员进行规范和管理,维护了旅游市场秩序和旅游者的合法权益,可操作性也得到了极大的提高。

为加强导游队伍建设,维护旅游市场秩序和旅游者的合法权益,根据实际需要加强对导游人员管理的力度和可操作性,国家旅游局于 2001 年 12 月 27 日颁布了《导游人员管理实施办法》,强化了对导游人员的日常管理,并进一步细化了《导游人员管理条例》中的有关规定。

随着出境旅游的不断发展,为加强对出境游市场的管理,维护我国旅游行业声誉和国家形象,迫切需要规范和强化对领队人员的管理。2002年10月28日,国家旅游局发布了《出境旅游领队人员管理办法》,对《中国公民出国旅游管理办法》中有关领队人员的规定进一步细化,以维护出境旅游者的合法权益。

2002年4月1日,新的《导游证管理办法》试行;2005年7月3日,《导游人员管理实施办法(修订)》以及《导游人员等级考核评定管理办法(试行)》施行。

2013年10月1日,《旅游法》正式施行。《旅游法》在明确导游人员执业规范的同时,完善了导游人员权益保障制度,指明了我国导游管理体制改革的方向。

2016年8月,国家旅游局发布《关于深化导游体制改革　加强导游队伍建设的意见》(以下简称《意见》)。《意见》指出,取消导游资格证3年有效的规定,明确导游资格证终身有效,规范导游证使用年限,建设全国导游公共服务平台,启用电子导游证书取代原有IC卡导游证;选择区域试点,开展导游自由执业改革,使导游职业渠道由单一旅行社委派转型为旅行社、互联网平台以及其他旅行服务机构等多元选择。

2016年9月27日,为进一步推进简政放权、优化公共服务、激发市场活力、贯彻实施旅游法、推进导游管理体制机制改革,根据《国务院办公厅关于做好行政法规部门规章和文件清理工作有关事项的通知》(国办函〔2016〕12号)的要求,国家旅游局第40号决定废止2001年12月27日国家旅游局令第15号公布、2005年6月3日国家旅游局令第21号修正的《导游人员管理实施办法》。自该决定公布之日起,《导游人员管理实施办法》规定的导游岗前培训考核制度、计分管理制度、年审管理制度和导游人员资格证3年有效制度等停止实施,国家旅游局将根据导游管理体制机制改革工作的推进,逐步完善事中事后监管措施并加强监管。

2017年10月,根据2017年10月7日国务院令第687号公布,自公布之日起施行的《国务院关于修改部分行政法规的决定》,对《导游人员管理条例》进行了修正。

2017年11月,为深化新时代下旅游业供给侧结构性改革,促进全域旅游新发展,国家旅游局令第44号发布了《导游管理办法》。作为规范导游管理的部门规章,《导游管理办法》自2018年1月1日正式实施。《导游管理办法》分为总则、导游执业许可、导游执业管理、导游执业保障与激励、罚则和附则六章,共四十条,旨在规范导游执业行为,提升导游服务质量,保障导游合法权益,促进导游行业健康发展。

这些导游人员管理法规的建立,为旅游行政部门对导游人员的管理和指导提供了法律依据,也是导游人员和旅游者合法权益的法律保证,对加强我国导游队伍建设、促进旅游业健康发展起到了巨大的推动作用。

3.2　导游人员管理概述

3.2.1　导游人员的概念与分类

1. 导游人员的概念

《导游人员管理条例》第二条规定:"导游人员'是指依照本条例取得导游证,接受旅行社委派,为旅游者提供向导、讲解及相关旅游服务的人员'。"这一规定包含3层含义。

（1）必须取得导游证。在我国担任导游的人员，必须是通过导游资格考试并取得导游证的人员。这是从事导游业务的资格要件。这里提到依法取得导游证的导游人员，不同于人们日常生活中泛称的导游。

（2）导游是接受旅行社委派而从事导游业务（向导、讲解及相关旅游服务）的人员。这是导游人员从事业务活动的方式要件。导游活动不是个人行为，而是代表旅行社的职责行为。这同那些非旅行社委派，而出于一种自愿、自由行为向他人提供向导、讲解服务的人是有区别的。

（3）导游工作主要是为旅游者提供向导、讲解及相关旅游服务。这是导游业务活动的内容要件。"向导"是指为他人引路、带路；"讲解"是指为旅游者解说、指点风景名胜；"相关旅游服务"是指为旅游者代办各种旅行证件，代购交通票据，安排旅行住宿、旅程就餐等与旅行游览有关的各种活动。

2. 导游人员的分类

导游人员由于业务范围、业务内容的不同，服务对象和使用语言各异，其业务性质和服务方式也不尽相同，可以有不同的分类。

1）按语种分类

按导游使用的语种分类，可分为中文导游人员和外国语导游人员。

（1）中文导游人员是指能够使用普通话、地方语或少数民族语，从事导游业务的人员。这类导游人员一般是为国内旅游者，回内地探亲的香港、澳门及台湾同胞和回国的外籍华人旅游者提供汉语服务，可细分为普通话导游（我国大部分地区都由普通话导游人员接待）；地方语导游，如广东话、客家语等导游人员；少数民族语导游人员，如蒙古语、维吾尔语、朝鲜语等导游人员。

（2）外国语导游人员是指能够运用外国语言从事导游业务的人员，他们的主要服务对象是入境外国旅游者和出境旅游的中国公民。

2）按导游的服务范围分类

按导游的服务范围，可分为全程陪同、地方陪同、定点陪同和领队人员。

（1）全程陪同是指受组团旅行社委派或聘用，为跨省、自治区、直辖市范围的旅游者提供全部旅程导游服务的人员。全程陪同在旅游者（团）的整个行程中一直陪伴他们，为其提供导游服务。

（2）地方陪同是指受接待旅行社委派或聘用，在省、自治区、直辖市范围内，为旅游者提供导游服务的人员。在业务实践中，地方陪同只在当地帮助全程陪同，安排旅行和游览事项，提供讲解和旅途服务。

（3）定点陪同是指受景区（点）管理机构委派或聘用，在景点或参观场所的一定范围内为旅游者进行导游讲解的人员。

（4）领队人员又称出境旅游领队人员，是指依照《出境旅游领队人员管理办法》规定，取得出境旅游领队证，接受具有出境旅游业务经营权的国际旅行社的委派，从事出境旅游领队业务的人员。

3）按导游隶属关系分类

按导游隶属关系的不同,可分为专职导游人员和兼职导游人员。

（1）专职导游人员是指持有导游证,与旅行社签有正式劳动合同,与旅行社存在正式劳资关系的工作人员。专职导游人员隶属旅行社,旅行社要对导游承担全部的教育和管理职责,特别是对带团过程中的违规违纪行为要承担后果和责任。专职导游人员是我国导游队伍的主力军。

（2）兼职导游人员是指持有导游证,挂靠某旅行社或导游服务公司而非旅行社正式员工,与旅行社没有正式的劳资关系,在有出团任务时临时受聘于旅行社,为该社带团的工作人员。他们与专职导游人员不同,主要是利用业余时间在旅游旺季担任临时导游工作。他们不受某一旅行社限制,可同时受聘于多家旅行社。

4）按技术等级分类

按技术等级的不同,可分为初级导游人员、中级导游人员、高级导游人员和特级导游人员。

（1）初级导游人员。取得导游人员资格证书1年后,就技能、业绩和资历对其进行考核,合格者自动成为初级导游人员。

（2）中级导游人员。取得初级导游人员资格2年以上,业绩明显,考核、考试合格者晋升为中级导游人员。中级导游人员是旅行社的业务骨干。

（3）高级导游人员。取得中级导游人员资格4年以上,业绩突出、水平较高,在国内外同行和旅行商中有一定影响,考核、考试合格者晋升为高级导游人员。

（4）特级导游人员。取得高级导游人员资格5年以上,业绩优异,有突出贡献,有高水平的科研成果,在国内外同行和旅行商中有较大影响,经考核合格者晋升为特级导游人员。

3.2.2　导游人员资格考试制度

2015年8月,国家旅游局办公室《关于完善"导游人员从业资格证书核发"行政审批事项有关工作的通知》中明确提出,依据《导游人员管理条例》规定,我国实行统一的导游人员资格考试制度。国家文化和旅游部负责制定全国导游资格考试政策、标准,组织导游资格统一考试,以及对地方各级旅游主管部门导游资格考试实施工作进行监督管理。省、自治区、直辖市旅游主管部门负责组织、实施本行政区域内导游资格考试的具体工作。全国导游资格考试管理的具体办法由国家文化和旅游部另行制定。自2016年起,全国导游人员资格考试暂定于每年11月举行,每年一次,具体时间由国家文化和旅游部当年确定。考试科目为"政策法规""导游业务""全国导游基础知识""地方导游基础知识""导游服务能力"5科。考试形式分笔试与现场考试两种,科目一、二、三、四为笔试,笔试科目采用机考,各地使用国家旅游局统一的计算机考试系统进行考试。科目五为现场考试。考试内容为景点讲解、导游规范、应变能力和综合知识。外语类考生须用所报考语种的语言进行本科目考试并进行口译,参加资格考试经考试合格者,方可取得导游人员资格证。依据条例规定,具备下列条件的人员可以参加导游资格考试。

1. 必须是中华人民共和国公民

在我国,从事导游工作的人员,必须是具有中华人民共和国国籍的公民。外国人、无国籍的人,不能在我国担任导游工作。公民是指具有或取得某国国籍的个人。目前,不只是我国,世界上其他国家也有类似的规定,将某些行业的从业权规定只授予本国公民。

2. 必须具有高级中学、中等专业学校或以上学历

一个人的受教育程度、学历层次等是衡量其知识结构及文化素质的一个客观标准,也是从事某种职业对其从业人员的必然要求。导游因其职业特点,要求从业人员的知识面应尽可能广泛,对祖国的历史文化、名山大川、风土人情、民族习俗等知识都应有一定的了解。因此,只有具备较高的文化素质和学历的人员,才具备成为导游人员的条件。

3. 必须身体健康

导游工作既是一项脑力劳动,又是一项繁忙艰苦的体力劳动。导游人员不但要能适应各地的气候条件、生活习俗,而且要在旅途、游玩中给游客提供优质的服务,如果没有良好的身体素质就很难适应导游工作。因此,《导游人员管理条例》规定,必须是身体健康的人员才可以参加导游资格考试。

4. 必须具有适应导游需要的基本知识和语言表达能力

导游从业人员必须具有《导游人员管理条例》规定的文化程度和学历证明,同时还要参加一系列由各级旅游行政管理部门根据国家文化和旅游部统一组织的对导游人员的考前培训。2016 年 8 月,国家旅游局在《关于深化导游体制改革　加强导游队伍建设的意见》提出,要改革导游培训方式。构建强制性培训与自愿性培训相结合、岗前培训与在岗培训相衔接、“课堂培训、实操培训、网络培训”相统一的复合型培训体系;引导旅游院校加强导游相关专业学生实践技能和适应能力的培养,推动校企合作,促进院校教育与职业培训的有机衔接,在全国旅游院校构建导游培训网络;遴选部分高等级旅游景区,设立导游执业培训基地,丰富实操性培训;完善导游研修“云课堂”,拓宽覆盖面,丰富培训内容,为更多导游提供免费网络培训。这些学历证明和考前培训,就是对考生进行适应导游需要的基本知识培训。导游语言是对名山大川、旅游胜迹的艺术表达,要求导游人员按照规范化或艺术化的语言解说,做到语言流畅、活泼风趣、鲜明生动、吸引旅游者的注意力,形成轻松愉快、活泼有趣的气氛,给人以美的享受,消除旅途疲劳,增添旅游情趣。

具备以上 4 项条件的人员,按照《导游人员管理条例》的规定,符合导游资格证的报考条件。

根据《导游人员管理条例》的规定,凡是符合上述条件经考试合格的,由国务院旅游行政管理部门或国务院旅游行政管理部门委托省、自治区、直辖市人民政府旅游行政管理部门颁发导游人员资格证。根据规定,参加且资格考试合格的人员,即可获得旅游行政部门颁发的导游人员资格证。获得资格证 3 年但未就业的,资格证自动失效。2016 年 8 月,国家旅游局在《关于深化导游体制改革　加强导游队伍建设的意见》中提出改革现有导游

注册制度,取消了导游资格证3年有效的规定,明确规定导游资格证终身有效。

3.2.3 导游证制度

导游证是导游证书的简称,是导游从业人员从业行为能力的证明,是表明导游人员身份的外在标识,是国家准许从事导游工作的证件。根据《导游人员管理条例》的规定:"在中华人民共和国境内从事导游活动,必须取得导游证。"

1. 申领导游证的条件

《旅游法》第三十七条规定:"参加导游资格考试成绩合格,与旅行社订立劳动合同或者在相关旅游行业组织注册的人员,可以申请取得导游证。"《导游管理办法》第七条规定:"取得导游人员资格证,并与旅行社订立劳动合同或者在旅游行业组织注册的人员,可以通过全国旅游监管服务信息系统向所在地旅游主管部门申请取得导游证。"根据这些规定,今后申领导游证的人员,可以通过两种途径办理:一是与旅行社签订劳动合同,通过旅行社办理,由旅行社对导游进行执业管理(这类导游是旅行社导游);二是在相关旅游行业服务组织注册,通过该组织办理,由该组织对导游进行执业管理(这类导游也就是兼职导游)。2016年8月,国家旅游局在《关于深化导游体制改革 加强导游队伍建设的意见》中提出,试点开展特聘导游认定工作,制定管理办法,明确认定条件、认定程序、执业范围及奖惩机制等,以吸纳社会专门人才、小语种人才进入导游队伍,优化导游队伍结构。另外,《旅游法》第三十九条还规定:"取得导游证,具有相应的学历、语言能力和旅游从业经历,并与旅行社订立劳动合同的人员,可以申请取得领队证。"

根据《导游人员管理条例》的规定,申请领取导游证应具备以下条件。

(1) 已取得导游人员资格证书。即申请领取导游证的人员必须是参加并通过全国导游人员资格统一考试,并获得国家旅游局颁发的资格证书的人员。

(2) 与旅行社订立劳动合同或在相关旅游行业服务组织注册。依据我国劳动法的规定,所谓劳动合同,是指劳动者与用人单位确定劳动关系,明确双方权利和义务的协议。与旅行社订立劳动合同的人员是指专职导游人员,即旅行社的正式员工。导游人员与旅行社订立劳动合同,明确合同双方应尽的义务和职责,即导游人员按照劳动合同在旅行社内有义务完成担任的工作,遵守用人单位内部的劳动规定;旅行社则有义务按照导游人员工作的数量和质量给付工资,并且提供相应的劳动条件。

在旅游行业服务组织注册的人员,既可以是专职导游人员,也可以是兼职导游人员,但都不是属于某一旅行社的正式员工。在旅游行业服务组织注册后,如果某旅行社需要导游人员,通过旅游行业组织即可聘用。这种聘用关系具有较明显的季节性、时间性,通常在旅游旺季,大量导游人员通过旅游行业服务组织被各大、小旅行社争相聘用。而在旅游淡季,这种临时的聘用关系也随之终止。所谓"旅游行业服务组织",是指专门从事导游人员业务管理、培训,并为旅行社和导游人员提供所需信息等服务的组织,如导游服务公司。它提供中介服务,在导游人员和旅行社之间起到桥梁作用。

2. 不得颁发导游证的情形

根据《导游管理办法》第十二条规定,具有下列情形的,不予核发导游证。

(1) 无民事行为能力或者限制民事行为能力的。

(2) 患有甲类、乙类以及其他可能危害旅游者人身健康安全的传染性疾病的。

(3) 受过刑事处罚的,过失犯罪的除外。

(4) 被吊销导游证之日起未逾 3 年的。《旅游法》第一百零三条规定:"违反本法规定被吊销导游证的导游、领队和受到吊销旅行社业务经营许可证处罚的旅行社的有关管理人员,自处罚之日起未逾三年的,不得重新申请导游证或者从事旅行社业务。"

3. 申请导游证的程序

《导游管理办法》规定,国家对导游执业实行许可制度。从事导游执业活动的人员应当取得导游人员资格证和导游证。经导游人员资格考试合格的人员,方可取得导游人员资格证。取得导游人员资格证,并与旅行社订立劳动合同或者在旅游行业组织注册的人员,可以通过全国旅游监管服务信息系统向所在地旅游主管部门申请取得导游证。程序如下。

(1) 向所在地旅游行业组织提交相关材料。在旅游行业组织注册并申请取得导游证的人员,应当向所在地旅游行业组织提交下列材料:身份证;导游人员资格证;本人近期照片;注册申请。

《导游管理办法》规定,旅游行业组织在接受申请人取得导游证的注册时,不得收取注册费;旅游行业组织收取会员会费的,应当符合《社会团体登记条例》等法律、法规的规定,不得以导游证注册费的名义收取会费。

《导游管理办法》规定,导游通过与旅行社订立劳动合同取得导游证的,劳动合同的期限应当在 1 个月以上。

(2) 通过全国旅游监管服务信息系统填写申请信息,并提交相关申请材料。申请取得导游证,申请人应当通过全国旅游监管服务信息系统填写申请信息,并提交下列申请材料:身份证的扫描件或者数码照片等电子版;未患有传染性疾病的承诺;无过失犯罪以外的犯罪记录的承诺;与经常执业地区的旅行社订立劳动合同或者在经常执业地区的旅游行业组织注册的确认信息(对该信息,旅行社或者旅游行业组织应当自申请人提交申请之日起 5 个工作日内确认)。

4. 导游证申请的受理

《导游管理办法》第一条规定,所在地旅游主管部门对申请人提出的取得导游证的申请,应当依法出具受理或者不予受理的书面凭证。需补正相关材料的,应当自收到申请材料之日起 5 个工作日内一次性告知申请人需要补正的全部内容;逾期不告知的,收到材料之日起即为受理。

所在地旅游主管部门应当自受理申请之日起 10 个工作日内,作出准予核发或者不予核发导游证的决定。不予核发的,应当书面告知申请人理由。

5. 导游证年限

导游证的有效期为 3 年。导游需要在导游证有效期届满后继续执业的，应当在有效期限届满前 3 个月内，通过全国旅游监管服务信息系统向所在地旅游主管部门提出申请，并提交除身份证的扫描件或者数码照片等电子版外的其他 3 项材料。

旅行社或者旅游行业组织应当自导游提交申请之日起 3 个工作日内确认信息。所在地旅游主管部门应当自旅行社或者旅游行业组织核实信息之日起 5 个工作日内予以审核，并对符合条件的导游变更导游证信息。

6. 导游劳动合同的解除、终止

导游与旅行社订立的劳动合同解除、终止或者在旅游行业组织取消注册的，导游及旅行社或者旅游行业组织应当自解除、终止合同或者取消注册之日起 5 个工作日内，通过全国旅游监管服务信息系统将信息变更情况报告旅游主管部门。

导游应当自下列情形发生之日起 10 个工作日内，通过全国旅游监管服务信息系统提交相应材料，申请变更导游证信息：姓名、身份证号、导游等级和语种等信息发生变化的；与旅行社订立的劳动合同解除、终止或者在旅游行业组织取消注册后，在 3 个月内与其他旅行社订立劳动合同或者在其他旅游行业组织注册的；经常执业地区发生变化的；其他导游身份信息发生变化的。

旅行社或者旅游行业组织应当自收到申请之日起 3 个工作日内对信息变更情况进行核实。所在地旅游主管部门应当自旅行社或者旅游行业组织核实信息之日起 5 个工作日内予以审核确认。

7. 导游证的撤销及注销

（1）有下列情形之一的，所在地旅游主管部门应当撤销导游证：①对不具备申请资格或者不符合法定条件的申请人核发导游证的；②申请人以欺骗、贿赂等不正当手段取得导游证的；③依法可以撤销导游证的其他情形。

（2）有下列情形之一的，所在地旅游主管部门应当注销导游证：①导游死亡的；②导游证有效期届满未申请换发导游证的；③导游证依法被撤销、吊销的；④导游与旅行社订立的劳动合同解除、终止或者在旅游行业组织取消注册后，超过 3 个月未与其他旅行社订立劳动合同或者未在其他旅游行业组织注册的；⑤取得导游证后出现不予核发导游证前 3 种情形的；⑥依法应当注销导游证的其他情形。

导游证被注销后，导游符合法定执业条件需要继续执业的，应当依法重新申请取得导游证。

8. 导游电子证件形式

导游证采用电子证件形式。由国家文化和旅游部制定格式标准，由各级旅游主管部门通过全国旅游监管服务信息系统实施管理。

电子导游证以电子数据形式保存于导游个人移动电话等移动终端设备中。

9. 导游的执业范围变更

根据《旅游法》《导游人员管理条例》的规定,与旅行社订立劳动合同或者在旅游行业组织注册是取得导游证的条件。因此,如果导游与旅行社订立的劳动合同解除、终止或者在旅游行业组织取消注册后,导游实际已经不再具备取得导游证的条件,不再属于合法持证导游。如果此时从事导游执业活动,属于非法从事导游执业活动。为此,《导游管理办法》第十四条规定,导游应当在发生相关情况之日起 5 个工作日内,通过全国旅游监管服务信息系统将信息变更情况报告旅游主管部门。考虑到在实践中,导游与某家旅行社订立的劳动合同解除、终止或者在某个旅游行业组织取消注册后,很有可能与其他旅行社订立劳动合同或者在其他旅游行业组织注册,因此,《导游管理办法》规定了 3 个月的缓冲期,即如果在 3 个月内更换单位或者行业组织的,应当依照《导游管理办法》第十五条的规定申请变更导游证信息,依照第二十一条的规定申请更换导游身份标识;如果不再从事导游业务或者 3 个月内没有更换单位或者行业组织的,应当申请注销导游证,否则旅游部门将依照《导游管理办法》第十七条的规定,直接注销导游证。如果注销导游证之后还想继续执业的,依照《导游管理办法》第十条的规定,重新申请取得导游证。

同时,考虑到导游从事导游业务由旅行社委派,而旅行社或者旅游行业组织所在地即为导游证申领地,也通常为导游的经常执业地。虽然实行导游证网上审批制度后,导游相关信息已经互联互通,但对导游的日常监管、服务和培训等仍实行属地管理原则。如果导游在甲省办理导游证,但经常工作地点却在乙省,即导游的经常执业地区如果与其订立劳动合同的旅行社(含旅行社分社)或者注册的旅游行业组织所在地的省级行政区域不一致,不仅自身更换导游身份标识、参加培训等不方便,也不便于旅游部门的监管和旅游者权益的保障。因此,《导游管理办法》规定,导游的经常执业地区发生变化的,也应当申请变更导游证信息。这里也特别提醒两点:一是导游的经常执业地区是指导游连续执业或者 3 个月内累计执业达到 30 日的省级行政区域。导游受旅行社委派作为全陪带团赴异地从事导游执业活动的,不属于此类情况。二是规定导游据此申请变更导游证信息并非重新审批核发导游证,与导游证全国通用制度并不冲突。导游在提出信息变更申请后,相关转出地、转入地的旅行社、旅游行业组织和旅游主管部门应当依法核实变更相关信息,均不得无理拒绝。

3.3　导游人员的权利和义务

导游人员的权利和义务主要是指导游人员的法律权利和法律义务。

3.3.1　导游人员的权利

所谓法律权利,是指法律对公民在国家和社会生活中能够做出或不做出一定行为,以及要求他人做出或者不做出一定行为的许可和保障。导游人员的法律权利是指导游人员依法享有的权能和利益。它表现在导游人员可以自己做出一定行为,也可以要求他人做出或者不做出一定的行为。例如,导游人员享有人格尊严不受侵犯的权利;导游人员对旅游行政行为不服时,依法享有申请复议的权利。

根据国家有关法律、法规和《导游人员管理条例》,导游人员的权利主要有以下几种。

1. 导游人员享有人格尊严不受侵犯的权利

在导游人员的实际工作中,由于种种原因,经常会发生游客和旅行社之间的旅游纠纷事件,而导游人员往往成为双方迁怒的对象,被谩骂甚至殴打的事件时有发生。针对这种情形,《导游人员管理条例》第十条明确规定:"导游人员进行导游活动时,其人格尊严应当受到尊重,其人身安全不受侵犯。"

此外,为保护导游人员的正当权利,针对在旅行游览实际中,个别旅游者对导游提出的一些侮辱其人格尊严或者违反其职业道德的不合理要求,《导游人员管理条例》明确规定:"导游人员有权拒绝旅游者提出的侮辱其人格尊严或者违反其职业道德的不合理要求。"

2. 导游人员在旅游活动中享有调整或变更接待计划的权利

导游人员在引导旅游者旅行、游览过程中,如遇到危及旅游者人身安全的紧急情况,经征得多数旅游者的同意,可以调整或变更接待计划,但应当立即报告旅行社。

导游人员应按计划安排游客的游览活动。但在旅游活动开始后,如遇到危及旅游者人身安全的紧急情况,如不变更或调整接待计划,就可能对游客人身安全带来威胁,此时,导游人员可依据《导游人员管理条例》第十三条第二款的规定,享有调整或变更接待计划的权利。但导游人员行使这一权利时,必须符合下列条件。

（1）必须是在引导旅游者旅行、游览的过程中。也就是说,只有在旅行、游览活动开始后,出现不利于旅游活动继续进行的紧急情况,导游人员才可行使这一权利。若不利情况出现在旅游合同订立后、旅游活动开始前,则应由旅行社与旅游者进行协商,达成一致意见后,由旅行社调整或变更旅游接待计划。

（2）必须是遇到有可能危及旅游者人身安全的紧急情况时,导游人员才可以行使这一权利。

（3）必须是在征得多数旅游者的同意后。旅游合同一经双方确认订立,应当严格按照合同约定履行。如果需要调整或变更旅游计划,应当经过双方协商一致方可履行。但是,出现了可能危及旅游者人身安全的紧急情况,导游人员只需征得多数游客的同意,就可行使此权利。

（4）必须立即报告旅行社。导游人员本身无权调整或变更旅游接待计划,但在特定情况下不得已对计划进行调整后,应立即报告旅行社,以取得旅行社的正式认可。

3. 导游人员对旅游行政行为不服时，依法享有行政诉讼权、申请复议权

导游人员在导游活动中,对旅游行政机关做出的行政处罚不服时,有权向人民法院提起行政诉讼,或向其上一级旅游行政管理机关申请复议。诉讼权与复议权可在导游人员的以下权益受到侵害时使用。

（1）对罚款、吊销导游证、责令改正、暂扣导游证等行政处罚不服时。

（2）认为符合法定条件申请行政机关颁发导游人员资格证书和导游证,旅游行政管

理部门拒绝颁发或者不予答复时。

（3）认为旅游行政部门违法要求导游人员履行义务时。

（4）认为旅游行政部门侵犯导游人员人身权、财产权时。

（5）法律、法规规定可以提起行政诉讼或者申请复议的其他内容时。

4. 其他权利

《旅游法》第三十八条规定，旅行社应当与其聘用的导游依法订立劳动合同、支付劳动报酬、缴纳社会保险费用。旅行社临时聘用导游为旅游者提供服务的，应当全额向导游支付在包价旅游合同中载明的导游服务费用。旅行社安排导游为团队旅游提供服务的，不得要求导游垫付或者向导游收取任何费用。

导游人员的其他权利，还包括导游人员为更好地履行职务职责而应当享有的参加培训和获得晋级的权利。

5. 健全执业保障体系

2016 年 8 月，国家旅游局在《关于深化导游体制改革　加强导游队伍建设的意见》中提出，要健全导游职业保障体系。保障体系是导游队伍建设的重要支柱。从保障导游合法劳动报酬和社会保险权益、减轻导游执业负担等方面加强改革，破除导游参与分享发展成果的障碍，促进导游安全执业和体面执业，自觉践行行业核心价值观。

（1）开展劳动报酬集体协商。联合人力资源和社会保障部、全国总工会，开展协商确定劳动报酬的试点工作，指导试点地区建立协商对话机制，制定本地区旅行社聘用导游的劳动报酬指导性标准，建立公开、公平、合理的导游薪酬制度。

（2）健全导游保险保障体系。开展导游劳动权益保障督查，维护导游的合法权益。鼓励有条件的地方采取财政资金补贴一部分、社会捐助一部分、导游缴纳一部分等形式，帮助导游解决社会保险、执业保险费用问题；鼓励有实力、负责任的企业建立导游诚信基金、导游伤残基金等。探索试点导游自由执业责任保险制度，鼓励自由执业导游投保执业综合保险。

（3）清理不合理收费项目。各地立即清理利用注册、年审等向导游强制收取的年审费、注册费、挂靠费、管理服务费、高额会费等费用，停止开展各类收费的强制性培训。鼓励有条件的地方免费为导游提供培训机会，减轻导游执业负担。

（4）营造安全体面的执业环境。加强与交通运管部门的合作，共同推动落实《国家旅游局　交通运输部关于规范旅游用车"导游专座"的通知》的要求，强化对旅游客车生产企业、旅游客运企业及旅行社的监督检查，确保通知精神落到实处；加强与公安部门的协调，推动依法严厉处罚侮辱、殴打等严重侵害导游人身安全的违法行为，确保导游安全执业。督促旅行社等用人单位为导游安排干净、卫生、安全的陪同用房和餐饮；鼓励地方和企业为导游配备统一的、体现目的地形象和企业形象的工装，使导游体面执业。

3.3.2　导游人员的义务及法律责任

导游人员的法律义务是指导游人员依法承担的必须履行的责任，包括必须做出的行为和不得做出的行为。

1. 导游人员义务的主要内容

根据《导游管理办法》的规定,导游人员应当履行的义务或者职责主要如下。

(1) 提高自身业务素质和职业技能。根据相关法规的规定,导游人员自身业务素质的高低、职业技能的优劣,直接关系到导游服务的质量。可以说,导游人员的业务素质及职业技能,直接影响一个地区甚至一个国家旅游业的发展。因此,提高自身业务素质和职业技能对导游人员来说是至关重要的。

(2) 在执业过程中,应当携带电子导游证、佩戴导游身份标识,并开启导游执业相关应用软件。导游身份标识是指标识有导游姓名、证件号码等导游基本信息,以便于旅游者和执法人员识别身份的工作标牌,具体标准由国家文化和旅游部制定。导游身份标识中的导游信息发生变化,导游应当自导游信息发生变化之日起 10 个工作日内,向所在地旅游主管部门申请更换导游身份标识。旅游主管部门应当自收到申请之日起 5 个工作日内予以确认更换。导游身份标识丢失或者因磨损影响使用的,导游可以向所在地旅游主管部门申请重新领取,旅游主管部门应当自收到申请之日起 10 个工作日内予以发放或者更换。根据相关法规的规定,《旅游法》第四十一条也规定:"导游和领队从事业务活动,应当佩戴导游证。"导游证是国家准许从事导游工作的证件。佩戴导游证,不但便于旅游者识别导游人员,能更好地为旅游者提供规范化服务,而且便于旅游行政管理部门的监督和检查。导游人员在导游活动中若不佩戴导游证,则属于一种违法行为,必须承担相应的法律责任。

(3) 进行导游活动,必须经旅行社的委派。根据相关法规的规定,导游人员作为旅行社的雇员,其工作职责是接受旅行社的委派,为旅游者提供向导、讲解及相关旅游服务;而招徕、接待旅游者,为旅游者安排食宿等经营活动,则是旅行社的经营范围。设立此项义务,是为保证旅游服务的质量,防止削价等不正当竞争行为,达到规范旅游市场秩序的目的。

(4) 导游在执业过程中应当履行下列职责:自觉维护国家利益和民族尊严;遵守职业道德,维护职业形象,文明诚信服务;按照旅游合同提供导游服务,讲解自然和人文资源知识、风俗习惯、宗教禁忌、法律法规和有关注意事项;尊重旅游者的人格尊严、宗教信仰、民族风俗和生活习惯;向旅游者告知和解释文明行为规范、不文明行为可能产生的后果,引导旅游者健康、文明旅游,劝阻旅游者违反法律法规、社会公德、文明礼仪规范的行为;对可能危及旅游者人身、财产安全的事项,向旅游者作出真实的说明和明确的警示,并采取防止危害发生的必要措施。

(5) 导游在执业过程中不得有下列行为:安排旅游者参观或者参与涉及色情、赌博、毒品等违反我国法律法规和社会公德的项目或者活动;擅自变更旅游行程或者拒绝履行旅游合同;擅自安排购物活动或者另行付费旅游项目;以隐瞒事实、提供虚假情况等方式,诱骗旅游者违背自己的真实意愿,参加购物活动或者另行付费旅游项目;以殴打、弃置、限制活动自由、恐吓、侮辱、咒骂等方式,强迫或者变相强迫旅游者参加购物活动、另行付费等消费项目;获取购物场所、另行付费旅游项目等相关经营者以回扣、佣金、人头费或者奖励费等名义给予的不正当利益;推荐或者安排不合格的经营场所;向旅游者兜售物品;向旅游者索取小费;未经旅行社同意委托他人代为提供导游服务;法律法规规定的其他行为。

(6) 旅游突发事件发生后,导游应当立即采取下列必要的处置措施:向本单位负责人报告,情况紧急或者发生重大、特别重大旅游突发事件时,可以直接向发生地、旅行社所在地县级以上旅游主管部门、安全生产监督管理部门和负有安全生产监督管理职责的其他相关部门报告;救助或者协助救助受困旅游者;根据旅行社、旅游主管部门及有关机构的要求,采取调整或者中止行程、停止带团前往风险区域、撤离风险区域等避险措施。

(7) 具备领队条件的导游从事领队业务的,应当符合《旅行社条例实施细则》等法律、法规和规章的规定。

2. 导游人员违反义务规定所应承担的法律责任

(1) 导游人员私自承揽业务的,由旅游主管部门责令改正,没收违法所得,处 1000 元以上 1 万元以下罚款,并暂扣或者吊销导游证。

(2) 导游在执业过程中未携带电子导游证、佩戴导游身份标识的,由旅游行政部门责令改正;拒不改正的,处 500 元以下的罚款。对于未取得导游证或者不具备领队条件而从事导游、领队活动的,由旅游主管部门责令改正,没收违法所得,并处 1000 元以上 1 万元以下罚款,予以公告。

(3) 导游人员进行导游活动时,有损害国家利益和民族尊严的言行的,由旅游行政部门责令改正;情节严重的,由省、自治区、直辖市人民政府旅游行政部门吊销导游证并予以公告;对该导游人员所在的旅行社给予警告直至责令停业整顿。

(4) 导游人员违反《导游管理办法》,有安排旅游者参观或者参与涉及色情、赌博、毒品等违反我国法律法规和社会公德的项目或者活动的,处 2000 元以上 2 万元以下罚款,并暂扣或者吊销导游证。

(5) 导游人员在执业过程中,擅自变更旅游行程或者拒绝履行旅游合同,处 2000 元以上 2 万元以下罚款,并暂扣或者吊销导游证。

(6) 导游人员在执业过程中,擅自安排购物活动或者另行付费旅游项目;以隐瞒事实、提供虚假情况等方式,诱骗旅游者违背自己的真实意愿,参加购物活动或者另行付费旅游项目;或以殴打、弃置、限制活动自由、恐吓、侮辱、咒骂等方式,强迫或者变相强迫旅游者参加购物活动、另行付费等消费项目;或获取购物场所、另行付费旅游项目等相关经营者以回扣、佣金、人头费或者奖励费等名义给予的不正当利益,没收违法所得,处 2000 元以上 2 万元以下罚款,并暂扣或者吊销导游证。

(7) 导游人员在执业过程中,有向旅游者推荐或者安排不合格的经营场所的,处 2000 元以上 2 万元以下罚款。

(8) 导游人员进行导游活动,向旅游者兜售物品或者购买旅游者的物品的,由旅游行政部门责令改正,处 1000 元以上 3 万元以下的罚款;有违法所得的,并处没收违法所得;情节严重的,由省、自治区、直辖市人民政府旅游行政部门吊销导游证并予以公告;对委派该导游人员的旅行社给予警告直至责令停业整顿。

(9) 导游人员违反规定,向旅游者索取小费的,由旅游主管部门责令退还,处 1000 元以上 1 万元以下罚款;情节严重的,暂扣或者吊销导游证。

(10) 违反《导游管理办法》规定,导游有下列行为的,由县级以上旅游主管部门责令改正,并可以处 1000 元以下罚款;情节严重的,可以处 1000 元以上 5000 元以下罚款:未按期报告信息变更情况的;未申请变更导游证信息的;未更换导游身份标识的;旅游突发事件发生后,不依照本办法第二十四条规定采取相应措施的;未按规定参加旅游主管部门组织的培训的;向负责监督检查的旅游主管部门隐瞒有关情况、提供虚假材料或者拒绝提供反映其活动情况的真实材料的;在导游服务星级评价中提供虚假材料的。

(11) 导游执业许可申请人隐瞒有关情况或者提供虚假材料申请取得导游人员资格证、导游证的,县级以上旅游主管部门不予受理或者不予许可,并给予警告;申请人在 1 年内不得再次申请该导游执业许可。导游以欺骗、贿赂等不正当手段取得导游人员资格证、导游证的,除依法撤销相关证件外,可以由所在地旅游主管部门处 1000 元以上 5000 元以下罚款;申请人在 3 年内不得再次申请导游执业许可。

(12) 导游涂改、倒卖、出租、出借导游人员资格证、导游证,以其他形式非法转让导游执业许可,或者擅自委托他人代为提供导游服务的,由县级以上旅游主管部门责令改正,并可以处 2000 元以上 1 万元以下罚款。

(13) 对导游违反《导游管理办法》规定的行为,县级以上旅游主管部门应当依照旅游经营服务不良信息管理有关规定,纳入旅游经营服务不良信息管理;构成犯罪的,依法移送公安机关追究其刑事责任。

3.4　导游人员等级考核制度

为加强导游人员的队伍建设,提高导游人员的素质和服务水平,客观、公正地评价、选拔人才,调动导游人员的工作积极性,为导游人才市场创造条件以及为各旅行社服务的等级化创造人员条件,《导游人员管理条例》专门规定了导游人员等级考核制度。《导游人员管理条例》规定:"国家对导游人员实行等级考核制度。导游人员等级考核标准和考核办法,由国务院旅游行政管理部门规定。"根据《导游人员管理条例》规定,国家旅游局制定了《导游人员等级考核评定管理办法(试行)》,并于 2005 年 7 月 3 日起施行。

3.4.1　导游人员等级划分与评定

1. 导游人员等级划分

导游人员等级分为 2 个系列、4 个级别。2 个系列是指等级考核分为外国语导游人员系列和中文导游员系列。4 个级别是指通过考核,将导游人员划分为特级导游人员、高级导游人员、中级导游人员和初级导游人员。

2. 导游人员等级考核评定管理办法

导游人员等级考核评定工作,遵循自愿申报、逐级晋升、动态管理的原则。

凡通过全国导游人员资格考试并取得导游员资格证书,符合全国导游人员等级考核评定委员会规定报考条件的导游人员,均可申请参加相应的等级考核评定。导游人员申报等级时,由低到高,逐级递升,经考核评定合格者,颁发相应的导游人员等级证书。

导游人员等级考核评定工作,按照"申请、受理、考核评定、告知、发证"的程序进行。

凡通过考试取得导游人员资格证书后工作满 1 年者,经考核合格,即可成为初级导游人员。中级导游人员的考核采取笔试方式,其中,中文导游人员考试科目为"导游知识专题"和"汉语言文学知识";外国语导游人员考试科目为"导游知识专题"和"外语"。高级导游人员的考核采取笔试方式,考试科目为"导游案例分析"和"导游词创作"。特级导游人员的考核采取论文答辩方式。

根据《导游人员等级考核评定管理办法(试行)》规定,参加省部级以上单位组织的导游技能大赛获得最佳名次的导游人员,报全国导游人员等级考核评定委员会批准后,可晋升一级导游人员等级。一人多次获奖只能晋升一次,晋升的最高等级为高级。

3.4.2　导游人员职业等级标准

导游人员职业等级标准是考核评定导游人员等级的依据。该标准由国家旅游局制订,在旅游行业中实行。

根据导游人员职业等级标准的概念,各个等级的导游人员必须符合的政治思想、职业道德和身体要求是拥护中国共产党的领导,热爱祖国,遵纪守法,忠于职守,钻研业务,宾客至上,优质服务,遵守职业道德,身心健康。

1. 初级导游人员等级标准

1) 知识要求

知识要求包括:①了解我国的大政方针和旅游相关的政策法规;②掌握当地主要游览点的导游知识;③了解我国主要旅游景点和线路的基本知识,了解与业务有关的我国政治、经济、历史、地理、宗教和民俗等方面的基本知识;④了解有关客源市场的概况和习俗;⑤掌握主要导游工作规范;⑥外国语导游人员基本掌握一门外语,达到外语专业大学三年级水平;⑦中文导游人员掌握汉语言文学基础知识,达到高中毕业水平。

2) 技能要求

技能要求包括:①能独立完成导游接待工作;②能与旅游者建立良好的人际关系;③能独立处理旅行中发生的一般问题;④能与有关业务单位和人员合作共事;⑤导游语言正确通顺,外国语导游人员的外语表达基本正确,语音语调较好,中文导游人员的普通话表达清楚、流畅,语音、语调正确、亲切,导游体态大方得体;⑥能准确填写业务所需的各种票据,能起草情况反映、接待简报等有关应用文。

3) 业绩要求

完成企业要求的工作,无服务质量方面的重大投诉,游客反映良好率不低于 85%。

4) 学历要求

外国语导游人员具有外语专业大专或非外语专业本科及以上学历,中文导游员需高中及以上学历。

5) 资历要求

取得导游人员资格证书后工作满 1 年。

2. 中级导游人员等级标准

1) 知识要求

知识要求包括:①熟悉我国的大政方针,掌握旅游相关的政策法规;②全面掌握当地主要游览点的导游知识,了解我国主要旅游景点、线路的有关知识;③掌握与业务有关的我国政治、经济、历史、地理、社会、宗教、艺术和民俗等方面的基本知识;④熟悉有关主要客源市场的概况和特点;⑤熟练掌握导游工作规范;⑥外国语导游人员掌握一门外语,达到外语专业本科毕业水平,中文导游人员掌握汉语言文学的有关知识,达到大专毕业水平。

2) 技能要求

技能要求包括:①能接待不同性质、类型和规模的旅行团,有比较娴熟的导游技能;②能独立处理旅行中发生的疑难问题;③能正确理解旅游者的服务要求,有针对性地进行导游服务;④能与旅游者、有关业务单位和人员密切合作,有较强的公关能力;⑤导游语言流畅、生动,语音、语调比较优美,讲究修辞;⑥外国语导游人员的外语表达正确,中文导游人员能使用标准的普通话,并能基本听懂一种常用方言(粤语、闽南话或客家话);⑦能培训和指导初级导游员。

3) 业绩要求

工作成绩明显,为企业的业务骨干;无服务质量方面的重大投诉,游客反映良好率不低于 90%。

4) 学历要求

外国语导游人员的学历与初级导游人员的学历要求相同,中文导游人员具有大专及以上学历。

5) 资历要求

取得初级导游人员资格 2 年以上。

3. 高级导游人员等级标准

1) 知识要求

知识要求包括:①全面掌握我国的大政方针和旅游相关的政策法规;②全面、深入地掌握当地游览内容;③熟悉我国有关的旅游线路和景点知识;④有比较宽广的知识面;⑤掌握有关客源市场的重要知识及其接待服务规律;⑥熟练掌握导游工作规范,外国语导游人员熟练掌握一门外语,初步掌握一门第二外语,中文导游人员熟练掌握汉语言文学的有关知识,初步掌握一种常用方言(粤语、闽南话或客家话)。

2) 技能要求

技能要求包括:①有娴熟的导游技能,并有所创新,能预见并妥善处理旅行中发生的特殊疑难问题;②有一定的业务研究能力,能创作内容健康、语言优美的导游词;③外国语导游人员能用一门外语自如、准确、生动、优美地表达思想内容,并能胜任一般场合的口译工作,中文导游人员能用标准的普通话和一种常用方言(粤语、闽南话或客家话)工作,语言准确、生动、形象；④能培训和指导中级导游人员。

3）业绩要求

工作成绩突出，无服务质量方面的重大投诉，游客反映良好率不低于 95%，在国内外同行和旅行商中有一定影响，通过优质服务能为所在企业吸引一定数量的客源，有较高水平的导游工作研究成果（论文、研究报告等）。

4）学历要求

与中级导游人员的学历要求相同。

5）资历要求

取得中级导游人员资格 4 年以上。

4. 特级导游人员等级标准

1）知识要求

知识要求包括：①对有关的方针、政策和法规有全面、深入和准确的理解；②对当地游览内容有精确的认知，全面掌握我国有关旅游线路和景点的知识；③有宽广的知识面，在与业务有关的某一知识领域有较深的造诣；④掌握有关客源市场的知识，全面、准确、具体地了解其特点和接待服务规律；⑤熟练掌握导游工作规范；⑥外国语导游人员精通一门外语，基本掌握一门第二外语，中文导游人员掌握汉语言文学知识，基本掌握一种常用方言（粤语、闽南话或客家话）。

2）技能要求

技能要求包括：①导游技能超群，导游艺术精湛，形成个人风格；②能预见和妥善解决工作中的突发事件；③能通过优质服务吸引客源；④有较强的业务研究能力；⑤有很高的语言表达能力，外国语导游人员能胜任旅游专业会议及其他重要场合的口译工作，中文导游人员能胜任某一有关专业（如重点寺庙、古建筑或博物馆）的解说；⑥能创作富有思想性、艺术性和理论确凿的导游词；⑦能培训和指导高级导游人员。

3）业绩要求

职业道德高尚，工作成绩优异，有突出贡献，在国内外同行和旅行商中有较大的影响；无服务质量方面的重大投诉，游客反映良好率不低于 98%；有一定数量高水平并正式发表的导游工作研究成果。

4）学历要求

学历要求与高级导游人员相同。

5）资历要求

取得高级导游人员资格 5 年以上。

3.5 导游执业保障与激励

为激励和引导导游忠于职守、爱岗敬业，诚实守信、乐于奉献，使社会公众进一步理解、尊重和信任导游，增强导游的职业自信心和自豪感，《导游管理办法》结合《旅游法》《中华人民共和国劳动法》《中华人民共和国劳动合同法》《旅行社条例》等有关规定，将文件有关精神上升到规章层面,明确了导游执业权利、导游劳动保障制度、"导游专座"要求、导游培训制度等。

3.5.1　导游执业权利保障

针对当前个别导游特别是女性导游在执业活动中住宿、餐饮等条件较差和人身财产安全无法得到足够保障的情况,根据劳动法和劳动合同法对用人单位执行国家劳动标准、提供安全设施和劳动卫生等条件、劳动防护用品和劳动保护设施,特别是对女职工实行特殊劳动保护的规定,《导游管理办法》第二十六条明确,导游在执业过程中,其人格尊严受到尊重,人身安全不受侵犯,合法权益受到保障。导游有权拒绝旅行社和旅游者的下列要求:侮辱其人格尊严的要求;违反其职业道德的要求;不符合我国民族风俗习惯的要求;可能危害其人身安全的要求;其他违反法律、法规和规章规定的要求。旅行社等用人单位应当维护导游执业安全、提供必要的职业安全卫生条件,并为女性导游提供执业便利、实行特殊劳动保护。

3.5.2　导游劳动保障

根据劳动合同法规定,用人单位自用工之日起即与劳动者建立劳动关系,建立劳动关系应当订立书面劳动合同,及时足额支付不低于当地最低工资标准的劳动报酬,并依法为劳动者缴纳社会保险费;用人单位招用劳动者,不得扣押劳动者的居民身份证和其他证件,不得要求劳动者提供担保或者以其他名义向劳动者收取财物;劳动行政部门负责全国劳动合同制度实施的监督管理,劳动者合法权益受到侵害的,有权要求有关部门依法处理,或者依法申请仲裁、提起诉讼。据此,《导游管理办法》作了衔接性规定,鼓励导游对旅行社违反劳动法律、法规的行为进行投诉举报,依法维权。《导游管理办法》第二十七条规定,旅行社有下列行为的,导游有权向劳动行政部门投诉举报、申请仲裁或者向人民法院提起诉讼:不依法与聘用的导游订立劳动合同的;不依法向聘用的导游支付劳动报酬、导游服务费用或者缴纳社会保险费用的;要求导游缴纳自身社会保险费用的;支付导游的报酬低于当地最低工资标准的。

《旅行社条例》第三十四条规定,旅行社不得要求导游人员和领队人员接待不支付接待和服务费用或者支付的费用低于接待和服务成本的旅游团队,不得要求导游人员和领队人员承担接待旅游团队的相关费用。《导游管理办法》据此规定,旅行社要求导游接待以不合理低价组织的旅游团队或者承担接待旅游团队的相关费用的,导游有权向旅游主管部门投诉举报。

同时,《导游管理办法》细化《旅游法》的规定,从旅行社聘用专职导游人员和兼职导游人员两方面,对旅行社支付劳动报酬和导游服务费用、缴纳社会保险作出规定,并要求"旅行社应当与通过其取得导游证的导游订立不少于1个月期限的固定期限或者无固定期限劳动合同,并支付基本工资、带团补贴等劳动报酬,缴纳社会保险费用"。"旅行社临时聘用在旅游行业组织注册的导游为旅游者提供服务的,应当依照旅游和劳动相关法律、法规的规定足额支付导游服务费用;旅行社临时聘用的导游与其他单位不具有劳动关系或者人事关系的,旅行社应当与其订立劳动合同"。

3.5.3　设置"导游专座"

《导游管理办法》第二十九条规定,旅行社应当提供设置"导游专座"的旅游客运车辆,安排的旅游者与导游总人数不得超过旅游客运车辆核定乘员数。导游应当在旅游车辆"导游专座"就座,避免在高速公路或者危险路段站立讲解。

3.5.4　导游服务星级评价

多年来,导游为旅游业发展作出了积极贡献,但与快速增长的旅游发展和人民日益增长的美好生活需要相比,导游服务水平还存在发展不平衡、不充分的问题。导游队伍素质参差不齐,导游服务的市场价值尚未得到充分认可,迫切需要研究设计一种与导游服务质量直接相关、通过市场化方式对导游服务水平进行标识的评价模式,便于旅行社、旅游消费者对导游的识别选择。正是基于此,国家旅游局在认真调研并借鉴相关行业有关制度的基础上,推动建立了导游星级评价制度。《导游管理办法》第三十条规定,导游服务星级评价是对导游服务水平的综合评价,星级评价指标由技能水平、学习培训经历、从业年限、奖惩情况、执业经历和社会评价等构成。导游服务星级根据星级评价指标通过全国旅游监管服务信息系统自动生成,并根据导游执业情况每年度更新一次。旅游主管部门、旅游行业组织和旅行社等单位应当通过全国旅游监管服务信息系统,及时、真实地备注各自获取的导游奖惩情况等信息。

导游等级评定制度与星级评价制度都是为便于旅游者和社会各方面对导游水平能力的识别,并激励导游自我提升导游执业素养而确立的制度,二者互为补充,但也存在明显的区别。一是评价功能不同。导游等级评定制度是对导游职业技能水平的评价,侧重的是技能水平,相对是静态的,等级一般只升不降;导游星级评价制度侧重对导游执业服务能力、质量和信用水平的评价,侧重的是服务水平,相对是动态的,星级有升有降。二是评价方式不同。导游等级评定主要通过考试方式,对导游技能大赛获得最佳名次的导游也可以晋升等级;导游星级评价主要基于旅游者对导游服务的客观评价,不组织考试、不设评定机构,通过"全国旅游监管服务平台"自动计分生成导游服务星级。三是评价内容不同。在导游等级评定中,中级导游人员的考核内容主要为"导游知识专题"和"汉语言文学知识",高级导游人员的考核内容主要为"导游案例分析"和"导游词创作",特级导游人员的考核采取论文答辩方式;导游星级评价主要以游客对导游服务的满意度为导向,对导游服务水平进行综合评价,指标包括社会评价、技能水平、执业经历、学习培训和奖惩情况等,促进导游以诚实劳动、至诚服务赢得更好的社会评价,取得更高的服务星级,获取更多的就业机会。

3.5.5　导游培训制度

《导游管理办法》第三十一条规定,各级旅游主管部门应当积极组织开展导游培训,培训内容应当包括政策法规、安全生产、突发事件应对和文明服务等,培训方式可以包括培训班、专题讲座和网络在线培训等,每年累计培训时间不得少于 24 小时。培训不得向参加人员收取费用。旅游行业组织和旅行社等应当对导游进行包括安全生产、岗位技能、文明服务和文明引导等内容的岗前培训和执业培训。导游应当参加旅游主管部门、旅游行业组织和旅行社开展的有关政策法规、安全生产、突发事件应对和文明服务内容的培训;鼓励导游积极参加其他培训,提高服务水平。

小结

1. 导游人员是指依照《导游人员管理条例》取得导游证,接受旅行社委派,为旅游者提供向导、讲解及相关旅游服务的人员。

2. 我国实行统一的导游人员资格考试制度。经考试合格者,方可取得导游人员资格证。报考导游资格证必须具备4个条件:必须是中华人民共和国公民;必须具有高级中学、中等专业学校或以上学历;必须身体健康;必须具有适应导游需要的基本知识和语言表达能力。

3. 取得导游人员资格证的,经与旅行社订立劳动合同或者在导游服务公司登记,方可持所订立的劳动合同或者登记证明材料,向省、自治区、直辖市人民政府旅游行政部门申请领取导游证。

4. 导游证是导游证书的简称,是导游从业人员从业行为能力的证明,是表明导游人员身份的外在标识,是国家准许从事导游工作的证件。

5. 导游人员的权利和义务主要是指导游人员的法律权利和法律义务。

6. 导游人员等级分为2个系列、4个级别。2个系列是指等级考核分为外国语导游人员系列和中文导游人员系列。4个级别是指通过考核,将导游人员划分为特级导游人员、高级导游人员、中级导游人员和初级导游人员。

思考与练习

一、单项选择题

1. 2018年,《导游管理办法》规定,导游证的有效期为(   )年。
   A. 1   B. 2   C. 3   D. 4
2. 受接待旅行社委派或聘用,在省、自治区、直辖市范围内,为旅游者提供导游服务的人员是(   )。
   A. 全程陪同   B. 地方陪同   C. 定点陪同   D. 领队人员
3. (   )不是参加导游资格考试应具备的条件。
   A. 必须具有高中、中专或以上学历
   B. 必须身体健康
   C. 必须具有适应导游需要的语言表达能力
   D. 我国公民以及加入外国国籍的华人均可报考
4. (   )不属于中级导游人员的等级标准。
   A. 熟悉我国的大政方针,掌握旅游及其有关的政策法规

B. 熟悉有关主要客源市场的概况和特点

C. 无服务质量方面的重大投诉,游客反映良好率不低于 85%

D. 熟练掌握导游工作规范

5. 我国《旅游法》的实施日期是(　　)。

A. 2013 年 10 月 10 日　　　　　　B. 2012 年 5 月 1 日

C. 2012 年 10 月 1 日　　　　　　D. 2013 年 10 月 1 日

6. 国家实行导游人员资格考试制度,根据这一制度的规定,要想从事导游职业者,必须具备规定的条件,参加全国导游资格考试,经考试合格者,方可取得(　　)。

A. 导游证　　　　　　　　　　　B. 导游人员资格证

C. 临时导游证　　　　　　　　　D. 导游资格证和导游证

7.《导游人员管理条例》规定,在中华人民共和国境内从事导游活动,必须取得(　　)。

A. 导游人员资格证书　　　　　　B. 旅游专业中专以上学历

C. 导游证　　　　　　　　　　　D. 身体健康证明

8. 在导游管理服务机构登记的人员,既可以从事专职导游工作,也可以从事兼职导游工作,但他们都不是某一旅行社的正式员工,其归属管理是(　　)。

A. 导游管理服务机构　　　　　　B. 聘用旅行社

C. 注册地旅游行政管理部门　　　D. 旅游行业协会

9. 省、自治区、直辖市人民政府旅游行政管理部门应按照《导游人员管理条例》第六条的规定,自收到领取导游证申请之日起(　　)日内,颁发导游证。

A. 15　　　　　B. 30　　　　　C. 60　　　　　D. 10

10. 省、自治区、直辖市人民政府旅游行政管理部门受理领取导游证申请,如发现有不得颁发导游证的情形,应当(　　)。

A. 口头通知申请人　　　　　　　B. 驳回申请

C. 交地方人民法院处理　　　　　D. 书面通知申请人

11. 我国临时导游证的取消时间是(　　)年。

A. 2014　　　　　B. 2015　　　　　C. 2016　　　　　D. 2017

12. 申请领取导游证的必要前提是取得(　　)。

A. 导游人员资格证书　　　　　　B. 高中、中专及其以上学历

C. 身体健康证明　　　　　　　　D. 中国公民资格

13.《导游人员管理条例》规定,导游人员进行导游活动,必须具备的条件是(　　)。

A. 旅游相关专业毕业　　　　　　B. 专科以上学历

C. 经导游服务公司委派　　　　　D. 经旅行社委派

14. 导游人员擅自增加或者减少旅游项目的,擅自变更接待计划的,擅自中止导游活动的,由旅游行政部门责令改正,(　　);情节严重的,由省、自治区、直辖市人民政府旅游行政管理部门吊销导游证并予以公告。

A. 处 1000 元以上 3 万元以下的罚款　B. 暂扣导游证 3~6 个月

C. 不予通过年审　　　　　　　　D. 没收违法所得

二、多项选择题

1. 导游人员按语言分类可分为(　　)

    A. 中文导游人员   B. 外国语导游人员

    C. 地方语导游人员   D. 少数民族语导游人员

2. 应对导游证进行注销的情况有(　　)。

    A. 对不具备申请资格或者不符合法定条件的申请人核发导游证的

    B. 申请人以欺骗、贿赂等不正当手段取得导游证的

    C. 导游证有效期届满未申请换发导游证的

    D. 导游人员死亡的

3. 下列关于全程陪同导游人员解释,正确的有(　　)。

    A. 受境外组团社聘用

    B. 在旅游者(团)的整个行程中一直陪伴着他们

    C. 安排旅行和游览事项,提供讲解和旅途服务

    D. 受组团旅行社委派

4. 导游人员资格证书(　　)。

    A. 是表明持证人具备从事导游职业资格的证书

    B. 是持证人获得从事导游职业许可的证书

    C. 由国家文化和旅游部统一印制、由国家文化和旅游部或者是国家文化和旅游部

       委托的省级文化和旅游厅颁发的证书

    D. 没有期限规定,但获证3年未从业的,资格证自动失效

5. 《导游人员管理条例》规定,无导游证进行导游活动的,由旅游行政部门(　　)。

    A. 责令改正并予以公告

    B. 终止导游活动

    C. 处1000元以上3万元以下的罚款

    D. 有违法所得的,并处没收违法所得

6. 符合申请领取导游证的法定条件,而旅游行政部门拒不颁发导游证的,申请人有权(　　)。

    A. 向上一级旅游行政部门申请复议   B. 向当地消费者协会投诉

    C. 向仲裁机构申请仲裁   D. 向人民法院提起诉讼

7. 根据《导游人员管理条例》规定,不得颁发导游证的人员有(　　)。

    A. 张某患精神障碍不能完全辨认自己的行为

    B. 李某患病毒性肝炎未治愈

    C. 王某因过失犯罪曾受过刑事处罚

    D. 现年17岁的陈某在展览馆担任专职讲解员

8. 根据《导游人员管理条例》规定,导游人员享有的权利包括(　　)。

    A. 享有人身权利不受侵犯的权利

    B. 在权限内调整或变更接待计划的权利

C. 享有行政复议及行政诉讼的权利

D. 组织安排自费项目的权利

9. 导游人员行使调整或变更接待计划的权利时,必须符合的条件包括(   )。

A. 在引导旅游者旅行、游览过程中

B. 遇到有可能危及旅游者人身安全的紧急情形时

C. 征得多数旅游者的同意并立即报告旅行社

D. 旅游者强烈要求的情况下

10. 导游人员未经旅行社的委派,私自承揽或者以其他任何方式直接承揽导游业务,进行导游活动的,由旅游行政部门根据情节(   )。

A. 责令改正

B. 没收违法所得,处 500 元以下的罚款

C. 处 1000 元以上 3 万元以下的罚款,没收违法所得

D. 吊销导游证并予以公告

11. 根据《导游人员管理条例》规定,导游人员进行导游活动时,有损害国家利益和民族尊严的言行的,由旅游行政部门责令改正;情节严重的,由省、自治区、直辖市人民政府旅游行政管理部门(   )。

A. 处 1000 元以上 3 万元以下的罚款

B. 吊销导游证并予以公告

C. 对该导游人员所在的旅行社给予警告直至责令停业整顿

D. 对该导游人员所注册的导游管理服务机构给予警告直至责令停业整顿

12. 导游人员有(   )等违规行为之一的,由旅游行政部门责令改正,暂扣导游证 3~6 个月;情节严重的,由省、自治区、直辖市人民政府旅游行政管理部门吊销导游证并予以公告。

A. 擅自带旅游者到非指定旅游购物商店购买商品

B. 擅自增加或者减少旅游项目

C. 擅自变更接待计划

D. 擅自中止导游活动

13. 对于小费问题,不论是导游人员、旅游者还是旅游行政管理部门的合理态度有(   )。

A. 导游人员接受合理的小费是国际上通用的做法

B. 小费是旅游者自愿在服务费以外支付给导游人员的费用

C. 提供优质服务的导游人员得到小费,是旅游者对其服务工作的肯定、奖励和感谢

D. 导游人员接受小费与否,直接影响导游人员和旅行社的收入

14. 导游人员进行导游活动,欺骗、胁迫旅游者消费或者与经营者串通欺骗、胁迫旅游者消费的,旅游行政管理部门根据情节进行的处罚有(   )。

A. 责令改正,处 1000 元以上 3 万元以下的罚款

B. 有违法所得的,没收违法所得

  C. 情节严重的,由省级旅游行政管理部门吊销导游证并予以公告

  D. 对委派该导游人员的旅行社给予警告直至责令停业整顿;构成犯罪的,依法追究刑事责任

三、名词解释

1. 导游
2. 领队人员
3. 中级导游人员

四、简答题

1. 导游人员在获得资格证书后,应如何申领导游证?
2. 参加导游资格考试需具备哪些条件?

五、案例分析

（一）

  某年7月,导游员小马在带一个来自中国台湾的20人旅游团时,按接待计划第四天的行程是香山和圆明园。小马在第三天行程结束后说:"香山只有在有红叶的时候去才有意思,而圆明园现在是废墟一片,太荒凉,没看头。如果大家同意,我建议咱们明天去天津怎么样?去尝尝天津的狗不理包子、天津大麻花……"当时车上有9人表示赞同,其他人没有表态。这时小马又说:"如果大家不反对,请大家每人再交100元。"小马从中获利1500元。这样,大家都交了钱,第二天去了天津。团中3位客人离开北京前向旅行社进行了投诉。

请问:

1. 导游员小马有什么错误? 如何处罚?
2. 派他带团的旅行社有没有责任? 若有,如何处罚?

（二）

  某旅行社组织了某地2日游,导游员小王全程陪同该团队。她刚从学校毕业不久,从事导游工作时间还不长,但她组织能力较强、旅游知识较丰富。在前往当地的途中,小王为游客唱了几首歌,并介绍了当地的风土人情、风景名胜。但一些游客觉得不够刺激,其中游客A非要小王讲几个"黄色"笑话,并说所有的导游都应该会讲。小王此时感到非常为难,她认为导游员在带团过程中讲"黄色"笑话是不妥当的,就婉言拒绝了游客A,并提议让所有游客参与做一个互动游戏。游客A拒绝并指责导游员不开放,不能满足游客需求,遂产生怨气。抵达目的地后,游客A发现自己的手机不见了,怀疑是导游员小王拿错了,要检查她的包并搜身。小王反复说明自己没有拿,对其要求搜身更是不能接受。但游客A坚持要对小王查包搜身,否则就去旅游行政管理部门投诉她和旅行社。导游员小王想到自己刚参加工作,为避免旅行社遭受投诉而委曲求全,就让游客A检查了自己的包,并让一名女游客搜查了其身上的衣服,均未发现游客A的手机。

请问：

1. 对于游客要求导游讲"黄色"笑话的要求,案例中导游员小王的处理方式对吗？为什么？

2. 面对游客怀疑并要搜身的无理要求,导游应该如何应对？

（三）

某旅行社导游员小孙在带团时结识了团中一位来自云南的客人,并一直保持联系。次年,那位云南客人打电话告诉小孙,他们公司的 20 人要到北京旅游,希望小孙能够帮助接待。同时提出,这样不通过旅行社价格应该便宜些。小孙欣然应允,组织客人在北京玩了 3 天并向每人收取 600 元人民币。除各项支出外,小孙共获利 2800 元。事情败露后,小孙主动向旅游行政管理部门认错,交出全部非法所得。

请问：

1. 小孙犯了什么错误？应该受到何种处罚？

2. 小孙所在的旅行社是否应受到相应的处罚？为什么？

第4章

旅游饭店管理法规制度

内容提要

　　本章通过对旅游饭店的星级评定制度、行业规范、治安管理和饭店食品卫生管理的系统介绍,清晰地勾勒了旅游饭店的生存法则和管理模式。

本章重点

　　(1) 旅游饭店星级评定制度的主要内容。
　　(2) 旅游饭店治安管理法规制度的主要内容。
　　(3) 旅游饭店开办娱乐场所的管理规定。
　　(4) 旅游饭店的食品安全管理。

4.1　旅游饭店星级评定制度

　　旅游饭店(tourist hotel)是指以间(套)夜为单位出租客房,以住宿服务为主,并提供商务、会议、休闲、度假等相应服务的住宿设施,按不同习惯也可以称为宾馆、酒店、旅馆、旅社、宾舍、度假村、俱乐部、大厦、中心等。对旅游饭店进行星级评定,是国际上通行的惯例。实行这一制度,不但能使饭店管理向正规化、科学化的目标迈进,而且可以方便旅游者选择。星级评定制度以"星"标明饭店等级,以"星"反映饭店的硬件、软件水平,是一种国际化的通用标识。

　　随着我国旅游业的发展,1988 年 8 月,国家旅游局参照国际标准,结合中国国情,制定颁布了《中华人民共和国评定旅游涉外饭店星级的规定》(以下简称《评定规定》)以及《中华人民共和国评定旅游涉外饭店星级标准》(以下简称《评定标准》),在我国开始实行星级评定制度。

　　1993 年,《旅游涉外饭店星级的划分及评定》(GB/T 14308—1993)发布实施。1998 年,根据 10 年来星级评定的实践,又修订了《评定规定》。同时,新的《旅游涉外饭店星级的划分及评定》(GB/T 14308—1997)开始实施。

2003 年 8 月,《旅游饭店星级的划分与评定》(GB/T 14308—2003)代替了《旅游涉外饭店星级的划分及评定》(GB/T 14308—1997),用"旅游饭店"取代了"旅游涉外饭店"。

2010 年 10 月,《旅游饭店星级的划分与评定》(GB/T 14308—2010)国家标准获批,自 2011 年 1 月 1 日起实施。

4.1.1　旅游饭店星级的划分与评定范围

1. 旅游饭店星级的划分及标志

根据《旅游饭店星级的划分与评定》,用星的数量和颜色表示旅游饭店的等级。旅游饭店星级分为 5 个等级,即一星级、二星级、三星级、四星级、五星级(含白金五星级)。最低为一星级,最高为五星级。星级越高,表示饭店的等级越高。

星级标志由长城与五角星构成,用一颗五角星表示一星级,两颗五角星表示二星级,依此类推。五颗白金五角星表示白金五星级。

2. 旅游饭店星级划分的依据

饭店星级的高低主要反映客源不同层次的需求,标志饭店设计、建筑、装潢、设施设备、服务项目、服务水平与这种需求的一致性和所有住店宾客的满意程度。也就是说,旅游饭店星级划分的依据主要是饭店的建筑、装潢、设备、设施条件;饭店的设备、设施的维修保养及清洁卫生状况;饭店的管理水平;饭店的服务质量;饭店的服务项目以及宾客满意度等。

3. 旅游饭店星级的评定范围

凡在中华人民共和国境内,正式开业 1 年以上的旅游饭店(包括在中国境内开办的各种经济性质的饭店,含宾馆、酒店、度假村等)均可申请参加星级评定。经评定达到相应的星级标准的饭店,由全国旅游饭店星级评定机构颁发相应的星级证书和标志牌,星级标志的有效期为 3 年。3 年期满后应进行重新评定。

4.1.2　旅游饭店星级评定的机构及其责任分工

按照《旅游饭店星级的划分与评定》及《评定规定》,在我国,全国旅游饭店星级评定最高权力机关是国家文化和旅游部。国家文化和旅游部设有全国旅游星级饭店评定委员会(简称"全国星评委"),是全国星评工作的最高机构,统筹负责全国旅游饭店星评工作;聘任与管理国家级星评员;组织五星级饭店的评定和复核工作;授权并监管地方旅游饭店星级评定机构开展工作。

各省、自治区、直辖市设省级旅游星级饭店评定委员会(简称"省级星评委"),负责并督导本省内各级旅游饭店星级评定机构的工作,对本省副省级城市、地级市(地区、州、盟)及下一级星级评定机构违反规定所评定的结果拥有否决权,实施或组织实施本省四星级饭店的星级评定和复核工作,向全国星评委推荐五星级饭店并严格把关,省级星评委报全国星评委备案后,根据全国星评委的授权开展星评和复核工作。

副省级城市、地级市(地区、州、盟)旅游局设地区旅游星级饭店评定委员会(简称"地区星评委"),地区星评委在省级星评委的指导下,参照省级星评委的模式组建。

4.1.3　旅游饭店星级的评定方法、原则及规程

1. 星级的评定方法

旅游饭店星级的评定按照国家标准《旅游饭店星级的划分与评定》及其附录 A、附录 B 和附录 C 中给出的最低得分与得分率执行。申请星级的饭店,如达不到《旅游饭店星级的划分与评定》中必备项目的要求,或选择项目(三星级以上)中达不到相应星级所规定的项目数量,则不能得到所申请的星级。如达不到《旅游饭店星级的划分与评定》附录 A(设施设备与服务项目评分表)、附录 B(设施设备维修保养及清洁卫生评定检查表)、附录 C(服务质量评定检查表)中任何一项所规定的最低得分与得分率,则不能得到所申请的星级。

2. 星级的评定原则

(1) 在饭店星级评定中,一般而言,饭店所取得的星级表明该饭店所有建筑、设备设施及服务均处于同一水准。如果饭店由若干座不同建筑水平或设施设备标准的建筑物组成,旅游饭店星级评定机构将按每座建筑物的实际标准评定星级。也就是说,同一家饭店的不同建筑物可能被评定为不同的星级。评定星级后,不同星级的建筑物不得继续使用相同的饭店名称,否则该饭店的星级无效。

例如,一家名为"和平"的饭店由 3 座不同的建筑物构成。在星级评定中,该饭店的主楼被评为三星级,而另外两座建筑物分别被评为二星级和一星级。在这种情况下,被评为二星级、一星级的建筑物不得继续使用"和平"饭店名称,否则,"和平"饭店的三星级无效。

(2) 饭店取得星级后,因改造发生建筑规格、设施设备和服务项目的变化,关闭或取消原有设施设备、服务功能或项目,导致达不到原星级标准的,必须向原旅游星级饭店评定机构申报,接受复核或重新评定,否则,原旅游星级饭店评定机构应收回该饭店的星级证书和标志。

(3) 某些特色突出或极具个性化的饭店,若其自身条件与本标准规定的条件有所区别,可以直接向全国旅游饭店星级评定机构申请星级。全国旅游饭店星级评定机构应在接到申请后 1 个月内安排评定检查,根据检查和评审结果给予评定星级的批复,并授予相应星级的证书和标志。

3. 星级的评定规程

1) 五星级饭店的评定程序

(1) 申请。申请评定五星级的饭店应在对照《旅游饭店星级的划分及评定》(GB/T 14308—2010)充分准备的基础上,按属地原则向地区星评委和省级星评委逐级递交星级申请材料。申请材料包括饭店星级申请报告、自查打分表、消防验收合格证(复印件)、卫生许可证(复印件)、工商营业执照(复印件)、饭店装修设计说明等。

(2) 推荐。省级星评委收到饭店申请材料后,应严格按照《旅游饭店星级的划分及评定》(GB/T 14308—2010)的要求,于一个月内对申报饭店进行星评工作指导。对符合申报要求的饭店,以省级星评委名义向全国星评委递交推荐报告。

(3) 审查与公示。全国星评委在接到省级星评委推荐报告和饭店星级申请材料后,应在一个月内完成审定申请资格、核实申请报告等工作,并对通过资格审查的饭店,在中

国旅游网和中国旅游饭店业协会网站上同时公示。对未通过资格审查的饭店,全国星评委应下发正式文件通知省级星评委。

(4)宾客满意度调查。对通过五星级资格审查的饭店,全国星评委可根据工作需要安排宾客满意度调查,并形成专业调查报告,作为星评工作的参考意见。

(5)国家级星评员检查。全国星评委发出《星级评定检查通知书》,委派二到三名国家级星评员,以明查或暗访的形式对申请五星级的饭店进行评定检查。评定检查工作应在36～48 小时内完成。检查未予通过的饭店,应根据全国星评委反馈的有关意见进行整改。全国星评委待接到饭店整改完成并申请重新检查的报告后,于一个月内再次安排评定检查。

(6)审核。检查结束后一个月内,全国星评委应根据检查结果对申请五星级的饭店进行审核。审核的主要内容及材料有国家级星评员检查报告(须有国家级星评员签名)、星级评定检查反馈会原始记录材料(须有国家级星评员及饭店负责人签名)、依据《旅游饭店星级的划分及评定》(GB/T 14308—2010)打分情况(打分总表须有国家级星评员签名)等。

(7)批复。对于经审核认定达到标准的饭店,全国星评委应做出批准其为五星级旅游饭店的批复,并授予五星级证书和标志牌。对于经审核认定达不到标准的饭店,全国星评委应做出不批准其为五星级饭店的批复。批复结果在中国旅游网和中国旅游饭店业协会网站上同时公示,公示内容包括饭店名称、全国星评委受理时间、国家级星评员评定检查时间、国家级星评员姓名、批复时间。

(8)申诉。申请星级评定的饭店对星评过程及其结果如有异议,可直接向国家旅游局申诉。国家旅游局根据调查结果予以答复,并保留最终裁定权。

(9)抽查。国家旅游局根据《国家级星评监督员管理规则》,派出国家级星评监督员随机抽查星级评定情况,对星评工作进行监督。一旦发现星评过程中存在不符合程序的现象或检查结果不符合标准要求的情况,国家旅游局可对星级评定结果予以否决,并对执行该任务的国家级星评员进行处理。

2)一星级到四星级饭店的评定程序

各级星评委应严格按照相应职责和权限,参照五星级饭店评定程序执行。一、二、三星级饭店的评定检查工作应在 24 小时内完成,四星级饭店的评定检查工作应在 36 小时内完成。全国星评委保留对一星级到四星级饭店评定结果的否决权。

饭店星级证书和标志牌由全国星评委统一制作、核发。饭店星级标志应置于饭店前厅最明显位置,接受公众监督。

4.1.4　旅游饭店星级的复核及处理

星级复核是星级评定工作的重要组成部分,其目的是督促已取得星级的饭店持续达标,其组织和责任划分完全依照星级评定的责任分工。星级复核分为年度复核和三年期满的评定性复核。

年度复核工作由饭店对照星级标准自查自纠,并将自查结果报告相应级别星评委,相应级别星评委根据自查结果进行抽查。

评定性复核工作由各级星评委委派星评员以明查或暗访的方式进行。

各级星评委应于本地区复核工作结束后进行认真总结,并逐级上报复核结果。

对复核结果达不到相应标准的星级饭店,相应级别星评委根据情节轻重给予限期整改、取消星级的处理,并公布处理结果。对于取消星级的饭店,应将其星级证书和星级标志牌收回。

整改期限原则上不能超过一年。被取消星级的饭店,自取消星级之日起1年后,方可重新申请星级评定。

各级星评委对星级饭店做出处理的责任划分依照星级评定的责任分工执行。全国星评委保留对各星级饭店复核结果的最终处理权。

接受评定性复核的星级饭店,如其正在进行大规模装修改造,或者其他适当原因而致使暂停营业,可以在评定性复核当年年前提出延期申请。经查属实后,相应级别星评委可以酌情批准其延期一次。延期复核的最长时限不应超过1年,如延期超过1年,须重新申请星级评定。

国家级星评监督员随机抽查年度复核和评定性复核情况,对复核工作进行监督。一旦发现复核过程中存在不符合程序的现象或检查结果不符合标准要求的情况,国家旅游局可对星级复核结果予以否决。

4.1.5　旅游饭店星级评定检查员制度

1. 星级检查员

星级评定和复核的检查工作由星级标准检查员承担。

星级饭店的检查员分为国家级检查员和地方级检查员两个等级。国家旅游饭店星级评定机构设国家级检查员,负责对全国各星级饭店进行评定前后的检查。各省、自治区、直辖市及下属地、市、州等旅游饭店星级评定机构设地方级检查员,负责对本地区各星级饭店进行星级评定前后的检查。

旅游饭店星级检查员在国家旅游局及各省、自治区、直辖市旅游饭店星级评定机构的统一领导和组织下,对申请星级的旅游饭店进行评定,行使检查职能。检查员在检查饭店时,除须持有检查证外,还须持有星级评定机构的介绍信,否则检查员身份无效。

各级检查员在进行旅游饭店星级评定工作中,要坚持原则,秉公办事,不接受特殊待遇,不收受礼品,严格遵守有关规定。各级旅游饭店星级评定机构有权对违规违纪、滥用职权、徇私舞弊或玩忽职守的检查员给予批评、警告、取消检查员资格直至追究法律责任的处分。

2. 星级检查员的条件

旅游饭店星级评定检查员受旅游饭店星级评定机构的委托进行工作,对其有较高的条件要求,主要如下。

(1) 必须是旅游行政管理部门从事饭店行业管理的专业人员。

(2) 有较高的政治思想水平,热爱旅游事业,思想品德好,能做到大公无私、秉公办事、工作认真、严格要求。

(3) 有一定的政策水平、较强的法制观念,能严格执行法令、法规和纪律。

(4) 有较丰富的饭店业务知识,全面掌握《旅游饭店星级的划分与评定》。

(5) 有一定的组织能力和协调能力,有分析和研究问题的能力,有一定的语言表达能力。

此外,对国家级检查员还要求具有技术(业务)职称或有较强的饭店行政管理工作经验和能力。

旅游饭店星级检查员必须通过国家统一培训考核,才能领取国家级或地方级的饭店星级检查员的检查证。取得检查证的各级检查员每两年要接受一次复检,如复检不合格,则将被取消检查员资格。

3. 星级评定检查

旅游饭店星级检查员对饭店的检查分为评定前的检查和评定后的检查两种。

(1)评定前的检查是指接到饭店提出的正式申请后,检查员受星级评定机构委派对饭店进行检查。

(2)评定后的检查由星级评定机构委派,检查员对已取得星级的饭店进行定期与不定期的明查或暗访。明查的目的是为了核实饭店在取得星级后,在设施设备、服务项目、维修保养、清洁卫生等方面是否保持了原有的水准。

4. 暗访制度

根据宾客的意见和投诉所反映的问题,星级评定机构决定派检查员对饭店进行暗访。暗访的目的是监督、考察饭店在取得星级后服务质量方面是否保持了原有的水准。

暗访结束时,须通知店方。检查员除出示检查证外,还须将星级评定机构的介绍信交给店方,请饭店领导在介绍信和检查员的消费单据(房费单、餐饮费单等)上签字,然后寄回星级评定机构。

检查员与店方交换意见后,将填写的暗访报告由检查员和饭店经理共同签名,上报星级评定机构。

4.2　旅游饭店行业规范

《旅游法》第四十九条规定:"为旅游者提供交通、住宿、餐饮、娱乐等服务的经营者,应当符合法律、法规规定的要求,按照合同约定履行义务。"

为倡导履行诚信准则,保障客人和旅游饭店的合法权益,维护旅游饭店业经营管理的正常秩序,促进中国旅游饭店业的健康发展,中国旅游饭店业协会依据国家有关法律、法规,制定了《中国旅游饭店行业规范》(以下简称《规范》)。《规范》自 2002 年 5 月 1 日起施行,适用于中国旅游饭店业协会会员饭店,尚未加入中国旅游饭店业协会的旅游饭店可参照其执行。这里所称的旅游饭店包括在中国境内开办的各种经济性质的饭店,含宾馆、酒店、度假村等(以下简称饭店)。2009 年 8 月,中国旅游饭店业协会再次修订《规范》。修订后的《规范》指出:"饭店应当遵守国家有关法律、法规和规章,遵守社会道德规范,诚信经营,维护中国旅游饭店行业的声誉。"

4.2.1　预订、登记、入住与收费

1. 预订、登记、入住

(1)饭店应与客人共同履行住宿合同,因不可抗力不能履行双方住宿合同的,任何一

方均应当及时通知对方。双方另有约定的,按约定处理。

(2) 饭店由于出现超额预订而使客人不能入住的,应当主动替客人安排本地同档次或高于本饭店档次的饭店入住,所产生的有关费用由饭店承担。

(3) 饭店应当同团队、会议、长住客人签订住房合同。合同内容应包括客人入住和离店的时间、房间等级与价格、餐饮价格、付款方式、违约责任等款项。

(4) 饭店在办理客人入住手续时,应当按照国家的有关规定,要求客人出示有效证件,并如实登记。

(5) 以下情况饭店可以不予接待:①携带危害饭店安全的物品入店者;②从事违法活动者;③影响饭店形象者(如携带动物者);④无支付能力或曾有过逃账记录者;⑤饭店客满;⑥法律、法规规定的其他情况。

2. 收费

(1) 饭店应当将房价表置于总服务台显著位置,供客人参考。饭店如给予客人房价折扣,应当书面约定。

(2) 饭店应在前厅显著位置明示客房价格和住宿时间结算方法,或者确认已将上述信息用适当方式告知客人。

(3) 根据国家规定,饭店如果对客房、餐饮、洗衣、电话等服务项目加收服务费,应当在房价表及有关服务价目单上明码标价。

4.2.2　保护客人人身和财产安全

(1) 为保护客人的人身和财产安全,饭店客房房门应当装置防盗链、门禁、应急疏散图,卫生间内应当采取有效的防滑措施。客房内应当放置服务指南、住宿须知和防火指南。有条件的饭店应当安装客房电子门锁和公共区域安全监控系统。

(2) 饭店应当确保健身、娱乐等场所设施、设备的完好和安全。

(3) 对可能损害客人人身和财产安全的场所,饭店应当采取防护、警示措施。警示牌应当中英文对照。

(4) 饭店应当采取措施,防止客人放置在客房内的财物灭失、损毁。由于饭店的原因造成客人财物灭失、损毁的,饭店应当承担责任。

(5) 饭店应当保护客人的隐私权。除日常清扫卫生、维修保养设施设备或者发生火灾等紧急情况外,饭店员工未经客人许可不得随意进入客人下榻的房间。

4.2.3　保管客人物品

1. 保管客人的贵重物品

(1) 饭店应当在前厅处设置有双锁的客人贵重物品保险箱。贵重物品保险箱的位置应当安全、方便、隐蔽,能够保护客人的隐私。饭店应当按照规定的时限免费提供住店客人贵重物品的保管服务。

(2) 饭店应当对住店客人贵重物品的保管服务做出书面规定,并在客人办理入住登记时予以提示。对违反上述规定,造成客人贵重物品灭失的,饭店应当承担赔偿责任。

(3) 客人寄存贵重物品时,饭店应当要求客人填写贵重物品寄存单,并办理有关手续。

(4) 客房内设置的保险箱仅为客人提供存放一般物品之用。对没有按规定存放在饭店前厅的贵重物品保险箱内,造成客房里客人的贵重物品灭失、损毁的,如果责任在饭店一方,可视为一般物品予以赔偿。

(5) 如无事先约定,在客人结账退房离开饭店以后,饭店可以将客人寄存在贵重物品保险箱内的物品取出,并按照有关规定处理。饭店应当将此条规定在客人贵重物品寄存单上明示。

(6) 客人如果遗失饭店贵重物品保险箱的钥匙,除赔偿钥匙成本费用外,饭店还可以要求客人承担维修保险箱的费用。

2. 保管客人的一般物品

(1) 饭店保管客人寄存在行李寄存处的行李物品时,应当检查其包装是否完好、安全,询问有无违禁物品,经双方当面确认后,给客人签发行李寄存牌。

(2) 客人在餐饮、康乐、前厅行李处等场所寄存物品时,饭店应当面询问客人物品中有无贵重物品。客人寄存的行李中如有贵重物品,应当向饭店声明,由饭店员工验收并交饭店贵重物品保管处免费保管;客人事先未声明或不同意核实而造成物品灭失、损毁的,如果责任在饭店一方,饭店按照一般物品予以赔偿;客人对寄存物品没有提出需要采取特殊保管措施的,因为物品自身的原因造成损毁或损耗的,饭店不承担赔偿责任;由于客人没有事先说明寄存物的情况,造成饭店损失的,除饭店知道或者应当知道而没有采取补救措施的以外,饭店可以要求客人承担相应的赔偿责任。

4.2.4　洗衣服务与停车场管理

1. 洗衣服务

(1) 客人送洗衣物,饭店应要求客人在洗衣单上注明洗涤种类及要求,并检查衣物有无破损。客人如有特殊要求或者饭店员工发现衣物破损的,双方应当事先确认并在洗衣单上注明。客人事先没有提出特殊要求,饭店按照常规进行洗涤,造成衣物损坏的,饭店不承担赔偿责任。客人送洗衣物在洗涤后即时发现破损等问题,而饭店无法证明该衣物是在洗涤以前破损的,应由饭店承担相应责任。

(2) 饭店应当在洗衣单上注明,要求客人将衣物内的物品取出。对洗涤后客人衣物内物品的灭失,饭店不承担责任。

2. 停车场管理

(1) 饭店应当保护停车场内饭店客人的车辆安全。由于保管不善,造成车辆灭失或者损毁的,饭店承担相应责任,但因为客人自身的原因造成车辆灭失或者损毁的除外。双方均有过错的,应当各自承担相应的责任。

（2）饭店应当提示客人保管好放置在汽车内的物品，对汽车内放置的物品的灭失，饭店不承担责任。

4.2.5 饭店经营者的权利

1. 向旅客收取费用的权利

饭店提供的服务一般都是有偿服务，这是由饭店自身的企业性质决定的。当饭店向旅客提供住宿客房及相关配套服务时，旅客有义务承担住宿费和法律允许或双方约定的服务费用。当旅客无力支付或拒绝支付时，饭店有权留置旅客的财物，从旅客的财物中受偿住宿等费用。旅客被留置的财物价值只能是相当于旅客所欠缴的实际费用，同时饭店的留置权在旅客付清所欠费用时终止。

2. 合理拒绝接待旅客的权利

饭店在接待旅客的过程中，不得因旅客的种族、国籍、肤色、宗教信仰等原因对旅客加以歧视，甚至拒绝接待。但在有正当理由的前提下，饭店可以合理地拒绝接待旅客，即不与旅客签订住宿合同或者终止与旅客的住宿合同。

一般而言，发生下列情形，饭店可以拒绝接待旅客：①旅客已满，无客房出租；②旅客的行为违反饭店制定的合理规则；③旅客自身状态不适合住店；④不可抗力发生的情况下；⑤旅客从事赌博、卖淫、盗窃等违反法律、法规的活动；⑥旅客无力或者拒绝支付饭店费用；⑦旅客被饭店列入黑名单；⑧法律、法规规定的其他情况。

饭店在依法拒绝接待旅客时，行为应当慎重，要使用足够谨慎、合理的方式，否则容易引起新的纠纷。对于旅客的违法犯罪行为，饭店应当及时向公安机关报告。

3. 制止旅客在饭店内不良行为的权利

对于旅客在饭店内从事违背社会公序良俗，但未构成犯罪的行为，以及给其他大多数旅客带来不良感受的行为，饭店有权加以制止，但是制止的方式不宜粗暴，不得使旅客受到不必要的强制或屈辱。对于旅客在饭店里进行的违法犯罪活动，饭店经营者和工作人员应当加以举报，配合公安机关的执法行为。

4. 要求旅客遵守饭店规则的权利

饭店有权要求旅客正确使用饭店提供的设施、设备，爱护饭店的公共财物，遵守饭店作息时间，登记时查验旅客身份证明，旅客不得私自留客住宿或转让床位，不得卧床吸烟等。

5. 要求旅客赔偿合理损失的权利

旅客不履行合同的约定给饭店造成损失的，饭店可以要求旅客赔偿合理的损失。旅客应当向饭店支付住宿费用，这是旅客应履行的最重要的合同义务。旅客预订客房不住宿又不及时通知，给饭店造成不必要的损失的，应当向饭店承担违约责任，饭店有权在合理的范围内要求旅客赔偿其损失。在饭店内住宿的旅客,不遵守合同的约定和饭店有关规定,造成饭店设施、设备损坏等情形的,饭店有权向旅客索赔,视情况要求旅客承担相应的赔偿责任。

4.2.6　饭店经营者的义务

1. 按照合同的约定提供服务的义务

饭店和旅客的住宿合同一旦成立,就必须按照合同约定为旅客提供住宿以及与饭店性质相适应的其他服务;提供的服务应当符合国家或行业标准,否则应当承担违约责任;造成旅客人身损害或者财产损失的,应当支付赔偿金。

因某种客观原因不能向旅客提供预订房间的,在征得旅客同意的前提下,饭店可以在本饭店内另换标准相近的房间,或将其转移至其他饭店,为其提供相同等级的服务,因此增加的合理费用由饭店承担。

住宿经营者未能按照合同为旅客提供住宿服务,按照《中华人民共和国合同法》的规定,应当承担继续履行、采取补救措施或者赔偿损失等违约责任。

2. 保障旅客人身安全的义务

饭店应当把保障旅客的人身安全放在首要位置,预防损害旅客人身安全的各类事故的发生。

3. 保障旅客财产安全的义务

旅客住宿饭店,一般会随身携带一定的财物。饭店在保障旅客人身安全的同时,还应当保护旅客的财产安全。当饭店和旅客之间的服务合同成立后,饭店对旅客的财产安全即负有责任,产生合同之债的法律关系。因此,旅客可以依照合同要求饭店保护自身财物的安全。饭店有义务对旅客寄存的贵重财物进行保管并设置保险箱、柜、室,指定专人负责,建立登记、领取和交接制度。同时,饭店还应当保护旅客在饭店停车场内车辆的安全,并提醒旅客保管好放置在汽车内的物品,贵重财物需要寄存。

由于饭店的原因造成旅客财物灭失、毁损的,饭店应当承担赔偿责任;由于旅客自己的行为造成损害的,饭店不承担赔偿责任;双方均有过错的,应当各自承担相应的责任。

4. 尊重旅客隐私权的义务

隐私权作为一种基本人格权利,是指公民享有私人生活安宁与私人信息依法受到保护,不被他人非法侵扰、知悉、收集、利用和公开的一种人格权利。饭店应当充分尊重旅客的隐私权,非经旅客的允许或者法定的事由,饭店的工作人员不得随意进入旅客的房间,也不得将旅客的住宿信息告诉他人或者将旅客的房间钥匙交给他人。因工作需要执行公务的人员对旅客的房间进行搜查,应当出示规定的证件,符合法律规定的程序。

4.3　旅游饭店业治安管理法规制度

4.3.1　旅游饭店业治安管理制度的主要内容

　　安全感是马斯洛需求理论中最基本的一个环节,同时也是旅游者在旅游过程中最首先考虑的一个要素。有人说,安全是整个旅游业的生命线。1987 年 11 月 10 日,经国务院批准,公安部发布了《旅馆业治安管理办法》(以下简称《办法》)。2011 年 1 月 8 日,经第 588 号国务院令公布,对《办法》部分条款作出修改,自公布之日起施行。这是我国旅馆业健康发展的一个法制保障。各省、自治区、直辖市公安厅(局)根据该办法制定了实施细则。

　　《办法》规定,凡经营接待旅客住宿的旅馆、饭店、宾馆、招待所、客货栈、车马店、浴池等(以下统称旅馆),不论是国有、集体经营还是合伙经营、个体经营、中外合资、中外合作经营,也不论是专营还是兼营,是常年经营还是季节性经营,都必须遵守该办法。

1. 开办旅游住宿企业的治安管理

　　开办旅馆,其房屋建筑、消防设备、出入口和通道等,必须符合消防治安法规的有关规定,并且要具备必要的防盗安全设施。为便于掌握旅馆的有关情况,加强对旅馆的治安管理,《办法》规定,申请开办旅馆应经主管部门审查批准,经当地公安机关签署意见,向工商行政管理部门申请登记,领取营业执照后,才可以开业。经批准开业的旅馆,如有歇业、转业、合并、迁移、改变名称等情况,应当在工商行政管理部门办理变更登记后 3 日内,向当地的县、市公安局、公安分局备案。

2. 经营旅游住宿业的治安管理

　　经营旅馆必须遵守国家的法律,建立各项安全管理制度,设置治安保卫组织或者指定安全人员。

　　旅馆接待旅客住宿必须登记。登记时,旅馆必须查验旅客的身份证件,并要求旅客按规定的项目如实登记。根据《中华人民共和国出境入境管理法》第三十九条的规定:"外国人在中国境内旅馆住宿的,旅馆应当按照旅馆业治安管理的有关规定为其办理住宿登记,并向所在地公安机关报送外国人住宿登记信息。"因此,除了要履行上述查验身份证件、如实登记规定项目外,旅馆接待境外旅客住宿时,还应当在 24 小时内向当地公安机关报送住宿登记表。

　　《办法》规定,旅馆必须设置旅客财物保管箱、保管柜或者保管室、保险柜,并指定专人负责保管工作,对旅客寄存的财物,要建立严格、完备的登记、领取和交接手续。

　　旅馆对于旅客遗留的物品,应当加以妥善保管,并根据旅客登记所留下的地址,设法将遗留物品归还原主;如果遗留物主人不明,则应当揭示招领,经招领 3 个月后仍无人认领的,则应当登记造册,并送当地公安机关按拾遗物品处理。这种处理方法,不但是我国社会主义道德的要求,而且是法规的规定。对于旅客遗留物品中的违禁物品和可疑品,旅馆应当及时报告公安机关处理。

旅馆工作人员发现违法犯罪分子、形迹可疑的人员和被公安机关通缉的罪犯,应当立即向当地公安机关报告,不得知情不报或隐瞒包庇。

旅馆在经营中,应严禁旅客将易燃、易爆、剧毒、腐蚀性和放射性等危险物品带入旅馆;旅馆内,严禁卖淫、嫖宿、赌博、吸毒、传播淫秽物品等违法犯罪活动。

4.3.2 旅馆企业开办娱乐服务场所的管理规定

随着旅游业的发展,旅馆业从以往单纯提供住宿、餐饮服务,发展为提供住宿、餐饮、娱乐、健身等多项服务,特别是旅游星级饭店也规定必须提供上述服务项目。对此,《办法》规定,在旅馆内开办舞厅、音乐茶座等娱乐、服务场所的,除执行《办法》有关规定外,还应当按照国家和当地政府的有关规定管理。

2006 年 1 月 18 日,国务院公布了《娱乐场所管理条例》,自 2006 年 3 月 1 日起施行(根据 2016 年 2 月 6 日中华人民共和国国务院令第 666 号《国务院关于修改部分行政法规的规定》第一次修订)。《娱乐场所管理条例》对娱乐场所经营单位的设立、娱乐场所的经营活动、娱乐场所的治安管理等都做了规定。这些规定是旅馆企业开办、设立娱乐场所必须遵守的。

1. 旅馆内设立娱乐场所的申请

根据《娱乐场所管理条例》,在旅馆内设立娱乐场所,应当向所在地县级人民政府文化主管部门提出申请;设立中外合资经营、中外合作经营的娱乐场所,应当向所在地省、自治区、直辖市人民政府文化主管部门提出申请。有关法律、行政法规规定需要办理消防、卫生、环境保护等审批手续的,从其规定。申请人取得娱乐经营许可证和有关消防、卫生、环境保护的批准文件后,方可到工商行政管理部门依法办理登记手续,领取营业执照。娱乐场所取得营业执照后,应当在 15 日内向所在地县级公安部门备案。

娱乐场所改建、扩建,或者变更场地、主要设施设备、投资人员,或者变更娱乐经营许可证载明的事项的,应当向原发证机关申请重新核发娱乐经营许可证,并向公安部门备案;需要办理变更登记的,应当依法向工商行政管理部门办理变更登记。

2. 旅馆内娱乐场所禁止从事的活动

《娱乐场所管理条例》规定,国家倡导弘扬民族优秀文化,禁止娱乐场所内的娱乐活动含有下列内容:①违反宪法确定的基本原则的;②危害国家统一、主权或者领土完整的;③危害国家安全,或者损害国家荣誉、利益的;④煽动民族仇恨、民族歧视,伤害民族感情或者侵害民族风俗、习惯,破坏民族团结的;⑤违反国家宗教政策,宣扬邪教、迷信的;⑥宣扬淫秽、赌博、暴力以及与毒品有关的违法犯罪活动,或者教唆犯罪的;⑦违背社会公德或者民族优秀文化传统的;⑧侮辱、诽谤他人,侵害他人合法权益的;⑨法律、行政法规禁止的其他内容。

旅馆内的娱乐场所及其从业人员不得实施下列行为,不得为进入娱乐场所的人员实施下列行为提供条件:①贩卖、提供毒品,或者组织、强迫、教唆、引诱、欺骗、容留他人吸食、注射毒品;②组织、强迫、引诱、容留、介绍他人卖淫、嫖娼;③制作、贩卖、传播淫秽物品;④提供或者从事以营利为目的的陪侍;⑤赌博;⑥从事邪教、迷信活动;⑦其他违法犯罪行为。

3. 旅馆内娱乐场所安全管理

旅馆内娱乐场所在营业期间,应当保证疏散通道和安全出口畅通,不得封堵、锁闭疏散通道和安全出口,不得在疏散通道和安全出口设置栅栏等影响疏散的障碍物;应当在疏散通道和安全出口设置明显指示标志,不得遮挡、覆盖指示标志。

任何人不得非法携带枪支、弹药、管制器具或者携带爆炸性、易燃性、毒害性、放射性、腐蚀性等危险物品和传染病病原体进入娱乐场所。迪斯科舞厅应当配备安全检查设备,对进入营业场所的人员进行安全检查。

歌舞娱乐场所不得接纳未成年人。除国家法定节假日外,游艺娱乐场所设置的电子游戏机不得向未成年人提供。娱乐场所不得招用未成年人;招用外国人的,应当按照国家有关规定为其办理外国人就业许可证。娱乐场所应当与从业人员签订文明服务责任书,并建立从业人员名簿,从业人员名簿应当包括从业人员的真实姓名、居民身份证复印件、外国人就业许可证复印件等内容。

娱乐场所应当建立营业日志,记载营业期间从业人员的工作职责、工作时间、工作地点;营业日志不得删改,并应当留存60日备查。

娱乐场所应当与保安服务企业签订保安服务合同,配备专业保安人员;不得聘用其他人员从事保安工作。

营业期间,娱乐场所的从业人员应当统一着工作服,佩戴工作标志并携带居民身份证或者外国人就业许可证。从业人员应当遵守职业道德和卫生规范,诚实守信,礼貌待人,不得侵害消费者的人身和财产权利。

每日凌晨2时至上午8时,娱乐场所不得营业。

娱乐场所应当在营业场所的大厅、包厢、包间内的显著位置悬挂含有禁毒、禁赌、禁止卖淫嫖娼等内容的警示标志、未成年人禁入或者限入标志。标志应当注明公安部门、文化主管部门的举报电话。

娱乐场所应当建立巡查制度,发现违法犯罪活动,应当立即向所在地县级公安部门、县级人民政府文化主管部门报告。

娱乐场所的法定代表人或者主要负责人应当对娱乐场所的消防安全和其他安全负责。娱乐场所违反有关治安管理或者消防管理法律、行政法规规定的,由公安部门依法予以处罚;构成犯罪的,依法追究刑事责任。娱乐场所违反有关卫生、环境保护、价格、劳动等法律、行政法规规定的,由有关部门依法予以处罚;构成犯罪的,依法追究刑事责任。娱乐场所及其从业人员与消费者发生争议的,应当依照消费者权益保护的法律规定解决;造成消费者人身、财产损害的,由娱乐场所依法予以赔偿。

4.4 旅游饭店的食品安全管理规定

食物安全直接关系人的生命和健康。食品安全是指食品无毒、无害,符合应有的营养要求,对人体健康不造成任何急性、亚急性或者慢性危害。2009年6月1日,《中华人民共和国食品安全法》(2015 年 4 月 24 日,第十二届全国人民代表大会常务委员会第十四次会议修订。根据 2018 年 12 月 29 日第十三届全国人民代表大会常务委员会第七次会议《关于修改〈中华人民共和国产品质量法〉等五部法律的决定》修正)施行。这是旅游饭店行业确保食品安全非常重要的一部法律,凡从事食品生产、食品流通、餐饮服务的饭店均应遵守这一法律。2019 年 10 月 11 日,修订后的《中华人民共和国食品安全法实施条例》公布,自 2019 年 12 月 1 日起施行。

4.4.1　旅游饭店的食品生产经营

1. 旅游饭店食品生产经营的要求

根据《中华人民共和国食品安全法》(以下简称《食品安全法》),旅游饭店的食品生产经营应当符合食品安全标准,并符合下列要求。

(1) 具有与生产经营的食品品种、数量相适应的食品原料处理和食品加工、包装、储存等场所,保持该场所环境整洁,并与有毒、有害场所以及其他污染源保持规定的距离。

(2) 具有与生产经营的食品品种、数量相适应的生产经营设备或者设施,有相应的消毒、更衣、盥洗、采光、照明、通风、防腐、防尘、防蝇、防鼠、防虫、洗涤,以及处理废水、存放垃圾和废弃物的设备或者设施。

(3) 有食品安全专业技术人员、管理人员和保证食品安全的规章制度。

(4) 具有合理的设备布局和工艺流程,防止待加工食品与直接入口食品、原料与成品交叉污染,避免食品接触有毒物、不洁物。

(5) 餐具、饮具和盛放直接入口食品的容器,使用前应当洗净、消毒,炊具、用具用后应当洗净,保持清洁。

(6) 储存、运输和装卸食品的容器、工具和设备应当安全、无害,保持清洁,防止食品污染,并符合保证食品安全所需的温度等特殊要求,不得将食品与有毒、有害物品一同运输。

(7) 直接入口的食品应当有小包装或者使用无毒、清洁的包装材料、餐具。

(8) 食品生产经营人员应当保持个人卫生,生产经营食品时,应当将手洗净,穿戴清洁的工作衣、帽;销售无包装的直接入口食品时,应当使用无毒、清洁的售货工具。

(9) 用水应当符合国家规定的生活饮用水卫生标准。

(10) 使用的洗涤剂、消毒剂应当对人体安全、无害。

(11) 法律、法规规定的其他要求。

2. 旅游饭店禁止生产的食品

根据《食品安全法》,旅游饭店禁止生产经营下列食品。

(1) 用非食品原料生产的食品或者添加食品添加剂以外的化学物质和其他可能危害人体健康的物质的食品,或者用回收食品作为原料生产的食品。

(2) 致病性微生物、农药残留、兽药残留、重金属、污染物质以及其他危害人体健康的物质含量超过食品安全标准限量的食品。

（3）营养成分不符合食品安全标准的专供婴幼儿和其他特定人群的主辅食品。

（4）腐败变质、油脂酸败、霉变生虫、污秽不洁、混有异物、掺假掺杂或者感官性状异常的食品。

（5）病死、毒死或者死因不明的禽、畜、兽、水产动物肉类及其制品。

（6）未经动物卫生监督机构检疫或者检疫不合格的肉类，或者未经检验或者检验不合格的肉类制品。

（7）被包装材料、容器、运输工具等污染的食品。

（8）超过保质期的食品。

（9）无标签的预包装食品。

（10）国家为防病等特殊需要明令禁止生产经营的食品。

（11）其他不符合食品安全标准或者要求的食品。

3. 食品生产经营许可制度

国家对食品生产经营实行许可制度。旅游饭店从事食品生产、食品流通、餐饮服务，应当依法取得食品生产许可、食品流通许可、餐饮服务许可。

取得食品生产许可的饭店在其生产场所销售其生产的食品，不需要取得食品流通的许可；取得餐饮服务许可的饭店在其餐饮服务场所出售其制作加工的食品，不需要取得食品生产和流通的许可。

4. 饭店的食品安全管理制度

饭店从事食品生产、流通、餐饮服务，应当建立、健全食品安全管理制度，加强对职工食品安全知识的培训，配备专职或者兼职食品安全管理人员，做好对所生产经营食品的检验工作，依法从事食品生产经营活动。

饭店应当建立并执行从业人员健康管理制度。患有痢疾、伤寒、病毒性肝炎等消化道传染病的人员，以及患有活动性肺结核、化脓性或者渗出性皮肤病等有碍食品安全的疾病的人员，不得从事接触直接入口食品的工作。饭店内从事食品生产经营的工作人员每年应当进行健康检查，取得健康证明后方可参加工作。

5. 饭店的食品采购和储存

饭店采购食品原料、食品添加剂、食品相关产品，应当查验供货者的许可证和产品合格证明文件；对无法提供合格证明文件的食品原料，应当依照食品安全标准进行检验；不得采购或者使用不符合食品安全标准的食品原料、食品添加剂、食品相关产品。

饭店应当建立食品原料、食品添加剂、食品相关产品进货查验记录制度，如实记录食品原料、食品添加剂、食品相关产品的名称、规格、数量，供货者名称及联系方式，进货日期等内容。食品原料、食品添加剂、食品相关产品进货查验记录应当真实，保存期限不得少于2年。

饭店采购食品，应当查验供货者的许可证和食品合格的证明文件。

饭店应当建立食品进货查验记录制度，如实记录食品的名称、规格、数量、生产批号、保质期、供货者名称及联系方式、进货日期等内容。食品进货查验记录应当真实,保存期限不得少于 2 年。

饭店应当按照保证食品安全的要求储存食品,定期检查库存食品,及时清理变质或者超过保质期的食品。

4.4.2　旅游饭店的食品安全事故处置

饭店从事食品生产、食品流通、餐饮服务,应当制订食品安全事故处置方案,定期检查各项食品安全防范措施的落实情况,及时消除食品安全事故隐患。

发生食品安全事故的饭店应当立即予以处置,防止事故扩大。事故发生单位和接收患者进行治疗的单位应当及时向事故发生地县级卫生行政管理部门报告。农业行政、质量监督、工商行政管理、食品药品监督管理部门在日常监督管理中发现食品安全事故,或者接到有关食品安全事故的举报,应当立即向卫生行政管理部门通报。发生重大食品安全事故的,接到报告的县级卫生行政管理部门应当按照规定向本级人民政府和上级人民政府卫生行政管理部门报告。县级人民政府和上级人民政府卫生行政管理部门应当按照规定上报。

任何单位或者个人不得对食品安全事故隐瞒、谎报、缓报,不得毁灭有关证据。

4.4.3　旅游饭店违反《食品安全法》需承担的法律责任

(1) 违反《食品安全法》规定,未经许可从事食品生产经营活动,或者未经许可生产食品添加剂的,由有关主管部门按照各自职责分工,没收违法所得、违法生产经营的食品、食品添加剂和用于违法生产经营的工具、设备、原料等物品;违法生产经营的食品、食品添加剂货值金额不足 1 万元的,并处 2000 元以上 5 万元以下罚款;货值金额 1 万元以上的,并处货值金额 5 倍以上 10 倍以下罚款。

(2) 违反《食品安全法》规定,有下列情形之一的,由有关主管部门按照各自职责分工,没收违法所得、违法生产经营的食品和用于违法生产经营的工具、设备、原料等物品;违法生产经营的食品货值金额不足 1 万元的,并处 2000 元以上 5 万元以下罚款;货值金额 1 万元以上的,并处货值金额 5 倍以上 10 倍以下罚款;情节严重的,吊销许可证:①用非食品原料生产食品或者在食品中添加食品添加剂以外的化学物质和其他可能危害人体健康的物质,或者用回收食品作为原料生产食品;②生产经营致病性微生物、农药残留、兽药残留、重金属、污染物质以及其他危害人体健康的物质含量超过食品安全标准限量的食品;③生产经营营养成分不符合食品安全标准的专供婴幼儿和其他特定人群的主辅食品;④经营腐败变质、油脂酸败、霉变生虫、污秽不洁、混有异物、掺假掺杂或者感官性状异常的食品;⑤经营病死、毒死或者死因不明的禽、畜、兽、水产动物肉类,或者生产经营病死、毒死或者死因不明的禽、畜、兽、水产动物肉类的制品;⑥经营未经动物卫生监督机构检疫或者检疫不合格的肉类,或者生产经营未经检验或者检验不合格的肉类制品;⑦经营超过保质期的食品;⑧生产经营国家为防病等特殊需要明令禁止生产经营的食品;⑨利用新的食品原料从事食品生产或者从事食品添加剂新品种、食品相关产品新品种生产,未经过安全性评估;⑩食品生产经营者在有关主管部门责令其召回或者停止经营不符合食品安全标准的食品后,仍拒不召回或者停止经营的;⑪进口不符合我国食品安全国家标准的食品;⑫进口尚无食品安全国家标准的食品,或者首次进口食品添加剂新品种、食品相关产品新品种,未经过安全性评估;⑬出口商未遵守《食品安全法》的规定出口食品。

(3)违反《食品安全法》规定,有下列情形之一的,由有关主管部门按照各自职责分工,没收违法所得、违法生产经营的食品和用于违法生产经营的工具、设备、原料等物品;违法生产经营的食品货值金额不足1万元的,并处2000元以上5万元以下罚款;货值金额1万元以上的,并处货值金额2倍以上5倍以下罚款;情节严重的,责令停产停业,直至吊销许可证:①经营被包装材料、容器、运输工具等污染的食品;②生产经营无标签的预包装食品、食品添加剂或者标签、说明书不符合本法规定的食品、食品添加剂;③食品生产者采购、使用不符合食品安全标准的食品原料、食品添加剂、食品相关产品;④食品生产经营者在食品中添加药品。

(4)违反《食品安全法》规定,有下列情形之一的,由有关主管部门按照各自职责分工,责令改正,给予警告;拒不改正的,处2000元以上2万元以下罚款;情节严重的,责令停产停业,直至吊销许可证:①未对采购的食品原料和生产的食品、食品添加剂、食品相关产品进行检验;②未建立并遵守查验记录制度、出厂检验记录制度;③制定食品安全企业标准未依照《中华人民共和国食品安全法》规定备案;④未按规定要求储存、销售食品或者清理库存食品;⑤进货时未查验许可证和相关证明文件;⑥生产的食品、食品添加剂的标签、说明书涉及疾病预防、治疗功能;⑦安排患有本法第三十四条所列疾病的人员从事接触直接入口食品的工作;⑧进口商未建立并遵守食品进口和销售记录制度的。

(5)违反《食品安全法》规定,事故单位在发生食品安全事故后未进行处置、报告的,由有关主管部门按照各自职责分工,责令改正,给予警告;毁灭有关证据的,责令停产停业,并处2000元以上10万元以下罚款;造成严重后果的,由原发证部门吊销许可证。

(6)违反《食品安全法》规定,未按照要求进行食品运输的,由有关主管部门按照各自职责分工,责令改正,给予警告;拒不改正的,责令停产停业,并处2000元以上5万元以下罚款;情节严重的,由原发证部门吊销许可证。

(7)违反《食品安全法》规定,造成消费者人身、财产或者其他损害的,依法承担赔偿责任。生产不符合食品安全标准的食品或者销售明知是不符合食品安全标准的食品,消费者除要求赔偿损失外,还可以向生产者或者销售者要求支付价款10倍的赔偿金。

(8)违反《食品安全法》规定,应当承担民事赔偿责任和缴纳罚款、罚金,其财产不足以同时支付时,先承担民事赔偿责任。

(9)违反《食品安全法》规定,构成犯罪的,依法追究刑事责任。

小结

1. 旅游饭店是指以间(套)夜为单位出租客房,以住宿服务为主,并提供商务、会议、休闲、度假等相应服务的住宿设施,按不同习惯也可以称为宾馆、酒店、旅馆、旅社、宾舍、度假村、俱乐部、大厦、中心等。对旅游饭店进行星级评定,是国际上通行的惯例。实行这一制度,不但能使饭店管理向正规化、科学化的目标迈进,而且可以方便旅游者选择。星级制度以"星"标明饭店等级,以"星"反映饭店的硬件、软件水平,是一种国际化的通用标识。

2. 根据《旅游饭店星级的划分与评定》,用星的数量和设色表示旅游饭店的等级。星级分为 5 个等级,最低为一星级,最高为五星级。星级越高,表示旅游饭店的档次越高。星级以镀金五角星为符号,用一颗五角星表示一星级,两颗五角星表示二星级,依此类推。五颗白金五角星表示白金五星级。

3. 凡在中华人民共和国境内正式开业 1 年以上的旅游饭店(包括在中国境内开办的各种经济性质的饭店,含宾馆、酒店、度假村等),均可申请参加星级评定。经星级评定机构评定批复后,可以享有 3 年有效期的星级及标志使用权。

4. 旅游饭店申请星级,应向有相应评定权限的旅游饭店星级评定机构递交星级申请材料;申请四星级以上的饭店,应按属地原则逐级递交申请材料。申请材料包括饭店星级申请报告、自查自评情况说明及其他必要的文字和图片资料。

5. 星级的评定规程包括推荐、审查与公示、宾客满意度调查、检查、审核、批复。

6. 星级评定和复核的检查工作由星级标准检查员承担。星级饭店的检查员分为国家级检查员和地方级检查员两个等级。旅游饭店星级检查员对饭店的检查分为评定前检查和评定后检查两种。

7. 2009 年 8 月,《中国旅游饭店行业规范》(中国旅游饭店业协会 2009 年 8 月修订版)公布。《规范》包括"预订、登记、入住""收费""保护客人人身和财产安全""保管客人贵重物品""保管客人一般物品""洗衣服务""停车场管理"等内容。

8. 1987 年 11 月 10 日,经国务院批准,公安部发布了《办法》,这是我国旅馆业健康发展的一个法制保障。2011 年 1 月 8 日,对《办法》进行了修改。在旅馆内开办歌舞、游艺、音乐茶座等娱乐服务场所的,除执行《办法》有关规定外,还必须遵守《娱乐场所管理条例》。

9. 食品安全是指食品无毒、无害,符合应有的营养要求,对人体健康不造成任何急性、亚急性或者慢性危害。2009 年 6 月 1 日,《中华人民共和国食品安全法》施行,2018 年进行修正。凡从事食品生产、食品流通、餐饮服务的饭店均应遵守这一法律。

思考与练习

一、单项选择题

1. 在我国,旅游饭店星级评定的最高职能部门是(　　)。
   A. 国务院　　　　　　　　　B. 国家文化和旅游部
   C. 党中央　　　　　　　　　D. 全国人民代表大会
2. 为监督、考察饭店在取得星级后服务质量方面是否保持了原有水准,根据宾客的意见和投诉所反映的问题,星级评定机构决定派检查员对饭店进行(　　)。
   A. 评定前检查　　　　　　　B. 评定后检查
   C. 暗访　　　　　　　　　　D. 审查
3. 对已经评定星级的饭店,旅游饭店星级评定机构应按照国家标准《旅游饭店星级的划分与评定》及附录 A、附录 B 和附录 C 进行复核,(　　)一次。

  A. 半年   B. 1 年   C. 3 年   D. 5 年

  4. 凡在中华人民共和国境内正式开业(　　)以上的旅游饭店,均可申请参加星级评定。经星级评定机构评定批复后,可以享有(　　)有效期的星级及标志使用权。

  A. 1 年　3 年   B. 1 年　5 年

  C. 半年　5 年   D. 半年　3 年

  5. 接到饭店星级申请报告后,相应评定权限的旅游饭店星级评定机构应在核实申请材料的基础上,于(　　)内做出受理与否的答复。

  A. 14 天   B. 1 个月   C. 半个月   D. 60 天

  6.《办法》规定,旅馆接待旅客住宿必须登记。接待境外旅客住宿,还应当在(　　)小时内向当地公安机关报送住宿登记表。

  A. 12   B. 24   C. 6   D. 72

  7. 根据《娱乐场所管理条例》,在旅馆内设立娱乐场所,应当向所在地县级人民政府文化主管部门提出申请;设立中外合资经营、中外合作经营的娱乐场所,应当向所在地省、自治区、直辖市人民政府(　　)部门提出申请。

  A. 文化主管   B. 工商行政管理

  C. 公安   D. 卫生行政

  8. 根据《娱乐场所管理条例》,娱乐场所不得营业的时间为(　　)。

  A. 每日凌晨 0 时至上午 7 时   B. 每日凌晨 1 时至上午 8 时

  C. 每日凌晨 2 时至上午 8 时   D. 每日凌晨 2 时至上午 7 时

  9. 根据《食品安全法》,发生食品安全事故的饭店应当立即予以处置,防止事故扩大。事故发生单位和接收患者进行治疗的单位应当及时向事故发生地县级(　　)报告。

  A. 工商行政管理部门   B. 人民政府

  C. 卫生行政管理部门   D. 公安部门

  10. 根据《评定规定》,(　　)。

  A. 同一饭店的不同建筑物可以被评为不同的星级

  B. 同一饭店的不同建筑物不可以被评为不同的星级

  C. 同一饭店的建筑物可以被评为不同的星级,但必须使用同一名称

  D. 同一饭店的建筑物不可以被评为不同的星级,且必须使用同一名称

  11. 旅客李某办理酒店住宿手续后,刚将行李物品放进房间,就接到一个电话匆匆外出,晚上回到酒店,才发现由于自己忘记关门,随身携带的相机等物品被盗。经查,此段时间酒店监视设备正常运行,但没有保存视频相关资料。旅客损失应该由(　　)承担。

  A. 旅客   B. 酒店   C. 旅客、酒店共同 D. 保安公司

二、多项选择题

  1. 旅游饭店星级划分的依据主要有(　　)。

  A. 饭店的建筑、装潢、设备、设施条件

  B. 饭店的设备、设施的维修保养及清洁卫生状况

C. 饭店的服务项目

D. 饭店的服务质量

2. 根据《食品安全法》,国家对食品生产经营实行许可制度。旅游饭店从事食品生产、食品流通、餐饮服务,应当依法取得( )。

A. 食品生产许可 　　　　　　　　 B. 食品流通许可

C. 餐饮服务许可 　　　　　　　　 D. 生产经营许可证

3. 根据《食品安全法》,以下属于饭店从事食品生产、食品流通、餐饮服务应当建立的制度的有( )。

A. 本单位的食品安全管理制度 　　 B. 从业人员健康管理制度

C. 食品进货查验记录制度 　　　　 D. 食品生产经营许可制度

4. 根据《规范》,以下属于饭店可以不予接待的情况的有( )。

A. 携带危害饭店安全的物品入店者 　 B. 从事违法活动者

C. 无支付能力或曾有过逃账记录者 　 D. 饭店客满

5. 下列属于饭店经营者的权利的有( )。

A. 向旅客收取费用 　　　　　　　 B. 要求旅客赔偿合理损失

C. 制止旅客在饭店内的不良行为 　 D. 要求旅客遵守饭店规则

三、名词解释

1. 旅游饭店
2. 食品安全

四、简答题

1. 简述旅游饭店星级的评定规程。
2. 简述饭店治安管理制度的主要内容。

五、案例分析

游客庞某去某饭店洗澡。因庞某带有 3000 余元现金和 2000 余元债券及贵重手表等物,要求该饭店的浴室服务员为其代为收藏保管,可该服务员借故推诿。庞某无奈只好将这些财物与衣服放入更衣箱内锁好。待其洗澡完毕回至更衣室时,发现自己的更衣箱门大开,衣物等均不翼而飞,于是庞某立即与服务员和饭店负责人交涉。但该饭店以浴室服务与住宿服务不同,在保管贵重物品方面承担的义务不尽一致,特别是对非住宿的外来洗澡顾客无专门保管制度为由,不同意承担赔偿责任。为此,庞某向法院起诉。

请问:法院该如何处理?

第 5 章

旅游交通管理法规制度

内容提要

　　本章对旅游交通及旅游交通法律进行了概述,并重点介绍了旅客航空运输法律规定的有关内容和旅客铁路运输法律规定的有关内容。

本章重点

　　(1) 旅游交通的概念。
　　(2) 我国旅游交通法规的构成。
　　(3) 旅游交通运输合同。
　　(4) 旅客航空运输法律规定。
　　(5) 旅客铁路运输法律规定。

5.1　旅游交通管理概述

5.1.1　旅游交通的概念和特点

　　本章所讲的旅游交通,是指发生或存在于旅游活动六要素(食、住、行、游、购、娱)之一的"行"。旅游交通是旅游业发展的前提条件和旅游活动中必不可少的重要环节。

1. 旅游交通的概念

　　旅游交通是指旅游业经营者为旅游者在旅行游览过程中提供各类交通运输服务而产生的一系列经济社会活动和现象的总和。一方面,旅游交通是旅游业经营者借助于飞机、火车、各类汽车、轮船等交通运输工具和机场、车站、港口、码头等各项交通运输设施,从事运送包括旅游者在内的旅客及其行李的社会生产活动。从这个意义上讲,旅游交通是整个交通运输业的重要组成部分。另一方面,旅游交通又是以旅游者为主要运送对象,使旅游者由出发地到达旅游目的地,或者在旅游目的地之间、各个旅游活动场所之间实现空间转移。从这一层面上看,旅游交通在整个交通运输业中又具有特定的运送对象,特别是近年来,旅游包机、旅游专列、旅游观光巴士等专营旅游业务的交通运输工具的发展,更加说明了这一特性。因此,旅游交通虽然不是一个完全独立的行业,但却是整个交通运输业的一个重要组成部分。在整个交通运输业中,旅游交通又有其特殊性,从而具有相对独立性。

2. 旅游交通的特点

旅游交通具有独立性是相对于一般交通运输而言的。一般来说,旅游交通有以下特点。

1) 游览性

旅游交通的一个突出特点在于其游览性。例如,长江三峡的旅游船,较之一般的长江客轮,经停的旅游景点多,而且有较长的游览时间。而一般的长江客轮则是以准点将旅客从始发港送到目的港为特征,沿途景点停留数量少而且时间短,经常是夜过三峡。而旅游船却是白天过三峡,保证旅游者能够沿途观光。因此,旅游交通在线路安排上十分注意将各旅游景区、景点连接起来,以便旅游者在旅游中游览多个景点、领略沿途风景。

2) 舒适性

旅游交通的舒适性与一般交通运输相比,也是一个突出的特点。不管是设备上还是服务上,都与一般交通运输有很大的不同。旅游专列、旅游大巴、游轮等的设施一般都优于一般的交通运输工具,不论是服务项目还是服务质量也都优于一般交通运输工具。当然,有些旅游者从经济角度出发也选择一般交通客车、客轮作为旅游交通工具,或者有关部门也专门开设经济型旅游交通工具以迎合这种需求。旅游交通的舒适性,突出体现在一些国际旅游专列和巨型远洋游船上。在这些旅游交通工具上,不仅拥有星级客房、风味餐厅,还有各类娱乐、健身设施。

3) 季节性

一般而言,旅游业随着季节的变化有旺季、淡季之分。比如,海南冬季为旅游旺季;四川的九寨沟秋季为旅游旺季,一些北方旅游景点则是人们暑期的避暑胜地。另外,相对于平时,五一、国庆、春节期间,大部分景点生意都比较红火。因此,旅游交通也有旺季、淡季之分。旅游旺季、节假日期间,旅游交通客运量急剧增加,求大于供;而在旅游淡季,交通运输量明显下降,供大于求。旅游交通为适应这种季节性,也往往在旅游旺季集中运力运送旅游者,而在旅游淡季则以运送一般旅客为主,不断根据季节进行相应调整。

5.1.2　旅游交通法律概述

1. 旅游交通法律的概念

旅游交通法律是调整发生在旅行过程中的各种社会关系的各种法律、法规和规章的总称。旅游交通法律关系主要有国家交通管理部门与国家旅游管理部门之间的交通法律关系、交通经营单位与旅游者之间的法律关系、交通业经营单位之间的法律关系等。旅游交通法律通过明确旅游交通法律关系各主体之间的权利义务,维护和促进旅游交通秩序,从而促进旅游业和交通运输业的繁荣与发展。

2. 旅游交通法律构成

我国旅游交通法律的构成包括以下 3 个层次。

1) 国际运输公约

国际运输公约是我国交通运输法律体系的重要组成部分。目前,我国已加入的有关国际运输公约都可以用来调整公约意义上的国际旅游交通运输中的有关法律关系,如《华沙公约》(《统一国际航空运输某些规则的公约》)、《芝加哥公约》(《国际民用航空公约》)、《海牙议定书》《蒙特利尔协议》《雅典公约》《雅典议定书》等。

2) 国内相关法律法规

国内有关旅游交通的法律法规包括航空、铁路、水路、公路运输方面的法律、法规。

(1) 航空运输方面的法律、法规。如《中华人民共和国民用航空法》《国内航空运输承运人赔偿责任限额规定》《中华人民共和国民用航空旅客、行李国内运输规则》《中华人民共和国民用航空旅客、行李国际运输规则》等。

(2) 铁路运输方面的法律、法规。如《中华人民共和国铁路法》《铁路旅客运输规程》《铁路旅客运输损害赔偿规定》《铁路旅客人身伤害及自带行李损失事故处理办法》等。

(3) 水路运输方面的法律、法规。如《水路旅客运输规则》《中华人民共和国内河交通安全管理条例》等。《国内水路运输管理条例》自 2013 年 1 月 1 日起施行。

(4) 公路运输方面的法律、法规。如《中华人民共和国公路法》《中华人民共和国道路交通安全法》等。

3) 地方性旅游交通法律、法规

各省、自治区、直辖市根据本地域范围内的交通运输情况制定了相应的地方性旅游交通运输法律、法规,如《陕西省道路运输管理条例》《上海市轨道交通管理条例》《重庆市轨道交通管理办法》《天津市铁路道口安全管理办法》《上海市内河航道管理条例》等。

另外,《中华人民共和国民法通则》《中华人民共和国合同法》中的有关规定也适用于旅游交通运输领域中的法律调整。

3. 旅游交通法规的基本原则

1) 安全运输原则

安全运输原则是旅游交通的基本要求,也是旅游交通法规的重要内容与原则。旅游交通运输的目的,是使旅游者及其行李物品实现安全、准时、快捷、舒适、方便的空间转移,确保旅游者进行正常的旅行、游览活动。

2) 计划运输原则

计划运输原则是旅游交通法规的一项重要原则。计划运输原则是由旅游活动的性质以及旅游交通产品的特点决定的。团队旅游者和散客旅游者的旅游计划的实现,很大程度上取决于旅游交通运输计划的配合与支持。

3) 合理运输原则

合理运输原则是指通过科学管理手段,根据旅游流空间流向与流量特征,合理选择各种旅游交通工具,精心编排旅游路线,以最小的成本取得最佳经济效益和社会效益的运输原则。

4. 旅游交通运输合同

1) 旅游交通运输合同的概念

旅游交通运输合同是指规定旅客与承运人之间相互权利义务关系的书面协议。根据该类合同,承运人有义务为旅客提供合同中规定的运输工具和相应服务,有权向旅客收取交通运输费用,旅客有义务按照约定交付运输费用,有权要求承运人按照合同约定提供运输工具和相应的服务。

2) 旅游交通运输合同的特点

(1) 格式合同。格式合同是经营者预先单方拟订并在订立时未与消费者协商的合同。在旅游交通运输中,旅客和承运人之间一般不以签字的方式订立合同(除航空运输外),承运人发售的票证、表格即是双方成立法律关系的凭证。《中华人民共和国铁路法》规定,铁路运输合同是明确铁路运输企业与旅客、托运人之间权利义务关系的协议。旅客车票、行李票、包裹票和货运单是合同或者合同的组成部分。《中华人民共和国航空法》规定,客票是航空旅客运输合同订立和运输合同条件的初步证据,航空货运单是航空货物运输合同订立和运输条件以及承运人接收货物的初步证据。

与一般意义上的经济合同不同的是,票证、表格上并不印制大量的合同文字内容。一般情况下,客票只载明旅游运输合同的基本条款,如价金、行程起止点、日期、车班次等,它只是旅客乘坐旅游交通工具的基本权利的凭证,至于双方的权利和义务、纠纷的解决等,则要依据有关交通法规的规定处理。当然,当事人也可以根据需要对合同的内容进行协商,只是不得对法律、法规的强制性规定进行排除。

(2) 强制保险条款。由于现代交通工具的发展,在方便旅客的同时,快速的运输工具本身就成为一种高度危险源。现代社会一般对交通事故、海难、航空事故造成人身伤害的救济实行严格责任。目前,我国仍在施行的《铁路旅客意外伤害强制保险条例》规定,铁路旅客运输合同收取占票价 2%的保险费。

(3) 双务有偿合同。在旅游运输中,承运人履行旅客或者货物从一地运送到另一地的义务,从而给旅客或者托运人带来"位移"的利益,其本人也取得了要求旅客或者托运人支付报酬即运费的权利。承运人以运输为业,以收取运费为营利手段,旅客或者托运人须向承运人支付运费。因此,旅游运输合同只能是有偿合同。旅游运输合同一经成立,当事人双方均负有义务,承运人须将旅客或者货物从一地运到另一地,旅客或托运人须向承运人支付运费,双方的权利义务是相互对应、相互依赖的。因此,旅游运输合同是双务有偿合同。

3) 旅游者与承运人的义务

(1) 旅游者的主要义务如下:①应按票面指定的票价支付交通运输费用。这是旅客享受旅游交通服务的前提。②应持有效客票乘运。这意味着旅游者应当持有客票,并且必须按客票所列明的时间、地点、区段、座(舱)位等级乘运及提供相应的身份证件。无票乘运、超程乘运、越级乘运或者持失效客票乘运的,应当补交票款,承运人可以按规定加收票款,旅游者不交付票款的,承运人可以拒绝运输。③应按约定的限量携带行李乘运,但在运输中的免费行李额是有限制的,超过限量携带行李的,应当办理托运手续。④不得携带或在行李中夹运国家禁运的物品和危险品。旅游者携带或托运国家规定的禁运物品、危险物品,违反国家法律规定,同时在运输中还可能导致包括其在内的旅客人身伤亡和财产损失。⑤旅游者及行李物品应接受承运人和有关部门的安全检查。旅游者在登上交通工具前,要接受承运人和有关部门对其进行的人身检查、行李开箱检查和疫情检查,拒绝检查者不准登上交通工具,染疫人、染疫嫌疑人还要接受相应的处置。⑥旅游者办理客票变更和退票手续应当依照国家有关规定进行。

(2)承运人的主要义务如下:①应当按照约定的时间将旅游者安全运送到约定的地点。②应当按照约定的或通常的运输路线运送旅游者。③承运人和有关部门在旅游者登上交通工具前和运送旅游者过程中,有义务对旅游者及其行李实施安全检查。④承运人应当向旅游者告知安全运输注意事项和有关不能正常运输的重要事由,旅游者享有知情权,应当了解运输过程中出现的各种问题。⑤向旅游者提供价质相符的服务。旅客乘坐不同的交通工具享受的服务项目也不同,承运人应向旅游者提供价质相符的服务。《中华人民共和国合同法》规定,承运人擅自变更交通工具而降低服务标准的,应当根据旅客的要求退票或减收票款;提高服务标准的,不应当加收票款。⑥在符合规定的条件下,给婴儿、儿童及特殊人群减免票款的待遇。⑦有义务免费运送旅游者按照规定携带的物品。民航、铁路、公路、水运按其规定的相应标准,免费运送旅客携带的一定量的行李物品,并要对其妥善保管。⑧《旅游法》第五十三条规定,从事道路旅游客运的经营者应当遵守道路客运安全管理的各项制度,并在车辆显著位置明示道路旅游客运专用标识,在车厢内显著位置公示经营者和驾驶人信息、道路运输管理机构监督电话等事项。⑨为进一步保障旅游者的权益,《旅游法》第五十六条规定,国家根据旅游活动的风险程度,对旅行社、住宿、旅游交通以及经营高风险旅游项目等经营者实施责任保险制度。

4)旅游交通运输中的法律责任

旅游交通运输在旅游业中的积极作用是毋庸置疑的。同时,也是法律上权利义务以及矛盾和纠纷比较集中的领域。

在旅游交通运输过程中出现的纠纷主要有违约行为纠纷和侵权行为纠纷两大类。

(1)违约行为纠纷。《中华人民共和国合同法》规定,违约行为是指合同当事人不履行合同义务或者履行合同义务不符合约定应承担相应的法律责任的行为。承运人应当在约定期间或者合理期间按照约定的或者通常的运输路线将旅客、货物安全运输到约定地点。旅客、托运人或者收货人应当支付票款或者运输费用。

在实际业务中,违约行为的发生常常来自双方,相关法律、法规对此有一些具体的规定:①因民用航空、铁路运输部门的原因(非不可抗力)造成原旅游交通运输合同不能履行的,即构成违约,要承担违约责任。如航空公司非因不可抗力原因临时取消航班、火车晚点等,承运人应优先根据旅客的要求安排改乘到达相同目的站的其他班次或者退票;要求退票的,应当退还全部票款。②因旅游者的原因造成的违约。旅游者因自己的原因不能履行旅游运输合同的,应当在约定的时间内办理退票或者变更手续,要求退票的加收一定比例的退票费。逾期办理的,承运人可以不再退票款,并不再承担运输义务。民航旅客购票后要求变更乘机日期、航班、航程的,按退票处理;要求变更乘机人的只限一次,再次变更的,按退票处理。民航旅客未按规定办理手续或旅行证件不合规定未能乘机的,如要求退票,需加收一定比例的退票费;办妥乘机手续而未能乘机或在经停站时未能搭乘原航班的,如是由旅客的原因造成的,则机票作废。擅自转让的民航客票作废。

(2) 侵权行为纠纷。侵权行为一般是指行为人由于过错侵害他人的财产权利、人身权利,依法应承担民事责任的行为;行为人虽无过错,但法律特别规定应对受害人承担民事责任的其他致害行为。

在旅游交通运输过程中,交通运输企业没有尽到保护旅游者人身和行李物品安全的责任,造成旅游者的人身伤亡或行李物品的损害,这些损害事件所导致的法律责任,表现为侵权行为责任。

另外,对实际经营人将部分经营项目或者场地交由他人进行旅游交通经营的行为,《旅游法》第五十四条规定,景区、住宿经营者将其部分经营项目或者场地交由他人从事住宿、餐饮、购物、游览、娱乐、旅游交通等经营的,应当对实际经营者的经营行为给旅游者造成的损害承担连带责任。

5.2　旅客航空运输管理

5.2.1　航空运输概述

旅客航空运输又称民用航空运输,是指民用航空运输企业以取得报酬为目的,使用民用航空器运送旅客、行李或者货物的活动。此类运输在旅游交通中占有重要的地位,特别是方便了旅客追求高效、快捷的工作、生活要求。由于航空运输的特殊性,有关部门对航空运输相关部门以及旅客提出了特别的要求。

1995 年 10 月 30 日,第八届全国人民代表大会常务委员会第十六次会议通过并公布了《中华人民共和国民用航空法》(以下简称《民航航空法》),该法共六章二百一十四条,自1996 年 3 月 1 日起施行,至今已 5 次修正。其内容包括航空主权、航空管理、航空运输、航空安全、对外国民用航空器的特别规定等,涉及民用航空的各个方面。

1.《民用航空法》的宗旨与民用航空活动的主管机关

1)《民用航空法》的宗旨

维护国家的领空主权和民用航空权利,保障民用航空活动安全和有序进行,保护民用航空活动当事人各方面的合法权益,促进民用航空事业的发展,是我国民用航空法的基本宗旨。

国家扶持民用航空事业的发展,鼓励和支持发展民用航空的科学研究和教育事业,提高民用航空科学技术水平。国家扶持民用航空器制造业的发展,为民用航空活动提供安全、先进、经济、适用的民用航空器。

2) 民用航空活动的主管机关

《民用航空法》第三条规定,国务院民用航空主管部门对全国民用航空活动实施统一监督管理,根据法律和国务院的决定,在本部门的权限内,发布有关民用航空活动的规定、决定。

国务院民用航空主管部门设立的地区民用航空管理机构依照国务院民用航空主管部门的授权,监督管理该地区的民用航空活动。

2. 公共航空运输企业

1) 公共航空运输企业的概念

《民用航空法》规定,公共航空运输企业是指以营利为目的,使用民用航空器运送旅客、行李、邮件或者货物的企业法人。

2) 公共航空运输企业的经营准则

(1) 公共航空运输企业应当以保证飞行安全和航班正常、提供良好服务为准则,采取有效措施,提高运输服务质量。

(2) 公共航空运输企业申请经营定期航班运输的航线,暂停、终止经营航线,应当报经国务院民用航空主管部门批准。经营航班运输,应当公布班机时刻。

(3) 公共航空运输企业的营业收费项目,由国务院民用航空主管部门确定。

(4) 公共航空运输企业从事不定期运输,应当经国务院民用航空主管部门批准,并不得影响航班运输的正常经营。

(5) 公共航空运输企业应当依照国务院制定的公共航空运输安全保卫规定,制订安全保卫方案,并报国务院民用航空主管部门备案。

3) 公共航空运输企业的义务

(1) 不运输拒绝接受安全检查的旅客,不得违反国家规定运输未经安全检查的行李。

(2) 公共航空运输企业从事国际航空运输的民用航空器及其所载人员、行李、货物,应当接受边防、海关、检疫等主管部门的检查。但是,检查时应当避免不必要的延误。

(3) 应当按有关法律、行政法规的规定优先运输邮件。

(4) 公共航空运输企业应当投保地面第三人责任险。

5.2.2　旅客航空运输法律规定的有关内容

1. 禁运规定

1) 公共航空运输企业禁运规定

(1) 未经国务院民用航空主管部门批准,不得运输军火、作战物资。

(2) 不得运输法律、行政法规规定的禁运物品。

(3) 禁止以非危险品名义托运危险品。

(4) 禁止将危险品作为行李托运。

2) 有关旅客禁运规定

《民用航空法》规定,禁止旅客携带危险品乘坐民用航空器。所谓危险品,是指对运输安全构成危险的易燃、易爆、剧毒、易腐蚀、易污染和放射性物品。这是出于对航空安全的考虑。还规定,除因执行公务并按照国家规定经过批准外,禁止旅客携带枪支、管制刀具乘坐民用航空器。管制刀具以外的利器或钝器应随托运行李托运,不能随身携带。

2. 相关凭证管理

运输凭证分为旅客运输凭证(客票)、行李运输凭证(行李票)和航空货物运单 3 种类别。

1) 旅客运输凭证(客票)

《民用航空法》第一百一十一条规定,客票是航空旅客运输合同订立和运输合同条件的初步证据,旅客乘坐民运航空器,应当交验有效客票。

《民用航空法》第一百一十一条还规定,客票应当包括的内容由国务院民用航空主管部门规定,至少应当包括承运人名称;出票人名称、时间和地点;旅客姓名;航班始发地点、经停地点和目的地点;航班号、舱位等级、日期和离站时间;票价和付款方式;票号;运输说明事项。

2) 行李运输凭证(行李票)

行李包括旅客托运行李和旅客自带行李。承运人载运托运行李时,行李票可以包含在客票之内或者与客票相结合。除《民用航空法》第一百一十条规定外,行李票还应当包括下列内容。

(1) 托运行李的件数和重量。

(2) 需要声明托运行李的目的地点交付时的利益的,注明声明金额。

行李票是行李托运和运输合同的初步证据。承运人载运托运行李(登记行李),应当向旅客出具行李票,载运旅客自带行李无须出具行李票。承运人未履行出具行李票的强制义务或未在行李票上规定法定的具有强制性的内容,必须承担一定的法律后果。在国内航空运输中,承运人载运行李而不出具行李票,则承运人无法援用《民用航空法》有关赔偿责任限制的规定。在国际航空运输中,承运人载运行李不出具行李票或者行李票上未载明适用《民用航空法》的,承运人无权援用《中华人民共和国民用航空法》有关赔偿责任限制的规定。

3) 航空货物运单

航空货物运单是航空货物运输的凭证,是航空货物运输合同订立和运输条件以及承运人接收货物的初步证据。它表明承运人承诺接受一定货物,并同意按照双方的约定将货物运送到目的地,交付给托运人指定的收货人。同时,还表明托运人同意将货物移交给承运人,并支付约定的运费。

承运人有权要求托运人填写航空货物运单,托运人有权要求承运人接受该航空货物运单。托运人未能出示航空货物运单、航空货物运单不符合规定或者航空货物运单遗失,不影响运输合同的存在或者有效。

托运人应当对航空货物运单上所填关于货物的说明和声明的正确性负责。因航空货物运单上所填写的说明和声明不符合规定、不正确或者不完全,给承运人或者承运人对之负责的其他人造成损失的,托运人应当承担赔偿责任。

3. 承运人相关责任

根据《民用航空法》的规定,承运人的责任主要包括以下几个方面。

1）承运人对旅客的责任

《民用航空法》规定，因发生在民用航空器上或者在旅客上下民用航空器过程中的事件，造成旅客人身伤亡，承运人应当承担责任。但是，旅客的人身伤亡是由于旅客本人的健康状况造成的，承运人不承担责任。

2）承运人对旅客随身携带物品和托运行李的责任

旅客随身携带的物品和托运的行李统称为行李。《民用航空法》规定，因发生在民用航空器上或者在旅客上下民用航空器过程中的事件，造成旅客随身携带物品毁灭、遗失或者损坏的，承运人应当承担责任。因发生在航空运输期间的事件，造成旅客的托运行李毁灭、遗失或者损坏的，承运人应当承担责任。旅客随身携带物品或者托运行李的毁灭、遗失或者损坏完全是由于行李本身的自然属性、质量或者缺陷造成的，承运人不承担责任。

因发生在航空运输期间的事件，造成货物毁灭、遗失或者损坏的，承运人应当承担责任。但是，承运人证明货物的毁灭、遗失或者损坏完全是由于下列原因之一造成的，不承担责任：①货物本身的自然属性、质量或者缺陷；②承运人或者其受雇人、代理人以外的人包装货物的，货物包装不良；③战争或者武装冲突；④政府有关部门实施的与货物入境、出境或者过境有关的行为。

此处所称航空运输期间，是指在机场内、民用航空器上或者机场外降落的任何地点，托运行李、货物处于承运人掌管之下的全部期间。

航空运输期间不包括机场外的任何陆路运输、海上运输、内河运输过程。但是，此种陆路运输、海上运输、内河运输是为履行航空运输合同而装载、交付或者转运，在没有相反证据的情况下，所发生的损失视为在航空运输期间发生的损失。

3）承运人对延误旅客、行李运输的责任

《民用航空法》规定，旅客、行李或者货物在航空运输中因延误造成的损失，承运人应当承担责任。但是，承运人证明本人或者其受雇人、代理人为避免损失的发生，已经采取一切必要措施或者不可能采取此种措施的，不承担责任。

在运输中，若承运人不能证明延误是天气条件、机械损坏等无法控制的原因造成的，或者不能证明承运人本人或其受雇人、代理人已尽应有的努力采取了一切合理的措施确保航班的正点和准确到达终点，就应对因延误引起的下列损失承担责任：①旅客在等待另一航班过程中所支付的特殊费用；②旅客误乘下一经停地点航班的损失；③旅行社购买另一航空公司机票而额外支出的票款。

4）关于国内航空运输承运人的赔偿责任

《民用航空法》规定，国内航空运输承运人的赔偿责任限额由国务院民用航空主管部门制定，报国务院批准后公布执行。

承运人责任限额是指当航空运输过程中发生的旅客人身、财产损失数额没有超出法定责任限额时，承运人按实际损失赔偿旅客；当损失数额超过责任限额时，承运人仅在法定责任限额内承担赔偿责任。

根据《国内航空运输承运人赔偿责任限额规定》，承运人对每名旅客的赔偿责任限额为人民币40万元；对每名旅客随身携带物品的赔偿责任限额为人民币3000元；对每名旅客托运的行李和对运输的货物的赔偿责任限额，每千克为人民币100元。

5）关于国际航空运输承运人的赔偿责任

《民用航空法》规定,国际航空运输承运人的赔偿责任限额按照下列规定执行。

（1）对每名旅客的赔偿责任限额为 16600 计算单位。但是,旅客可以同承运人书面约定高于本项规定的赔偿责任限额。

（2）对托运行李或者货物的赔偿责任限额,每千克为 17 计算单位。

（3）对每名旅客随身携带的物品的赔偿责任限额为 332 计算单位。

以上规定所称"计算单位",是指国际货币基金组织规定的特别提款权;其人民币数额为法院判决之日、仲裁机构裁决之日或者当事人协议之日,按照国家外汇管理机关的国际货币基金组织的特别提款权对人民币的换算办法计算得出的人民币数额。

无论是在国内航空运输还是在国际航空运输中的赔偿责任限制,只要能够证明在航空运输中的损失是由于承运人的故意或者重大过失造成的,承运人就无权援用上述赔偿责任限制制度,即承运人不但无权援用法定的赔偿责任限额,而且无权援用约定的赔偿责任限额。在这种情况下,承运人将承担无限责任。

6）承运人责任的免除或者减轻的规定

《民用航空法》规定,在旅客、行李运输中,经承运人证明,损失是由索赔人的过错造成或者促成的,应当根据造成或者促成此种损失的过错的程度,相应免除或者减轻承运人的责任。旅客以外的其他人就旅客死亡或者受伤提出赔偿请求时,经承运人证明,死亡或者受伤是旅客本人的过错造成或者促成的,同样应当根据造成或者促成此种损失的过错的程度,相应免除或者减轻承运人的责任。在货物运输中,经承运人证明,损失是由索赔人或者代行权利人的过错造成或者促成的,应当根据造成或者促成此种损失的过错的程度,相应免除或者减轻承运人的责任。

上述规定中,"索赔人"主要是指旅客或其代理人;"旅客以外的其他人"是指旅客的代理人、继承人或该继承人的代理人;"过错"是指行为人的故意或过失的行为或者不作为。

5.3　旅客铁路运输管理

5.3.1　铁路运输概述

铁路是我国国民经济的大动脉,在我国各种交通运输形式中占有特别重要的地位。国家规范铁路运输活动的法律、法规主要是于 1990 年 9 月 7 日经第七届全国人民代表大会常务委员会第十五次会议通过的《中华人民共和国铁路法》(以下简称《铁路法》)。该法于 1991 年 5 月 1 日起施行,2015 年修正。

1. 铁路运输企业的经营宗旨

《铁路法》规定,铁路运输企业必须坚持社会主义经营方向和为人民服务的宗旨,改善经营管理,切实改进路风,提高运输服务质量。

铁路运输企业的义务就是为旅客、托运人和收货人提供运输服务。铁路运输企业应当不断改进铁路的服务方式,提高服务质量,加强企业管理,真正做到优质、高效、全面地为旅客、托运人和收货人提供各种运输服务活动。

2. 对铁路运输的要求

《铁路法》规定,铁路运输企业应当保证旅客和货物运输的安全,做到列车正点到达。其具体要求如下。

(1) 必须保证旅客的乘车安全。铁路承运人在运送旅客过程中必须把保证旅客的生命财产安全放在首位,确保旅客列车的运行安全。

(2) 保证货物、行李的安全和完好。托运人托运货物、行李的目的是实现上述物品的位移,铁路运输企业运送上述物品的主要义务是要保证这些物品的完整和安全。这不但是铁路运输企业必须做到的,而且是民事平等主体关系在法律上的反映。

(3) 保证列车安全正点到达目的地。安全正点是铁路运输企业提供运输服务的基本义务之一。保证正点到达目的站是指旅客列车必须按规定的时间开出始发站和到达目的站。如果铁路不能按照规定时间及时发车和到达旅行目的站,则势必打乱旅客的旅行计划,使旅客在精神上、物质上受到损失。因此,作为运输企业,铁路运输应该提高运输的正点率。

5.3.2 旅客铁路运输法律规定的有关内容

1. 铁路运输合同及违约责任

1) 铁路运输合同

铁路运输合同是明确运输企业与旅客、托运人之间权利义务关系的协议。旅客车票、行李票、包裹票和货物运单是铁路运输合同或者合同的组成部分。

《铁路法》规定,铁路运输企业应当保证旅客按车票载明的日期、车次乘车,并到达目的站。因铁路运输企业的责任造成旅客不能按车票载明的日期、车次乘车的,铁路运输企业应当按照旅客的要求,退还全部票款或者安排改乘到达相同目的站的其他列车。

旅客到铁路车站购买车票,向铁路运输企业提出具体的车次、时间、到站,铁路运输企业按照旅客的要求售给相应的车票,铁路旅客运输合同即告成立。旅客凭车票有权要求铁路运输企业按照票面载明的日期、车次即时安排旅行。铁路运输企业也有义务按照票面的规定,组织旅客旅行,并为乘客提供条件,把旅客即时运送到旅行目的地。

2) 违约责任

由于客观原因,有时旅客并不能按时乘车。其原因主要有两个方面:一方面是旅客自身的原因,如情况发生变化导致旅行计划的变更或者终止,也可能是由于某种原因,发生了误车等情况;另一方面是铁路运输企业的原因,如列车晚点、车次取消等。这两种情况的法律责任是不同的。

(1) 旅客违约责任。由于旅客自身的原因,造成不能按时乘车的法律后果应当由旅客自己负责,铁路运输企业不承担法律责任。但是,旅客可以按照铁路的规定办理退票或改乘其他列车的手续,并交纳规定的退票或改乘的签证费用。旅客退票实际上是向铁路运输企业提出解除铁路运输合同的请求,铁路运输企业按照旅客的要求办理了退票手续,则双方之间的合同即告解除。由于是旅客单方解约,因此,应向铁路运输企业交纳违约费用,即"退票费"。旅客要求办理改乘手续,实际上是向铁路运输企业提出变更合同的请求,铁路运输企业按照旅客的要求改签了车票的乘车车次、日期,则是与旅客之间成立了新的旅客运输合同,双方当事人应当按照新的合同享受权利、承担义务。在变更合同的情况下,旅客也应当承担相应的法律责任,即向铁路运输企业支付签证费以及其他规定的手续费。

(2) 铁路运输企业违约责任。由于铁路运输企业的原因造成旅客不能按车票载明日期、车次乘车的,铁路运输企业应当承担法律责任,即退还全部票款或安排旅客改乘到达相同目的地站的其他列车。在这种情况下,旅客改乘列车,铁路运输企业不得收取任何费用。

旅客运输是铁路运输企业为公众服务的"窗口",服务质量和水平的高低,直接关系路风、路誉。因此,做好铁路旅客服务工作,是铁路运输企业经营管理的一项首要任务。

上述法律规定要求铁路运输合同双方当事人都应当信守合同,按照合同约定履行义务,无论哪一方违反合同,不履行合同义务,都要承担相应的法律责任。

2. 关于旅客乘车条件的规定

《铁路法》规定,旅客乘车应当持有效车票。对无票乘客或者持失效车票的,应当补收票款,并按照规定加收票款;拒不交付的,铁路运输企业可以责令其下车。

旅客乘车旅行必须具备的条件是应当持有效车票。所谓"有效车票",是指铁路车站出售的、有规定的乘车期限、上下车站和票面指定的乘车车次的车票。如果旅客无票乘车或者持无效车票乘车,通常情况下,铁路运输企业可以根据有关规章的规定补收票款,并加收一定的票款,加收票款的具体数额一般由国务院铁路主管部门规定。旅客持失效车票乘车或者无票乘车,实际上是一种侵害铁路运输企业合法权益的行为。依据《中华人民共和国民法通则》规定,实施侵权行为的加害人,应当承担相应的法律责任。

根据《铁路旅客运输规程》(根据铁运〔2010〕190 号文件修改后),对于不符合乘车条件的,按下列规定处理。

(1) 有下列行为时,除按规定补票,核收手续费以外,铁路运输企业有权对其身份进行登记,并须加收已乘区间应补票价 50% 的票款:①无票乘车时,补收自乘车站(不能判明时自始发站)起至到站止车票票价,持失效车票乘车按无票处理;②持用伪造或涂改的车票乘车时,除按无票处理外并送交公安部门处理;③持站台票上车并在开车 20 分钟后仍不声明时,按无票处理;④持用低等级的车票乘坐高等级列车、铺位、座席时,补收所乘区间的票价差额;⑤旅客持半价票没有规定的减价凭证或不符合减价条件时,补收全价票价与半价票价的差额。

(2) 有下列情况时补收票价,核收手续费:①应买票而未买票的儿童按第十九条规定执行,即承运人一般不接受儿童单独旅行(乘火车上学的学生和承运人同意在旅途中监护的除外)。随同成年人旅行的身高 1.2～1.5 米的儿童,享受半价客票、加快票和空调票

(以下简称儿童票);超过 1.5 米时应买全价票。每一成人旅客可免费携带一名身高不足 1.2 米的儿童,超过一名时,超过的人数应买儿童票。儿童票的座别应与成人车票相同,其到站不得远于成人车票的到站。免费乘车的儿童单独使用卧铺时,应购买全价卧铺票,有空调时还应购买半价空调票。身高超过 1.5 米的儿童使用儿童票乘车时,应补收儿童票价与全价票价的差额。②持站台票上车送客未下车但及时声明时,补收至前方下车站的票款。③主动补票或者经站、车同意上车补票的。

（3）下列情况只核收手续费,但已经使用至到站的除外:①旅客在票面指定的日期、车次开车前乘车的,应补签;②旅客所持车票日期、车次相符但未经车站剪口的,应补剪;③持通票的旅客中转换乘应签证而未签证的,应补签。

3. 承运人与旅客之间的权利和义务关系

《铁路旅客运输规程》对旅客和承运人的权利、义务进行了规定。

（1）旅客的权利主要有依据车票票面记载的内容乘车;要求承运人提供与车票等级相适应的服务并保障其旅行安全;对运送期间发生的身体损害有权要求承运人赔偿;对运送期间因承运人过错造成的随身携带物品损失有权要求承运人赔偿。

（2）旅客的义务主要有支付运输费用;遵守国家法令和铁路运输规章制度,听从铁路车站、列车工作人员的引导,按照车站的引导标志进、出站;爱护铁路设备、设施,维护公共秩序和运输安全。

（3）承运人的权利主要有依照规定收取运输费用;要求旅客遵守国家法令和铁路规章制度,保证安全;对损害他人利益和铁路设备、设施的行为有权制止、消除危险和要求赔偿。

（4）承运人的义务主要有确保旅客运输安全正点;为旅客提供良好的旅行环境和服务设施,不断提高服务质量,文明礼貌地为旅客服务;对运送期间发生的旅客身体损害予以赔偿;对运送期间因承运人过错造成的旅客随身携带物品损失予以赔偿。

4. 有关承运人责任和损害赔偿的规定

1）承运人责任

《铁路法》规定,因铁路行车事故及其他铁路运输事故造成人身伤亡的,铁路运输企业应当承担赔偿责任;如果人身伤亡是因不可抗力或者受害人自身的原因造成的,铁路运输企业不承担赔偿责任,如违章通过平交道口或者人行过道,或者在铁路线路上行走、坐卧造成的人身伤亡,属于受害人自身的原因造成的人身伤亡,等等。

此外,《中华人民共和国合同法》规定,承运人应当对运输过程中旅客的伤亡承担损害赔偿责任,但伤亡是旅客自身健康原因造成的或者承运人证明伤亡是旅客故意、重大过失造成的除外。

上述法律均规定了对铁路运输企业在运输过程中发生旅客人身伤亡的,适用无过错责任,即旅客在运输中出现伤亡,只要不是"不可抗力或者旅客自身原因造成的",不论铁路运输企业主观上有无过错,旅客均有权向其请求损害赔偿。

以上是有关人身伤害责任的规定。《铁路法》还对所承运的货物、行李等的损害赔偿责任作了规定,铁路运输企业应当对承运的货物、包裹、行李自接受承运时起到交付止发生的灭失、短少、变质、污染或者损坏,承担赔偿责任。

2) 有关损害赔偿

为明确铁路运输企业对旅客的赔偿并维护旅客的合法权益,1994 年 8 月 30 日,经国务院批准,原铁道部颁布了《铁路旅客运输损害赔偿规定》,其主要内容如下。

(1) 该规定的适用范围。凡是在中华人民共和国境内的铁路旅客运输中发生的旅客人身伤亡及其自带行李损失,依照《铁路旅客运输损害赔偿规定》应当由铁路运输企业赔偿的,均可适用该规定。

上述"铁路旅客运输中"是指自旅客经检票进站至到达终点出站时止。"旅客"是指持有效车票凭证乘车的人员以及按照国务院铁路主管部门有关规定免费乘车的儿童。此外,经铁路运输企业同意,根据铁路货物运输部门合同,随车护送货物的人,也被视为旅客。

(2) 限额赔偿规定。《铁路旅客运输损害赔偿规定》规定,铁路运输企业依照本规定应当承担赔偿责任的,对每名旅客人身伤亡的赔偿责任限额为人民币 4 万元,自带行李损失的赔偿责任限额为人民币 800 元。铁路运输企业和旅客也可以书面形式约定高于前款规定的赔偿责任限额。此外,第六条规定,铁路运输企业依据本规定给付赔偿金,不影响旅客按照国家有关铁路旅客意外伤害强制保险规定获取保险金。

(3) 索赔时效。旅客或者其继承人向铁路运输企业要求赔偿的请求,应当自事故发生之日起 1 年内提出,铁路运输企业应当自接到赔偿请求之日起 30 日内答复。

(4) 免责事由。由于不可抗力或者旅客自身原因造成人身伤亡和自带行李损失的,铁路运输企业不承担赔偿责任。经承运人证明事故是由承运人和旅客或托运人的共同过错所致,应根据各自过错的程度分别承担责任。

小结

1. 旅游交通是指旅游业经营者为旅游者在旅行游览过程中提供各类交通运输服务而产生的一系列社会经济活动和现象的总和。相对于一般交通运输,旅游交通具有游览性、舒适性、季节性等特点。

2. 旅游交通法律是指调整发生在旅行过程中各种社会关系的各种法律、法规和规章的总称。我国旅游交通法律的构成包括 3 个层次:国际运输公约,国内相关法律,地方性旅游交通法律法规。

3. 旅游交通运输合同是指规定旅客与承运人之间相互权利义务关系的书面协议,具有 3 个显著特点,即格式合同、强制保险条款、双务有偿合同。

4. 旅客航空运输凭证分为旅客运输凭证(客票)、行李运输凭证(行李票)和航空货物运单 3 种类别。

5. 旅客车票、行李票、包裹票和货物运单是铁路运输合同或者合同的组成部分。

思考与练习

一、单项选择题

1. 航空旅客运输合同订立的初步证据是(　　)。
   A. 行李票　　　　　B. 包裹票　　　　　C. 货运单　　　　　D. 客票

2. 在旅游运输合同中,以下不属于旅游者应承担的义务的是(　　)。
   A. 旅游者应按票面指定的票价支付交通运输费用
   B. 旅游者应持有效客票乘运
   C. 不得携带或在行李中夹运国家禁运的物品和危险品
   D. 旅游者不能携带超限量行李乘运

3. 在旅游运输合同中,以下不属于承运人应承担的义务的是(　　)。
   A. 应当按照约定的或通常的运输路线运送旅游者
   B. 向旅游者提供价质相符的服务
   C. 应当按照约定的时间将旅游者安全运送到约定的地点
   D. 可向游客收取行李托运费

4. 《民用航空法》的正式实施时间是(　　)。
   A. 1996 年 1 月 1 日　　　　　　　B. 1996 年 3 月 1 日
   C. 1996 年 5 月 1 日　　　　　　　D. 1996 年 10 月 1 日

5. 发生在民用航空器上,由于旅客本人的健康状况造成旅客人身伤亡时,承运人(　　)。
   A. 承担责任　　　　　　　　　B. 不承担责任
   C. 承担部分赔偿责任　　　　　　D. 全额退还旅客客票

6. 根据《国内航空运输承运人赔偿责任限额规定》,承运人对每名旅客的赔偿责任限额为人民币(　　)万元。
   A. 10　　　　　B. 20　　　　　C. 40　　　　　D. 80

7. 根据《铁路旅客运输损害赔偿规定》,铁路运输企业依照本规定对旅客自带行李损失应当承担赔偿责任,赔偿限额为人民币(　　)元。
   A. 800　　　　　B. 1000　　　　　C. 1200　　　　　D. 2000

8. 下列不属于铁路旅客范畴的人员是(　　)。
   A. 持有效车票凭证乘车的人员　　　　B. 按国家规定免票乘车的儿童
   C. 随车护送货物的人　　　　　　　　D. 列车上的工作人员

9. 旅客或者其继承人向铁路运输企业要求赔偿的请求,铁路运输企业应当自接到赔偿请求之日起(　　)日内答复。
   A. 15　　　　　B. 20　　　　　C. 30　　　　　D. 90

10. 铁路运输中,旅客使用半价票,但没有减价凭证或者不符合减价条件的,一般处理方法是(　　)。

  A. 加倍补收全价票与半价票的价差

  B. 让其就近下车

  C. 补收全价票与半价票的价差,核收手续费,加收应补票价 50% 的票款

  D. 让其补一张与半价票面额等值的票

二、多项选择题

1. 旅游交通法规的基本原则有(　　　)。

  A. 安全运输原则　　　　　　　　　B. 计划运输原则

  C. 合理运输原则　　　　　　　　　D. 有效运输原则

2. 我国旅游交通法律的构成包括(　　　)。

  A. 国际运输公约　　　　　　　　　B. 地方性旅游交通法律、法规

  C. 区域性旅游交通法律、法规　　　D. 国内相关法律、法规

3. 航空运输的运输凭证有(　　　)。

  A. 旅客运输凭证　　　　　　　　　B. 行李运输凭证

  C. 航空货物运单　　　　　　　　　D. 包裹运输单

4. 因发生在航空运输期间的事件,造成货物毁灭、遗失或者损坏的,承运人应当承担责任。但是,在承运人证明货物的毁灭、遗失或者损坏是由于(　　　)原因造成时,可不承担责任。

  A. 货物本身的自然属性

  B. 战争或者武装冲突

  C. 承运人货物包装不良

  D. 货物本身的质量或者缺陷

5. 铁路运输中,旅客的主要义务包括(　　　)。

  A. 按票面指定的票价支付票款

  B. 按票面指定的车次、时间办理有关手续

  C. 托运行李时,应对运输单上填写的各项内容和说明的正确性负责

  D. 如果变更或解除运输合同,必须按规定办理

6. 铁路运输承运人的基本权利有(　　　)。

  A. 依照规定收取运输费用

  B. 要求旅客遵守国家法令和铁路规章制度,保证安全

  C. 确保旅客运输安全正时正点

  D. 对损害他人的利益和铁路设备、设施的行为有权制止、消除危险和要求赔偿

三、名词解释

1. 旅游交通法规

2. 旅游交通运输合同

3. 旅客航空运输

四、简答题

1. 简述旅游交通法规的基本原则。
2. 简述旅游交通运输合同的特点。
3. 简述国际航空运输承运人的赔偿责任。

五、案例分析

(一)

某年3月,李先生参加了某旅行社组织的旅游团前往G市旅游。临行前接受组团社的推荐,购买了旅游意外保险。在乘火车前往G市的途中,火车车窗的玻璃突然被一块飞来的石头击碎,玻璃碎片将靠窗而坐的李先生扎伤。事后,李先生向旅行社索赔。旅行社说,此事故纯属意外,不是旅行社的责任,李先生应向保险公司索要旅游意外保险赔偿。但保险公司认为,旅客在火车上发生意外,应当由铁路客运部门负责赔偿。

请问:

1. 本案例中,李先生到底应该向谁要求赔偿?为什么?
2. 对李先生的意外伤害,旅行社有无责任?为什么?

(二)

某年7月,旅客王某乘坐一辆大巴车到Q市旅游。当车快行至Q市市区时,王某发现自己的手机被窃贼用刀片割开手机套后偷走,便告诉开车司机:"我的手机被偷了,请你把车开至派出所。"司机不予理睬。乘务员说:"没有办法,这么多人要上下车。"王某随即向110报警,要求协助调查。然而,该车司机及乘务员却不顾王某的要求,打开车门把乘客放下车去,等警察赶到时,乘客已经基本走光,给寻找手机的调查取证工作造成困难。

请问:本案例中,大巴车司乘人员的做法是否合法?游客王某可否得到赔偿?

第 6 章

旅游安全管理法规制度

内容提要

　　本章首先介绍了旅游安全的含义以及旅游安全生产管理的意义、旅游安全管理的相关法律法规；其次介绍了旅游安全管理部门的职责、旅游经营者的安全生产义务、旅游者的安全权利和义务；最后讲解了旅游突发事件的等级以及处理程序、旅游安全法则等内容。

本章重点

(1) 旅游安全管理的意义。

(2) 旅游经营者的安全经营义务。

(3) 旅游突发事件的等级及处理程序。

(4) 旅游目的地风险等级及相应的措施。

6.1　旅游安全管理概述

6.1.1　旅游安全的含义

　　旅游安全是指旅游活动中各相关主体的一切安全现象的总称。它既包括旅游活动各环节的相关现象，也包括旅游活动中涉及的人、设备、环境等人财物的安全现象；既包括旅游活动中的安全观念、意识培育、思想建设与安全理论，也包括旅游活动中安全的防控、保障与管理等。

6.1.2　旅游安全管理的意义

　　没有安全，便没有旅游。旅游安全是旅游业的生命线，是旅游业发展的基础和保障，不但关系旅游者的生命财产，而且关系旅游目的地的整体形象，是旅游经济稳定运行的重要保障，是坚持"以人为本"安全理念的必然要求。

旅游业发展的事实证明,旅游安全事故的出现不但影响旅游活动的顺利进行,而且可能带来巨额经济损失;旅游安全事故危及旅游者的生命和财产安全,直接影响社会的安定团结;旅游安全事故还会损害国家的旅游声誉,阻碍旅游业的发展。

随着旅游活动规模的急剧扩大,以及散客自助旅游、探险旅游等旅游形式的蓬勃发展,影响旅游安全的因素日趋复杂化,旅游安全事故呈现出高发态势。尤其是在黄金周期间,由于旅游设施、从业人员均处于超负荷运转状态,旅游安全事故更是频繁发生,使其成为影响旅游业持续发展的一个核心因素。

因此,加强旅游安全管理具有重要意义。

6.1.3　旅游安全管理相关的法律法规

我国历来十分重视旅游安全工作,国家有关部门先后制定了一系列法律法规,有力地保障了我国旅游安全管理工作的规范化、制度化。

1988年6月14日,国家旅游局、公安部发出了《关于进一步加强旅游安全保卫工作的通知》,要求各地采取有力措施保障来华旅游者的安全。

1989年10月,国家旅游局召开了全国旅游安全管理工作座谈会,要求所有旅游安全工作人员齐心协力、忠于职守,认真抓好旅游安全工作,为重振我国的旅游业作出贡献。

1990年2月20日,国家旅游局发布了《旅游安全管理暂行办法》,这是我国多年来旅游安全管理工作的科学总结。从此,我国旅游安全管理工作初步纳入规范化、制度化的轨道,使旅游安全管理工作有法可依。

1993年4月15日,国家旅游局发布了《重大旅游安全事故报告制度试行办法》《重大旅游安全事故处理程序试行办法》。同年8月,国家旅游局、公安部发布了《关于加强旅游涉外饭店安全管理、严防恶性事件发生的通知》。同年10月,公安部、国家旅游局发布了《关于加强宾馆饭店等旅游设施消防安全工作的通知》。

1994年1月22日,国家旅游局颁布了《旅游安全管理暂行办法实施细则》。同年6月10日,国家旅游局提出了《关于加强旅行团餐饮质量管理的意见》,并发出了《关于修订旅游团队订餐标准的通知》,制定了定点餐馆质量初步标准。

1998年4月7日,国家旅游局发布了《漂流旅游安全管理暂行办法》。

2013年10月1日起实施的《旅游法》专设"旅游安全"一章,进一步明确了旅游安全的重要性,规定了各级人民政府、旅游经营者及旅游者在旅游安全管理工作中的职责及相关权利和义务,形成政府、企业、个人权责统一的旅游安全综合治理模式。

为了加强旅游安全管理,提高应对旅游突发事件的能力,保障旅游者的人身、财产安全,促进旅游业持续健康发展,根据《旅游法》《中华人民共和国安全生产法》《中华人民共和国突发事件应对法》《旅行社条例》《安全生产事故报告和调查处理条例》等法律、行政法规,2016年9月29日,国家旅游局发布了《旅游安全管理办法》,该办法自2016年12月1日起实施(原《旅游安全管理暂行办法》及《旅游安全管理暂行办法实施细则》同时废止)。旅游经营者的安全生产、旅游主管部门的安全监督管理,以及旅游突发事件的应对,应当遵守有关法律、法规和本办法的规定。

6.2　旅游安全管理部门及其职责

6.2.1　县级以上人民政府及相关部门的旅游安全管理职责

根据《旅游法》第七十六条至第七十八条相关规定,县级以上人民政府及有关部门的安全管理职责如下。

(1) 县级以上人民政府统一负责旅游安全工作。

(2) 县级以上人民政府有关部门依照法律、法规履行旅游安全监管职责。

(3) 县级以上人民政府及其有关部门应当将旅游安全作为突发事件监测和评估的重要内容。

(4) 县级以上人民政府应当依法将旅游应急管理纳入政府应急管理体系,制定应急预案,建立旅游突发事件应对机制。突发事件发生后,当地人民政府及其有关部门和机构应当采取措施开展救援,并协助旅游者返回出发地或者旅游者指定的合理地点。

6.2.2　旅游主管部门的旅游安全管理职责

《旅游安全管理办法》第三条规定,各级旅游主管部门应当在同级人民政府的领导和上级旅游主管部门及有关部门的指导下,在职责范围内依法对旅游安全工作进行指导、防范、监管、培训、统计分析和应急处理。

《旅游安全管理办法》第二十二条规定,旅游主管部门应当加强下列旅游安全日常管理工作。

(1) 督促旅游经营者贯彻执行安全和应急管理的有关法律、法规,并引导其实施相关国家标准、行业标准或者地方标准,提高其安全经营和突发事件应对能力。

(2) 指导旅游经营者组织开展从业人员的安全及应急管理培训,并通过新闻媒体等多种渠道,组织开展旅游安全及应急知识的宣传普及活动。

(3) 统计分析本行政区域内发生旅游安全事故的情况。

(4) 法律、法规规定的其他旅游安全管理工作。

此外,旅游主管部门还应当加强对星级饭店和 A 级景区旅游安全和应急管理工作的指导。

同时,《旅游安全管理办法》第二十三条规定,地方各级旅游主管部门应当根据有关法律、法规的规定,制定、修订本地区或者本部门旅游突发事件应急预案,并报上一级旅游主管部门备案,必要时组织应急演练。第二十四条规定,地方各级旅游主管部门应当在当地人民政府的领导下,依法对景区符合安全开放条件进行指导、核定或者配合相关景区主管部门核定景区最大承载量,引导景区采取门票预约等方式控制景区流量;在旅游者数量可能达到最大承载量时,配合当地人民政府采取疏导、分流等措施。

6.3　旅游经营者的安全经营义务

　　旅游经营者是指旅行社及地方性法规规定旅游主管部门负有行业监管职责的景区和饭店等单位。旅游经营者的安全保障能力是旅游活动顺利进行的保证,是旅游活动安全开展的基础,也是旅游者选择旅游经营者的衡量标准之一。

　　《旅游安全管理办法》第四条规定,旅游经营者应当承担旅游安全的主体责任,加强安全管理,建立、健全安全管理制度,关注安全风险预警和提示,妥善应对旅游突发事件。旅游从业人员应当严格遵守本单位的安全管理制度,接受安全生产教育和培训,增强旅游突发事件防范和应急处理能力。

6.3.1　具备相应的安全生产条件

　　《旅游安全管理办法》第六条规定,旅游经营者应当遵守下列要求。

　　(1) 服务场所、服务项目和设施设备符合有关安全法律、法规和强制性标准的要求。

　　(2) 配备必要的安全和救援人员、设施设备。

　　(3) 建立安全管理制度和责任体系。

　　(4) 保证安全工作的资金投入。

> **补充阅读——旅游客运车辆需设置"导游专座"**
>
> 　　2016 年 4 月 11 日,国家旅游局、交通运输部联合下发《关于进一步规范导游专座等有关事宜的通知》(以下简称《通知》)。《通知》明确,旅游客运车辆需设置"导游专座"。"导游专座"应设置在旅游客运车辆前乘客门侧第一排乘客座椅靠通道侧位置;旅游客运企业在旅游服务过程中,应配备印有"导游专座"字样的座套;旅行社制订团队旅游计划时,应根据车辆座位数和团队人数,统筹考虑,游客与导游总人数不得超过车辆核定乘员数。
>
> 　　《通知》强调,旅游客运车辆需确保车内逃生通道顺畅。自 2016 年 8 月 1 日起,新进入道路运输市场的营运客车不得在车厢内任何位置设置折叠座椅,在用营运客车的折叠座椅不得使用。各级交通运输部门在开展客车等级评定时,不再对客车折叠座椅进行核定。车内通道不得堆放行李和其他障碍物,逃生装置要定期维护、标识清晰,确保正常使用。
>
> 　　《通知》要求,旅行社及旅游客运企业需加强导游和司机的安全教育。旅行社应要求导游熟悉旅游行程计划,在车辆启动之前与司机充分沟通行车路线、停靠站点等,避免在行车过程中影响司机正常驾驶;导游应自觉系好安全带,避免站立讲解,并配合司机督促游客系好安全带。旅游客运企业应督促司机严格遵守道路交通安全和道路运输管理法律法规,不超员、不超速,安全文明驾驶,行车之前播放《游客安全乘车温馨提示》宣传片,提醒游客阅读安全须知,提高安全意识。鼓励导游和广大游客

对不按规定设置导游专座等不安全行为进行举报。

《通知》还要求,各地旅游主管及交通运输部门应按照要求,立即督促旅行社及旅游客运企业开展自查自纠,并加强对旅游客运车辆"导游专座"设置及安全运营情况的监督检查,对于未落实通知要求的旅行社和旅游客运企业,要限期整改;逾期未予整改的旅行社,旅游客运企业可以拒绝为其提供服务;逾期未予整改的旅游客运企业,旅行社不得租用其旅游客运车辆。

6.3.2 安全防范、经营和保障

根据《旅游法》及《旅游安全管理办法》,旅游经营者为加强安全防范、经营和保障,应当做到以下几点。

(1) 严格执行安全生产管理和消防安全管理的法律、法规和国家标准、行业标准,具备相应的安全生产条件,制定旅游者安全保护制度。

(2) 依法制定旅游突发事件应急预案,与所在地县级以上地方人民政府及其相关部门的应急预案相衔接,并定期组织演练。

(3) 定期检查本单位安全措施的落实情况,及时排除安全隐患。

(4) 保证其提供的商品和服务符合保障人身、财产安全的要求。对其提供的产品和服务进行风险监测和安全评估,依法履行安全风险提示义务,必要时应当采取暂停服务、调整活动内容等措施。

经营高风险旅游项目或者向老年人、未成年人、残疾人提供旅游服务的,应当根据需要采取相应的安全保护措施。

经营高空、高速、水上、潜水、探险等高风险旅游项目的,应当按照国家有关规定取得经营许可。

 补充阅读——《旅行社老年旅游服务规范》

为了充分保障老年旅游者的合法权益、规范旅行社的经营行为和服务内容、提高旅行社行业的服务质量,2016 年 3 月 1 日,《旅行社老年旅游服务规范》由国家旅游局批准予以公布,2016 年 9 月 1 日起正式施行。

作为旅游行业推荐性标准,《旅行社老年旅游服务规范》规定了老年旅游服务的要求,包括旅游产品要求、旅游者招徕、团队计划的落实、接待服务和后续服务等内容。《旅行社老年旅游服务规范》适用于 60 周岁以上(含 60 周岁)的老年旅游产品消费者在旅行社的报团出游。

(5) 对从业人员进行安全生产教育和培训,保证从业人员掌握必要的安全生产知识、规章制度、操作规程、岗位技能和应急处理措施,知悉自身在安全生产方面的权利和义务。建立安全生产教育和培训档案,如实记录安全生产教育和培训的时间、内容、参加人员以及考核结果等情况。

未经安全生产教育和培训合格的旅游从业人员,不得上岗作业;特种作业人员必须按

照国家有关规定经专门的安全作业培训,取得相应资格。

 补充阅读——从业人员安全生产的权利和义务

《中华人民共和国安全生产法》第三章专章规定了从业人员的安全生产权利义务。

第四十九条 生产经营单位与从业人员订立的劳动合同,应当载明有关保障从业人员劳动安全、防止职业危害的事项,以及依法为从业人员办理工伤保险的事项。

生产经营单位不得以任何形式与从业人员订立协议,免除或者减轻其对从业人员因生产安全事故伤亡依法应承担的责任。

第五十条 生产经营单位的从业人员有权了解其作业场所和工作岗位存在的危险因素、防范措施及事故应急措施,有权对本单位的安全生产工作提出建议。

第五十一条 从业人员有权对本单位安全生产工作中存在的问题提出批评、检举、控告;有权拒绝违章指挥和强令冒险作业。

生产经营单位不得因从业人员对本单位安全生产工作提出批评、检举、控告或者拒绝违章指挥、强令冒险作业而降低其工资、福利等待遇或者解除与其订立的劳动合同。

第五十二条 从业人员发现直接危及人身安全的紧急情况时,有权停止作业或者在采取可能的应急措施后撤离作业场所。

生产经营单位不得因从业人员在前款紧急情况下停止作业或者采取紧急撤离措施而降低其工资、福利等待遇或者解除与其订立的劳动合同。

第五十三条 因生产安全事故受到损害的从业人员,除依法享有工伤保险外,依照有关民事法律尚有获得赔偿的权利的,有权向本单位提出赔偿要求。

第五十四条 从业人员在作业过程中,应当严格遵守本单位的安全生产规章制度和操作规程,服从管理,正确佩戴和使用劳动防护用品。

第五十五条 从业人员应当接受安全生产教育和培训,掌握本职工作所需的安全生产知识,提高安全生产技能,增强事故预防和应急处理能力。

第五十六条 从业人员发现事故隐患或者其他不安全因素,应当立即向现场安全生产管理人员或者本单位负责人报告;接到报告的人员应当及时予以处理。

第五十七条 工会有权对建设项目的安全设施与主体工程同时设计、同时施工、同时投入生产和使用进行监督,提出意见。

工会对生产经营单位违反安全生产法律、法规,侵犯从业人员合法权益的行为,有权要求纠正;发现生产经营单位违章指挥、强令冒险作业或者发现事故隐患时,有权提出解决的建议,生产经营单位应当及时研究答复;发现危及从业人员生命安全的情况时,有权向生产经营单位建议组织从业人员撤离危险场所,生产经营单位必须立即作出处理。

工会有权依法参加事故调查,向有关部门提出处理意见,并要求追究有关人员的责任。

第五十八条 生产经营单位使用被派遣劳动者的,被派遣劳动者享有本法规定的从业人员的权利,并应当履行本法规定的从业人员的义务。

(6)主动询问与旅游活动相关的个人健康信息,要求旅游者按照明示的安全规程使用旅游设施和接受服务,并要求旅游者对旅游经营者采取的安全防范措施予以配合。

(7)旅行社组织和接待旅游者,应当合理安排旅游行程,向合格的供应商订购产品和服务。

旅行社及其从业人员发现履行辅助人提供的服务不符合法律、法规规定或者存在安全隐患的,应当予以制止或者更换。

6.3.3　安全说明或警示

《旅游法》第八十条规定,游经营者应当就旅游活动中的下列事项,以明示的方式事先向旅游者作出说明或者警示。

(1)正确使用相关设施设备的方法。

(2)必要的安全防范和应急措施。

(3)未向旅游者开放的经营、服务场所和设施、设备。

(4)不适宜参加相关活动的群体。

(5)可能危及旅游者人身、财产安全的其他情形。

6.3.4　安全救助、处置和报告

《旅游法》第八十一条规定,突发事件或者旅游安全事故发生后,旅游经营者应当立即采取必要的救助和处置措施,依法履行报告义务,并对旅游者作出妥善安排。

《旅游安全管理办法》第七条规定,对可能发生的旅游突发事件及采取安全防范措施的情况,旅游经营者应当按照规定及时向所在地人民政府或者人民政府有关部门报告。

《旅游安全管理办法》第十二条规定,旅行社组织出境旅游,应当制作安全信息卡。安全信息卡应当包括旅游者姓名、出境证件号码和国籍,以及紧急情况下的联系人、联系方式等信息,使用中文和目的地官方语言(或者英文)填写。

旅行社应当将安全信息卡交由旅游者随身携带,并告知其自行填写血型、过敏药物和重大疾病等信息。

旅游经营者对其在经营活动中知悉的旅游者个人信息应当予以保密。

6.4　旅游者的安全权利和义务

《旅游法》还对旅游者的安全权利和义务作出了相应的规定。

6.4.1　旅游者的安全权利

(1)旅游者在人身、财产安全遇有危险时,有权请求旅游经营者、当地政府和相关机构进行及时救助。

(2)中国出境旅游者在境外陷于困境时,有权请求我国驻当地机构在其职责范围内给予协助和保护。

6.4.2　旅游者的安全义务

（1）按要求提供与旅游活动相关的个人健康信息。出境旅游时，填写《游客安全信息卡》。

（2）按照明示的安全规程使用旅游设施和接受服务，对旅游经营者采取的安全防范措施予以配合。

（3）旅游者接受相关组织或者机构的救助后，应当支付应由个人承担的费用。

6.5　旅游突发事件等级及其处理

《旅游安全管理办法》所称旅游突发事件，是指突然发生，造成或者可能造成旅游者人身伤亡、财产损失，需要采取应急处置措施予以应对的自然灾害、事故灾难、公共卫生事件和社会安全事件。

6.5.1　旅游突发事件的等级

根据旅游突发事件的性质、危害程度、可控性以及造成或者可能造成的影响，旅游突发事件一般分为特别重大、重大、较大和一般4级。

1. 特别重大旅游突发事件

（1）造成或者可能造成人员死亡（含失踪）30人以上或者重伤100人以上。

（2）旅游者500人以上滞留超过24小时，并对当地生产生活秩序造成严重影响。

（3）其他在境内外产生特别重大影响，并对旅游者人身、财产安全造成特别重大威胁的事件。

2. 重大旅游突发事件

（1）造成或者可能造成人员死亡（含失踪）10人以上30人以下或者重伤50人以上100人以下。

（2）旅游者200人以上滞留超过24小时，并对当地生产生活秩序造成较严重影响。

（3）其他在境内外产生重大影响，并对旅游者人身、财产安全造成重大威胁的事件。

3. 较大旅游突发事件

（1）造成或者可能造成人员死亡（含失踪）3人以上10人以下或者重伤10人以上50人以下。

（2）旅游者50人以上200人以下滞留超过24小时，并对当地生产生活秩序造成较大影响。

（3）其他在境内外产生较大影响，并对旅游者人身、财产安全造成较大威胁的事件。

4. 一般旅游突发事件

（1）造成或者可能造成人员死亡（含失踪）3 人以下或者重伤 10 人以下。

（2）旅游者 50 人以下滞留超过 24 小时，并对当地生产生活秩序造成一定影响。

（3）其他在境内外产生一定影响，并对旅游者人身、财产安全造成一定威胁的事件。

6.5.2　旅游突发事件的一般处理程序

1. 启动紧急预案，采取必要措施

（1）旅游经营者。旅游突发事件发生后，旅游经营者及其现场人员应当采取合理、必要的措施救助受害旅游者，控制事态发展，防止损害扩大。

旅游经营者应当按照履行统一领导职责或者组织处置突发事件的人民政府的要求，配合其采取的应急处置措施，并参加所在地人民政府组织的应急救援和善后处置工作。

旅游突发事件发生在境外的，旅行社及其领队应当在中国驻当地使领馆或者政府派出机构的指导下，全力做好突发事件应对处置工作。

（2）旅游主管部门。旅游突发事件发生后，发生地县级以上旅游主管部门应当根据同级人民政府的要求和有关规定，启动旅游突发事件应急预案，并采取下列一项或者多项措施：①组织或者协同、配合相关部门开展对旅游者的救助及善后处置，防止次生、衍生事件；②协调医疗、救援和保险等机构对旅游者进行救助及善后处置；③按照同级人民政府的要求，统一、准确、及时地发布有关事态发展和应急处置工作的信息，并公布咨询电话。

2. 事件调查

旅游突发事件发生后，发生地县级以上旅游主管部门应当根据同级人民政府的要求和有关规定，参与旅游突发事件的调查，配合相关部门依法对应当承担事件责任的旅游经营者及其责任人进行处理。

3. 事件报告

《旅游安全管理办法》第五条规定："旅游主管部门、旅游经营者及其从业人员应当依法履行旅游突发事件报告义务。"

（1）旅游经营者及其从业人员。旅游突发事件发生后，旅游经营者的现场人员应当立即向本单位负责人报告，单位负责人接到报告后，应当于 1 小时内向发生地县级旅游主管部门、安全生产监督管理部门和负有安全生产监督管理职责的其他相关部门报告；旅行社负责人应当同时向单位所在地县级以上地方旅游主管部门报告。

情况紧急或者发生重大、特别重大旅游突发事件时，现场有关人员可直接向发生地、旅行社所在地县级以上旅游主管部门、安全生产监督管理部门和负有安全生产监督管理职责的其他相关部门报告。

旅游突发事件发生在境外的，旅游团队的领队应当立即向当地警方、中国驻当地使领

馆或者政府派出机构，以及旅行社负责人报告。旅行社负责人应当在接到领队报告后 1 小时内向单位所在地县级以上地方旅游主管部门报告。

（2）旅游主管部门。各级旅游主管部门应当建立旅游突发事件报告制度。

旅游主管部门在接到旅游经营者依据《旅游安全管理办法》第十五条规定的报告后，应当向同级人民政府和上级旅游主管部门报告。一般旅游突发事件上报至设区的市级旅游主管部门；较大旅游突发事件逐级上报至省级旅游主管部门；重大和特别重大旅游突发事件逐级上报至国家文化和旅游部。向上级旅游主管部门报告旅游突发事件，应当包括下列内容：①事件发生的时间、地点、信息来源；②简要经过、伤亡人数、影响范围；③事件涉及的旅游经营者、其他有关单位的名称；④事件发生原因及发展趋势的初步判断；⑤采取的应急措施及处置情况；⑥需要支持协助的事项；⑦报告人姓名、单位及联系电话。

前款所列内容暂时无法确定的，应当先报告已知情况；报告后出现新情况的，应当及时补报、续报。

4. 事件信息通报

各级旅游主管部门应当建立旅游突发事件信息通报制度。旅游突发事件发生后，旅游主管部门应当及时将有关信息通报相关行业主管部门。

旅游突发事件处置结束后，发生地旅游主管部门应当及时查明突发事件的发生经过和原因，总结突发事件应急处置工作的经验教训，制定改进措施，并在 30 日内按照下列程序提交总结报告：①一般旅游突发事件向设区的市级旅游主管部门提交；②较大旅游突发事件逐级向省级旅游主管部门提交；③重大和特别重大旅游突发事件逐级向文化和旅游部提交。

旅游团队在境外遇到突发事件的，由组团社所在地旅游主管部门提交总结报告。

省级旅游主管部门应当于每月 5 日前，将本地区上月发生的较大旅游突发事件报文化和旅游部备案，内容应当包括突发事件发生的时间、地点、原因及事件类型和伤亡人数等。

县级以上地方各级旅游主管部门应当定期统计分析本行政区域内发生旅游突发事件的情况，并于每年 1 月月底前将上一年度相关情况逐级报文化和旅游部。

6.6　旅游目的地安全风险提示制度

国家建立旅游目的地安全风险提示制度。

6.6.1　旅游目的地安全风险提示等级

根据可能对旅游者造成的危害程度、紧急程度和发展态势，旅游目的地安全风险提示等级分为一级（特别严重）、二级（严重）、三级（较重）和四级（一般），分别用红色、橙色、黄色和蓝色标示。

旅游目的地安全风险提示等级的划分标准，由文化和旅游部会同外交、卫生、公安、国土、交通、气象、地震和海洋等有关部门制定或者确定。

6.6.2　旅游目的地安全风险提示要求

旅游目的地安全风险提示信息应当包括风险类别、提示级别、可能影响的区域、起始时间、注意事项、应采取的措施和发布机关等内容。

一级、二级风险的结束时间能够与风险提示信息内容同时发布的,应当同时发布;无法同时发布的,待风险消失后通过原渠道补充发布。

三级、四级风险提示可以不发布风险结束时间,待风险消失后自然结束。

风险提示发布后,旅行社应当根据风险级别采取下列措施。

(1) 四级风险的,加强对旅游者的提示。

(2) 三级风险的,采取必要的安全防范措施。

(3) 二级风险的,停止组团或者带团前往风险区域;已在风险区域的,调整或者中止行程。

(4) 一级风险的,停止组团或者带团前往风险区域,组织已在风险区域的旅游者撤离。

其他旅游经营者应当根据风险提示的级别,加强对旅游者的风险提示,采取相应的安全防范措施,妥善安置旅游者,并根据政府或者有关部门的要求,暂停或者关闭易受风险危害的旅游项目或者场所。

风险提示发布后,旅游者应当关注相关风险,加强个人安全防范,并配合国家应对风险暂时限制旅游活动的措施,以及有关部门、机构或者旅游经营者采取的安全防范和应急处置措施。

文化和旅游部负责发布境外旅游目的地国家(地区),以及风险区域范围覆盖全国或者跨省级行政区域的风险提示。发布一级风险提示的,需经国务院批准;发布境外旅游目的地国家(地区)风险提示的,需经外交部门同意。

地方各级旅游主管部门应当及时转发上级旅游主管部门发布的风险提示,并负责发布前款规定之外涉及本辖区的风险提示。

风险提示信息应当通过官方网站、手机短信及公众易查阅的媒体渠道对外发布。一级、二级风险提示应同时通报有关媒体。

6.7　旅游安全罚则

旅游经营者及其主要负责人、旅游从业人员违反法律、法规有关安全生产和突发事件应对规定的,依照相关法律、法规处理。

旅行社未制止履行辅助人的非法、不安全服务行为,或者未更换履行辅助人的,由旅游主管部门给予警告,可并处 2000 元以下罚款;情节严重的,处 2000 元以上 1 万元以下罚款。

旅行社不按要求制作安全信息卡,未将安全信息卡交由旅游者,或者未告知旅游者相关信息的,由旅游主管部门给予警告,可并处 2000 元以下罚款;情节严重的,处 2000 元以上 1 万元以下罚款。

　　旅行社不采取相应措施的,由旅游主管部门处 2000 元以下罚款;情节严重的,处 2000 元以上 1 万元以下罚款。

　　按照旅游业国家标准、行业标准评定的旅游经营者违反规定的,由旅游主管部门建议评定组织依据相关标准做出处理。

　　旅游主管部门及其工作人员违反相关法律、法规及本办法规定,玩忽职守,未履行安全管理职责的,由有关部门责令改正,对直接负责的主管人员和其他直接责任人员依法给予处分。

小结

　　1. 2016 年 12 月 1 日起施行《旅游安全管理办法》,旨在加强旅游安全管理,提高应对旅游突发事件的能力,保障旅游者的人身、财产安全,促进旅游业持续健康发展。

　　2. 旅游安全是指旅游活动中各相关主体的一切安全现象的总称。

　　3. 县级以上人民政府统一负责旅游安全工作,县级以上人民政府有关部门依照法律、法规履行旅游安全监管职责。

　　4. 各级旅游主管部门应当在同级人民政府的领导和上级旅游主管部门及有关部门的指导下,在职责范围内依法对旅游安全工作进行指导、防范、监管、培训、统计分析和应急处理。

　　5. 旅游经营者应当严格执行安全生产管理和消防安全管理的法律、法规和国家标准、行业标准,具备相应的安全生产条件,制定旅游者安全保护制度和应急预案。

　　6. 根据旅游突发事件的性质、危害程度、可控性以及造成或者可能造成的影响,旅游突发事件一般分为特别重大、重大、较大和一般 4 级。

　　7. 根据可能对旅游者造成的危害程度、紧急程度和发展态势,旅游目的地安全风险提示级别分为一级(特别严重)、二级(严重)、三级(较重)和四级(一般),分别用红色、橙色、黄色和蓝色标示。

思考与练习

一、单项选择题

　　1.《旅游安全管理办法》自(　　)起开始施行。

  A. 2006 年 6 月 18 日   B. 1990 年 2 月 20 日

  C. 2016 年 12 月 31 日   D. 2016 年 12 月 1 日

　　2.《旅游安全管理办法》规定,县级以上地方各级旅游主管部门应当定期统计分析本行政区域内发生旅游突发事件的情况,并于每年(　　)月底前将上一年度相关情况逐级报文化和旅游部。

  A. 12 月   B. 1 月   C. 6 月   D. 2 月

3. 省级旅游主管部门应当于每月（　　）日前,将本地区上月发生的较大旅游突发事件报文化和旅游部备案,内容应当包括突发事件发生的时间、地点、原因及事件类型和伤亡人数等。

　　A. 1　　　　　　　　B. 5　　　　　　　　C. 30　　　　　　　　D. 15

4. （　　）应当承担旅游安全的主体责任,加强安全管理,建立、健全安全管理制度,关注安全风险预警和提示,妥善应对旅游突发事件。

　　A. 国家旅游行政管理部门　　　　　　　B. 旅游者

　　C. 旅游经营者　　　　　　　　　　　　D. 省市旅游行政管理部门

5. 旅游突发事件发生后,旅游经营者的现场人员应当立即向本单位负责人报告,单位负责人接到报告后,应当于（　　）小时内向发生地县级旅游主管部门、安全生产监督管理部门和负有安全生产监督管理职责的其他相关部门报告。

　　A. 24　　　　　　　　B. 72　　　　　　　　C. 12　　　　　　　　D. 1

6. （　　）负责发布境外旅游目的地国家（地区）,以及风险区域范围覆盖全国或者跨省级行政区域的风险提示。

　　A. 文化和旅游部　　　　　　　　　　　B. 地市级旅游局

　　C. 旅游经营者　　　　　　　　　　　　D. 省文化和旅游厅

7. （　　）风险提示应同时通报有关媒体。

　　A. 一级、二级　　　B. 三级、四级　　　C. 一级　　　　　　D. 二级

8. 旅游突发事件发生后,发生地县级以上旅游主管部门应当根据（　　）人民政府的要求和有关规定,启动旅游突发事件应急预案,并采取相应措施。

　　A. 下一级　　　　　　B. 上一级　　　　　C. 同级　　　　　　D. 最高级

9. 旅游突发事件处置结束后,发生地旅游主管部门应当及时查明突发事件的发生经过和原因,总结突发事件应急处置工作的经验教训,制定改进措施,并在（　　）日内按照相关程序提交总结报告。

　　A. 10　　　　　　　　B. 30　　　　　　　　C. 15　　　　　　　　D. 60

10. 旅行社不按要求制作安全信息卡,未将安全信息卡交由旅游者,或者未告知旅游者相关信息的,由旅游主管部门给予警告,可并处（　　）元以下罚款

　　A. 500　　　　　　　B. 1000　　　　　　C. 2000　　　　　　D. 1 万

二、多项选择题

1. 旅游突发事件的等级分为（　　）。

　　A. 特别重大　　　B. 一般　　　　　　C. 重大　　　　　D. 较大

2. 风险提示发布后,旅行社应当根据风险级别采取的措施有（　　）。

　　A. 四级风险的,加强对旅游者的提示

　　B. 三级风险的,采取必要的安全防范措施

　　C. 二级风险的,停止组团或者带团前往风险区域;已在风险区域的,调整或者中止行程

　　D. 一级风险的,停止组团或者带团前往风险区域,组织已在风险区域的旅游者

撤离

3. 根据可能对旅游者造成的危害程度、紧急程度和发展态势,风险提示级别分为一级(特别严重)、二级(严重)、三级(较重)和四级(一般),分别用(   )颜色标示。

A. 红色   B. 橙色   C. 黄色   D. 蓝色

4. 经营高风险旅游项目或者向(   )提供旅游服务的,应当根据需要采取相应的安全保护措施。

A. 老年人   B. 身体虚弱的人

C. 未成年人   D. 残疾人

5. 旅游突发事件是指突然发生,造成或者可能造成旅游者人身伤亡、财产损失,需要采取应急处置措施予以应对的(   )事件。

A. 自然灾害   B. 事故灾难

C. 公共卫生   D. 社会安全

三、 名词解释

1. 旅游突发事件
2. 旅游经营者

四、 简答题

1. 重大旅游突发事件是指哪些情形?
2. 下级旅游主管部门向上级旅游主管部门报告旅游突发事件,应当包括哪些内容?
3. 旅游目的地风险提示发布后,旅行社根据风险等级应采取哪些措施?

第 7 章

旅游保险法规制度

内容提要

　　本章首先介绍了旅游保险的概念与特点,列举了目前旅游保险的种类;其次通过对旅游保险合同概念与特征的描述,概括了旅游保险合同的主要形式与主要条款;最后介绍了《旅行社责任保险管理办法》的基本内容和旅游保险的理赔。

本章重点

　　(1) 旅游保险的概念与特征。
　　(2) 旅游保险合同的概念与特征。
　　(3) 旅游保险合同的主要形式与主要条款。
　　(4)《旅行社责任保险管理办法》。
　　(5) 旅游保险的理赔。

7.1　旅游保险概述

7.1.1　旅游保险的概念与特征

1. 旅游保险的概念

　　根据《中华人民共和国保险法》的规定,保险是指投保人根据合同约定,向保险人支付保险费,保险人对于合同约定的可能发生的事故因其发生所造成的财产损失承担赔偿保险金责任,或者当被保险人死亡、伤残、疾病或者达到合同约定的年龄、期限等条件时承担给付保险金责任的商业保险行为。

　　旅游保险是保险的一种,是指旅游者或旅游经营者根据旅游保险合同的约定,向保险人支付保险费,保险人根据旅游保险合同的约定,对在旅游活动过程中发生的旅游事故所造成的旅游者或旅游经营者财产损失承担赔偿保险金责任,或者当事故造成旅游者死亡、伤残、疾病时承担给付保险金责任的商业保险行为。

投保人是指与保险人订立保险合同,并按照合同约定负有支付保险费义务的人。在旅游保险中,投保人可以是旅游企业,也可以是旅游者个人或旅游团。如旅行社责任险中的投保人是旅行社,一般旅游意外保险的投保人则可以是旅游者个人。

保险人是指与投保人订立保险合同,并按照合同约定承担赔偿或者给付保险金责任的保险公司。旅游保险和其他保险一样,其保险人也是各个保险公司,而且法律规定,旅行社办理旅游意外保险,必须在我国境内的保险公司办理。

被保险人是指其财产或者人身受保险合同保障,享有保险金请求权的人。被保险人可以是投保人,也可以是其他人。旅游保险中的被保险人一般是旅游者,也可以是领队、导游甚至可以是旅行社。

投保人缴纳的一定费用,称为保险费。

2. 保险与旅游保险的特征

作为保险的一种,旅游保险既具有其他保险所具有的保证性、补偿性等一般特征,又具有不同于其他保险的短期性、财产保险与人身保险相结合、强制保险与自愿保险相结合等特殊性。

1) 保险的一般特征

(1) 保证性。所谓保证性,是指保险人对被保险人在旅游中的安全负责,包括对被保险人在旅游中的人身安全和财产安全负责。但是,应当明确,这种保证与保卫不同,保卫是采取一定的措施预防旅游者的人身或财产发生不安全的问题;保险则不是预防旅游者人身与财产受到自然灾害或意外事故的损害,而是向旅游者保证在其遭受自然灾害或意外事故时给予经济赔偿。

(2) 补偿性。所谓补偿性,是指被保险人所得的赔偿费,具有补助救济的性质,包含以下两方面意思。

一是被保险人财产或人身在旅游中完好无损,就不能取得这笔赔偿费。其财产或人身虽有损伤,但不是因自然灾害或意外事故造成的,同样不能得到赔偿。

二是这种补偿是有一定限度的,以保险金额确定。在保险金额范围内的损失,可以按损失的实际情况给予补偿。损失超过了保险金额范围的,其最高的补偿额只以保险金额为限度,超过部分保险人不承担赔偿责任。

2) 旅游保险的特征

(1) 短期性。任何保险都有一定的期限性,旅游保险也是一样。保险期限分为长期和短期两种。旅游保险的特点是短期性的。与其他保险相比,旅游保险的有效性是比较短暂的,其中有的是以旅行的旅程计算的。如乘坐汽车、火车、轮船或飞机旅行的,一般以购票上车(包括上船或登机)开始计算,到抵达目的地下车(包括下船或下机)为止。近距离的旅行少则几小时,远距离的旅行多则三五天。有的是以游览点或游览趟数计算的,如游览华山,就以检票上山开始计算,到游览完下山为止。又如,乘飞机空中环城游览,则以检票上机开始计算,到游览下机为止。总之,无论哪种形式的旅行或游览,保险的有效期都是比较短的。

(2) 财产保险与人身保险相结合。一般而言,投保人会根据本人的具体情况和需要选择投保财产保险或人身保险,但在旅游保险中,财产保险和人身保险是紧密联系在一起的,旅游投保人可以在一份合同中同时选择财产保险和人身保险。

(3) 强制保险与自愿保险相结合。旅游保险种类较多,分强制保险和自愿保险两种。比如,后面要讲的旅行社责任保险属于强制保险,旅游意外保险则属于自愿保险。

7.1.2　做好旅游保险工作的意义

旅游是一个风险比较集中的行业,随着其快速发展,游客人数规模不断扩大,旅游各环节中自然灾害、意外事故、法律责任等风险日益突出。风险如果得不到及时的预防、转移,不但游客的人身伤害和财产损失得不到补偿,而且会给旅行社带来沉重的经济负担,甚至会影响整个行业的声誉和社会的和谐稳定。

旅游保险是实现旅游安全发展的重要保障,也是保险业发展的重要领域。深入做好旅游保险工作,是保险监管部门和旅游行政管理部门的一项紧迫而艰巨的任务。

7.1.3　常见旅游保险介绍

自 2001 年 9 月 1 日起,国家旅游主管部门不再强制旅行社为游客购买旅游意外保险。为获得更为完善的保障,建议游客自行联系保险公司或通过旅行社与保险公司联系,按各自需要投保旅游保险。在此背景下,旅游保险的投保方式有两种:一种是游客自行联系保险公司投保;另一种是通过旅行社与保险公司联系,按自己需要投保。后者实际上就是旅行社代游客办理投保手续,而真正的投保人仍为游客。此外,这种保险与责任险的最大区别就是被保险人、受益人均为游客,一旦出险,游客的权益受到保障,但保险公司的赔偿并不能代替存在过失的旅行社的赔偿责任,旅行社的责任风险不能转嫁。

目前,游客投保较多的主要有旅游意外伤害保险、旅游人身意外伤害保险、旅游救助保险、旅游求援保险、住宿旅客人身保险等。

1. 旅游意外伤害保险

旅游意外伤害保险主要为游客在乘坐交通工具出行时提供风险防范服务,比较适合乘坐汽车、飞机、轮船等交通工具进行出游的游客,从检票进站或中途上车、上船起,至检票出站或中途下车、下船止,在保险有效期内因意外事故导致无法预计的后果时,保险公司除按规定支付医疗费外,还会向遭受意外的投保人家属支付全数、半数或部分保险金额。其保费是按照票价的 5% 计算的,每份保险的保险金额为人民币 2 万元,其中意外事故医疗金 1 万元。

例如,1951 年 4 月 24 日发布的《铁路旅客意外伤害强制保险条例》(1992 年修改)规定,凡持票搭乘国有或专用铁路火车之旅客,均应依照本条例之规定,向中国人民保险公司(以下简称保险公司)投保铁路旅客意外伤害保险,其手续由铁路局办理,不另签发保险凭证。保险有效期间,规定自旅客持票进站加剪后开始,至到达旅程终点缴销车票出站时为止,如需搭乘铁路局免费接送旅客之其他交通工具时,则搭乘该项交通工具期间也包括在内。旅客之保险费,包括于票价内,一律按基本票价 2% 收费。旅客之保险金额,不论座席等次、全票、半票、免票,一律规定为每人人民币 2 万元。

再如,1999年根据《中华人民共和国保险法》的有关规定,全国范围统一取消客运汽车票价中的保险收费,单独出售"乘客人身意外伤害"商业保险,乘客乘车时自愿选择另行购买。这意味着汽车旅客意外伤害保险由强制保险(国家统一强制规定予以保险)变成了自愿保险,由双方自愿通过合同确定的保险。所谓自愿,主要表现在参加或不参加保险由投保人决定,接受或不接受保险由保险人决定。其他涉及保险费标准、赔偿费标准等内容,都由法律直接规定,投保人与保险人不能协商加以改变。

国务院发布的自1989年5月1日起施行的《国内航空运输旅客身体损害赔偿暂行规定》第七条规定,旅客可以自行决定向保险公司投保航空运输人身意外伤害险,废止了1951年4月24日政务院财政经济委员会发布的《飞机旅客意外伤害强制保险条例》。航空旅客人身意外伤害保险每份保单的保险费为人民币20元,保险金额为人民币20万元。国内和国际航班的乘客均可购买,赔付标准一样。同一名乘客最多可买10份。

2. 旅游人身意外伤害保险

《旅游法》第六十一条规定:"旅行社应当提示参加团队旅游的旅游者按照规定投保人身意外伤害保险。"目前,多数保险公司都已开设这一险种,对在旅行游玩过程中发生的意外事故进行赔付。这种保险非常适合户外旅行者。参加一些探险游、生态游、惊险游或者极限运动时,旅客可以选择购买旅游人身意外伤害保险。该险种每份保险费为1元,保险金额1万元,一次最多投保10份。

✧ 案例再现——"高原反应"是否属于"意外事故"

某年10月,69岁的广东退休教师李某在去九寨沟旅游途中,因高原反应导致突发脑栓塞,经抢救无效死亡。一年后,他的妻儿与保险公司就"高原反应"是否属于"意外事故"产生了激烈争论,并要求索赔12万元。

李某之子介绍说,退休的父亲与母亲两人到成都游玩,参加了由成都某旅行社组织的到九寨沟、黄龙风景区的旅游。同时,向旅行社缴纳了旅游人身意外伤害保险费,在某保险公司购买了旅游人身意外伤害保险,李某为被保险人。谁也没想到,10月16日傍晚7点左右,在位于海拔3000余米的松潘县川主寺镇,因严重高原反应(高原缺氧)导致李某脑栓塞伴出血,同日转院至成都市第三人民医院抢救、治疗。一个月后,李某因医治无效去世。

李某之子说,父亲住院期间支出医疗费近13万元,去世后,他们多次与保险公司交涉理赔事宜,但都遭到拒绝。由于协商无果,次年3月,他委托四川弘泽律师事务所向青羊区法院提起诉讼,要求保险公司赔付保险金12万元。同时,要求旅行社承担连带责任。

购买了意外保险,为何却得不到经济赔偿?"因为高原反应不属于意外事件的范畴!"保险公司代理律师表示,保险公司对"意外事件"下的定义是:"外来的、突发的、非疾病性的、非本人意愿的事件。"旅游景点海拔很高,会有高原反应,参团之前游客自己应该有防范措施。因此,高原缺氧只是外界条件,是可以预知的,并非意外。

据了解,游客高原反应引发伤病是否属于意外已成为各家保险公司与投保人争执的焦点。据成都某财险公司资深人士蓝先生介绍,30%的游客进入高原都会产生高原反应,只是轻重程度不同,李某的案例比较罕见。在高原地区意外摔伤,各保险公司一般都给予赔付,但高原反应引起的疾病或死亡则一般不予理赔。

3. 旅游救助保险

及时救助是旅游救助保险的最大特色,它将传统保险的一般事后理赔向前延伸,变为事故发生时提供及时有效的救助。因此,非常适合长假期间和亲朋好友自驾游旅行。遇到车子抛锚或者交通事故,就可以尽快通知保险公司进行处理,不会耽误旅行日程和安排。

4. 旅游求援保险

旅游求援保险对于出国旅游十分合适。有了它的保障,旅游者一旦发生意外事故或者由于不谙当地习俗法规引起了法律纠纷,只要拨打电话,就会获得无偿救助。

5. 住宿旅客人身保险

住宿旅客人身保险这一险种适合在酒店或旅馆进行投宿的游客。旅客因遭意外事故、外来袭击或随身携带物品遭盗窃、抢劫等而丢失的,保险公司按不同标准支付保险金。

该险种每份保费为 1 元,一次可投多份。每份保险责任分 3 个方面：①住宿旅客保险金 5000 元；②住宿旅客见义勇为保险金 1 万元；③旅客随身物品遭意外损毁或盗抢而丢失的补偿金 200 元。在保险期内,旅客因遭意外事故、外来袭击、谋杀或为保护自身或他人生命财产安全而致死亡、残废或身体机能丧失,或随身携带物品遭盗窃、抢劫等而丢失的,保险公司按不同标准支付保险金。

7.2　旅游保险合同

7.2.1　旅游保险合同的概念及常见形式

1. 旅游保险合同的概念

保险合同是投保人与保险人约定保险权利和义务关系的协议。旅游保险合同是投保人与保险人约定在旅游活动中的保险权利和义务关系的协议,是指旅游保险关系双方当事人之间签订的一方缴纳保险费,另一方在保险标的遭受法律规定或者当事人约定的保险事故时承担经济补偿责任或者履行给付义务的一种协议。旅游保险合同是保险合同中的一种,是保险合同在旅游活动中的一种体现。

2. 旅游保险合同的常见形式

合同采用什么形式是由合同的内容决定的,一般有口头形式和书面形式两种。旅游保险合同都是非即时结清的合同,不适用口头形式,而采用书面形式。在我国,最常见的形式有以下两种。

1）保险单

保险单是由投保人与保险人共同签订的有关旅游保险事项的书面协议。这种形式的主要特点是协议双方当事人必须在同一张保险合同单上签名盖章,方可有效。

保险单上的条款包括3种内容:①保险单上印定的条款,即在原保险单上印成的基本条款;②附贴的条款,即在原保险单上用粘贴的方法附加的条款;③书写的条款,即在原保险单上用书写或打字的方法附加的条款。

这几种条款都有同样的效力。但是,当这些条款出现矛盾时,首先依据书写的附加条款;其次依据打字的附加条款;再次依据粘贴的附加条款;最后依据基本条款。

2) 保险凭证

保险凭证是一种简单化的保险单。目前,广泛用于旅游交通运输保险和其他旅游游览保险。如火车站出售的火车票、汽车客运站出售的汽车票、民航局出售的飞机票以及航运公司出售的轮船票等,既是旅客乘车、乘船、乘机的凭证,又是旅客参加旅行保险的凭证。采用这种保险形式比较简单,但必须以运输部门或旅游部门同保险部门签订的保险合同为基础,并经过保险部门认可,才有保险效力。

在旅游合同中,旅游保险合同当事人采用记名与不记名两种形式。一般而言,双方共同签署的合同和保险单形式的保险合同都采用记名的形式,记有保险公司的名称和投保人、被保险人和受益人的姓名。票证形式的保险合同,除飞机票需要记载旅客姓名外,其他票证都不记载被保险人的姓名,受益人依法律规定确定。在旅游保险合同中,记名的与不记名的合同具有同样的效力。

7.2.2　保险合同的主要条款

根据相关法律规定,保险合同,包括旅游保险合同应当包括下列事项。

(1) 保险人的名称和住所。

(2) 投保人、被保险人的姓名或者名称、住所,以及人身保险的受益人的姓名或者名称、住所。受益人是指人身保险合同中由被保险人或者投保人指定的享有保险金请求权的人。投保人、被保险人可以为受益人。如果投保人或者被保险人没有在保险合同中指明受益人,则为被保险人的法定继承人。

(3) 保险标的。保险标的就是保险合同的保险对象。比如,财产保险是以财产及其有关利益为保险标的的保险;人身保险是以人的寿命和身体为保险标的的保险。

(4) 保险责任和责任免除。保险责任是指保险人承担赔偿或者给付保险金责任的项目。保险合同约定的保险责任范围内的事故即为保险事故。保险责任免除又叫除外责任,是指根据法律规定或合同约定,保险人对某些风险造成的损失补偿不承担赔偿保险金责任,它明确了发生哪些风险事故造成的财产损失或人身伤亡与保险人的赔付责任无关。其主要包括法定的和约定的责任免除条件,如由于不可抗力造成的损失、被保险人的过错造成的损失以及保险条款事先申明的范围以外的损失,即使在保险有效期之内,保险公司也不予赔偿。

(5) 保险期间和保险责任开始时间。保险期间又称保险期限,是指保险合同中明确约定保险人承担赔偿责任的起止期限。保险期间内发生保险事故时,保险人须承担赔付责任。保险责任开始时间是指保险人开始承担保险责任的起点时间,通常以某年、某月、某日、某时表示。《中华人民共和国保险法》第十三条规定:"依法成立的保险合同,自成立时生效。投保人和保险人可以对合同的效力约定附条件或者附期限。"第十四条规定："保险合同成立后,投保人按照约定交付保险费,保险人按照约定的时间开始承担保险责任。"即保险责任开始的时间为合同成立时或由双方在保险合同中约定。在旅游保险合同中,保险人与投保人之间所签订合同的生效时间并不等于保险责任期限的开始。一般情况下,旅游保险以一个旅程为保险期,由于旅程有长有短,因此保险期也有长有短。对于特定旅游保险,则以自进入旅游点到走出旅游点为一个旅游保险期。比如,有关旅游交通运输保险合同的时间是从旅游者登上交通工具时开始,到抵达目的地离开交通工具时为止。又如,游乐场所的过山车的保险合同,保险人只对旅游者登上该游乐器具开始至离开该游乐器具结束这一段时间内出现的旅游保险事故承担责任。

(6)保险金额。保险金额是指保险人承担赔偿或者给付保险金责任的最高限额。

(7)保险费以及支付办法。保险费是投保人按照保险金额的一定比例向保险人缴纳的费用,这是投保人的义务之一。根据旅游保险合同的特点,旅游保险费一般都是一次缴清,而且费用较低。

(8)保险金赔偿或者给付办法。

(9)违约责任和争议处理。

(10)订立合同的年、月、日。

《中华人民共和国保险法》规定,投保人和保险人可以约定与保险有关的其他事项。采用保险人提供的格式条款订立的保险合同中的下列条款无效:①免除保险人依法应承担的义务或者加重投保人、被保险人责任的;②排除投保人、被保险人或者受益人依法享有的权利的。

投保人和保险人还可以协商变更合同内容。变更保险合同的,应当由保险人在保险单或者其他保险凭证上批注或者附贴批单,或者由投保人和保险人订立变更的书面协议。

7.2.3 旅游保险合同中双方当事人的权利与义务关系

1. 投保人的权利与义务

(1)投保人应该根据旅游保险合同约定的数额和期限缴纳保险费。如果投保人不缴纳保险费,保险人可终止保险合同,若延期缴纳保险费,保险人有权要求补缴,并加收延期部分的利息。

(2)发生旅游保险事故时,投保人有义务尽力保护、抢救保险标的,对于因此而支付的合理费用,有权要求保险人进行赔偿,否则,对于扩大的损失部分,保险人不承担赔偿责任。

(3)当旅游保险事故是由第三人的行为造成时,若旅游保险标的是旅游者的行李物品,投保人应当向第三人要求赔偿。如果没有约定,先予赔偿。但是,投保人必须将向第三人追偿的权利转让给保险人,并有义务协助保险人向第三人追偿;若旅游保险标的是旅游者的生命、健康,当投保人从保险人处取得保险金后,仍然有向第三人要求返还赔偿的权利。同时,保险人也不得因支付保险金而取得代位请求权。

2. 保险人的权利与义务

(1)除非法律、合同中事先另有规定或约定,否则保险人不得在保险期内擅自解除旅游保险合同。

(2)保险人有权按照法律的规定或合同的约定收取保险费,当发生旅游保险事故时,保险人有义务及时支付保险金,逾期偿付应承担违约责任。

7.3 旅行社责任保险

7.3.1 旅行社责任保险概述

为保障旅游者的合法权益,根据《中华人民共和国保险法》和《旅行社条例》,国家旅游局、中国保险监督管理委员会于 2010 年 11 月 25 日发布了《旅行社责任保险管理办法》,自 2011 年 2 月 1 日起施行。《旅行社责任保险管理办法》要求,在中华人民共和国境内依法设立的旅行社,应当依照《旅行社条例》和本办法的规定,投保旅行社责任保险。投保旅行社责任保险的旅行社和承保旅行社责任保险的保险公司,都应当遵守本办法。

所谓旅行社责任保险,是指以旅行社因其组织的旅游活动对旅游者和受其委派并为旅游者提供服务的导游或者领队人员依法应当承担的赔偿责任为保险标的的保险。

旅行社责任保险是旅行社为自己投保的险种,投保人、被保险人、受益人均为旅行社,一旦因旅行社责任造成游客、导游、领队遭受人身和财产损失,保险公司代表旅行社承担赔偿责任,既能对游客、导游、领队的人身伤害和财产损失进行赔偿,保障游客、导游、领队的权益,又能转嫁旅行社的责任风险。

7.3.2 承保范围

旅行社责任保险的保险责任应当包括旅行社在组织旅游活动中依法对旅游者的人身伤亡、财产损失承担的赔偿责任和依法对受旅行社委派并为旅游者提供服务的导游或者领队人员的人身伤亡承担的赔偿责任。旅行社责任保险的承保范围具体包括下列情形。

(1)因旅行社疏忽或过失应当承担赔偿责任的。

(2)因发生意外事故旅行社应当承担赔偿责任的。

(3)文化和旅游部会同中国银行保险监督管理委员会规定的其他情形。

旅行社在组织旅游活动中发生上述情形的,保险公司依法根据保险合同约定,在旅行社责任保险责任限额内予以赔偿。

7.3.3 保险期限和保险金额

旅行社责任保险的保险期间为 1 年。旅行社应当在保险合同期满前及时续保。责任限额可以根据旅行社业务经营范围、经营规模、风险管控能力、当地经济社会发展水平和旅行社自身需要,由旅行社与保险公司协商确定,但每人人身伤亡责任限额不得低于 20 万元人民币。

7.3.4 投保

旅行社投保旅行社责任保险的,应当与保险公司依法订立书面的旅行社责任保险合同(以下简称保险合同)。订立保险合同时,双方应当依照《中华人民共和国保险法》的有关规定履行告知和说明义务。

旅行社投保旅行社责任保险,可以依法自主投保,也可以有组织地统一投保。

1. 旅行社的义务

旅行社作为投保旅行社责任保险的当事人,即投保人,应当履行的义务如下。

(1) 保险合同成立后,按照约定交付保险费。

(2) 保险合同成立后,旅行社要解除保险合同的,应当同时订立新的保险合同,并书面通知所在地县级以上旅游行政管理部门,但因旅行社业务经营许可证被依法吊销或注销而解除合同的除外。

(3) 旅行社的名称、法定代表人或者业务经营范围等重要事项变更时,应当及时通知保险公司,必要时应当依法办理保险合同变更手续。

2. 保险公司的义务

保险公司作为保险人,应当履行的义务如下。

(1) 订立保险合同时,不得强迫旅行社投保其他商业保险。

(2) 及时向按照约定交付了保险费的旅行社签发保险单或者其他保险凭证,并在保险单或者其他保险凭证中载明当事人双方约定的合同内容,同时按照约定的时间开始承担保险责任。

(3) 保险合同成立后,除符合《中华人民共和国保险法》规定的情形外,保险公司不得解除保险合同。

(4) 保险合同解除的,保险公司应当收回保险单,并书面通知旅行社所在地县级以上旅游主管部门。

7.3.5　索赔

1. 旅行社的责任与行为

(1) 通知保险事故。在发生保险事故时,请求赔偿人即旅行社或者受害的旅游者、导游及领队人员应及时通知保险公司。

(2) 提供证明和资料。保险事故发生后,旅行社按照保险合同请求保险公司赔偿保险金时,应当向保险公司提供其所能提供的与确认保险事故的性质、原因、损失程度等有关的证明和资料。

(3) 依法解决争议。对赔偿有争议的,可以按照双方的约定申请仲裁,或者依法向人民法院提起诉讼。

2. 保险公司的责任与行为

(1) 及时告知。接到请求赔偿人的保险事故通知后,保险公司应当及时告知具体的赔偿程序等有关事项。

保险公司按照保险合同约定,认为有关证明和资料不完整的,应当及时一次性通知旅行社补充提供。

(2) 直接赔偿。旅行社对旅游者、导游或者领队人员应负的赔偿责任确定的,根据旅行社的请求,保险公司应当直接向受害的旅游者、导游或者领队人员赔偿保险金。旅行社怠于请求的,受害的旅游者、导游或者领队人员有权就其应获赔偿部分直接向保险公司请求赔偿保险金。

(3) 履行赔偿义务。保险公司收到赔偿保险金的请求和相关证明、资料后,应当及时作出核定;情形复杂的,应当在30日内作出核定,但合同另有约定的除外。保险公司应当将核定结果通知旅行社以及受害的旅游者、导游、领队人员;对属于保险责任的,在与旅行社达成赔偿保险金的协议后10日内,履行赔偿保险金义务。

(4) 先行支付。因抢救受伤人员需要保险公司先行赔偿保险金用于支付抢救费用的,保险公司在接到旅行社或者受害的旅游者、导游、领队人员通知后,经核对属于保险责任的,可以在责任限额内先向医疗机构支付必要的费用。

(5) 代位请求赔偿权。因第三者损害而造成保险事故的,保险公司自直接赔偿保险金或者先行支付抢救费用之日起,在赔偿、支付金额范围内代位行使对第三者请求赔偿的权利。旅行社以及受害的旅游者、导游或者领队人员应当向保险公司提供必要的文件和所知道的有关情况。

(6) 对赔偿有争议的,可以按照双方的约定申请仲裁,或者依法向人民法院提起诉讼。

(7) 保险公司的工作人员对当事人的个人隐私应当保密。

7.3.6　监督检查

县级以上旅游行政管理部门依法对旅行社投保旅行社责任保险情况实施监督检查。

中国银行保险监督管理委员会(以下简称中国银保监会)及其派出机构依法对保险公司开展旅行社责任保险业务实施监督管理。

7.3.7　罚则

(1) 违反《旅行社责任保险管理办法》第十二条、第十六条、第十八条的规定,旅行社解除保险合同但未同时订立新的保险合同,保险合同期满前未及时续保,或者人身伤亡责任限额低于20万元人民币的,由县级以上旅游行政管理部门依照《旅行社条例》第四十九条的规定责令改正;拒不改正的,吊销旅行社业务经营许可证。

(2) 保险公司经营旅行社责任保险,违反有关保险条款和保险费率管理规定的,由中国银保监会或者其派出机构依照《中华人民共和国保险法》和中国银保监会的有关规定予以处罚。

(3) 保险公司拒绝或者妨碍依法检查监督的,由中国银保监会或者其派出机构依照《中华人民共和国保险法》的有关规定予以处罚。

> **补充阅读——旅游意外保险和旅行社责任保险**
>
> 旅游意外保险和旅行社责任保险是两个完全不同的险种。

（1）投保人不同。旅游意外险的投保人是旅游者，主要承保旅行期间游客本人发生的意外事故，旅行社只是代收代缴保险费，相当于代理人。在旅游合同中旅行社可以直接将保险费列出，让游客支付。而旅行社责任保险的投保人是旅行社，也就是旅行社为自己投保，投保人、被保险人、受益人均为旅行社，一旦因旅行社责任造成游客遭受人身和财产损失，保险公司代表旅行社承担赔偿责任，既能保障游客权益，又使旅行社的责任风险得以转嫁。

（2）被保险人不同。保险事故发生后，旅游者享有"意外险"的保险金请求权，即保险公司直接赔付给旅游者本人；旅行社享有"责任险"的保险金请求权，保险公司就约定金额向旅行社支付保险金，但旅行社仍要履行对旅游者的赔偿责任。

（3）投保范围不同。旅游意外保险的赔偿范围包括旅游者在旅游期间发生意外事故而引起的下列赔偿：人身伤亡、急性病死亡引起的赔偿；受伤和急性病治疗支出的医药费；死亡处理或遗体遣返所需的费用；旅游者所携带的行李物品丢失、损坏或被盗所需的赔偿；第三者责任引起的赔偿。旅行社责任保险的范围包括文中讲过的几项。

为保障旅游者和旅行社的合法权益，促进旅游业的健康发展，旅行社从事旅游业务经营活动，必须投保旅行社责任保险。同时，旅行社在与旅游者订立旅游合同时，应当推荐旅游者购买相关的旅游者个人（意外）保险。旅游者参加旅行社组织的团队旅游时，可以根据实际需要，从有保险代理人资格的旅行社或直接从保险公司自愿购买旅游者个人（意外）保险。

7.4　旅游保险的理赔

7.4.1　旅游保险中理赔的概念

保险理赔是指在保险标的发生保险事故而使被保险人财产受到损失或人身生命受到损害时，或保单约定的其他保险事故出现而需要给付保险金时，保险公司根据合同规定，履行赔偿或给付责任的行为。旅游保险中的理赔是指当旅游者在旅游过程中发生了旅游保险范围内的旅游事故后，经享有请求赔偿权的人在有效期限内索赔，由保险人进行调查核实和做出是否赔偿决定的活动。

1. 与理赔相关的概念

（1）理赔申请人。凡是旅游保险合同或保险单规定的受益人，均为合法的理赔申请人。保险合同或保险单没有规定受益人的，或以票证形式参加旅游保险的，受难者的直系亲属或法定继承人为合法的理赔申请人。

（2）申请理赔的期限。如果发生损失，被保险人、投保人或受益人应立即通知保险人或理赔代理人进行检验。在一般情况下，没有检验报告不能索赔。申请理赔的期限，一般从发生事故之日起算，不超过 1 年，也有些省、市规定为 6 个月。凡是超过期限没有申请的，以弃权论处，保险人不再受理。

2. 索赔的注意事项

享有请求赔偿权的人(理赔申请人)在索赔时应注意以下问题。

(1) 将旅游保险事故发生的情况尽快通知保险人,并在法定或约定的理赔时效内提出索赔请求。所谓申请理赔的时效,是指在旅游保险合同中约定的享有请求赔偿权的人向保险人追索赔偿保险金的时间期限。理赔申请人必须在法律规定或合同约定的时效内提出理赔请求,逾期提出申请的,视为自动放弃权益。换句话说,理赔申请人只有在法定或约定的期限内提出给付或赔偿保险金申请书,保险人才予以赔偿。否则,保险人不承担赔偿责任。保险事故发生后,投保人、保险人或受益人首先要立即止险报案,然后提出索赔请求。

(2) 理赔申请人在索赔时除必须填报理赔申请单外,还必须提供法定或约定的有关证件。这是保险人受理理赔、给予赔款的主要依据。

索赔时应提供的单证主要包括保险单或保险凭证的正本、已缴纳保险费的凭证、有关能证明保险标的或当事人身份的原始文本、索赔清单、出险检验证明、其他根据保险合同规定应当提供的文件。

其中,出险检验证明经常涉及的有:①因发生火灾而索赔的,应提供公安消防部门出具的证明文件。②因发生暴风、暴雨、雷击、雪灾、雹灾而索赔的,应由气象部门出具证明。③因发生爆炸事故而索赔的,一般应由劳动部门出具证明文件。④因发生盗窃案件而索赔的,应由公安机关出具证明。⑤因陆路交通事故而索赔的,应当由陆路公安交通管理部门出具证明材料,证明陆路交通事故发生的地点、时间及其损害后果。如果涉及第三者伤亡的,还要提供医药费发票、伤残证明和补贴费用收据等。如果涉及第三者的财产损失或本车所载货物损失的,则应当提供财产损失清单、发票及支出其他费用的发票或单据等。⑥因被保险人的人身伤残、死亡而索赔的,应由医院出具死亡证明或伤残证明。若死亡的,还须提供户籍所在地派出所出具的销户证明。如果被保险人依保险合同要求保险人给付医疗、医药费用时,还须向保险人提供有关部门的事故证明、医院的治疗诊断证明及医疗、医药费用原始凭证。

(3) 协助保险人做必要的审核工作。

7.4.2 旅游保险中理赔的调查和处理

保险人在接到理赔申请书以后,应根据保险合同的约定及时审查。同时,应派人到事故现场实地调查或者邀请专家对事故进行分析。对属于保险责任范围内的旅游事故,保险人与理赔申请人协商解决赔偿金额后,应立即偿付。否则,应承担违约责任。

保险人在确认具体的赔偿数额时,应以保险标的的实际损失为限。即在旅游人身保险合同中,保险数额的确定应以发生旅游保险事故造成被保险人行李物品的灭失或者当天的实际价值为限,超过部分保险人不承担保险赔偿责任。

对于理赔申请人为抢救保险标的或者为减少损失,而进行救护所支付费用的赔偿数额,应以保险金额为限。即在保险金额以内支付费用的赔偿数额,应花多少就赔多少,当其超过保险金额时,保险人只赔偿相当于保险金额的数额,超过部分保险人不负责赔偿。

7.4.3　旅游保险理赔中的仲裁和诉讼

在旅游保险事故发生以后,理赔申请人必须先向保险人申请,要求做出理赔处理。如果对处理结果没有异议,可以在接到通知后从保险人处领取保险赔偿金;若对处理结果有异议,双方可以协商解决,协商不成时,理赔申请人可以在法定的期限内向仲裁机关申请仲裁,也可以直接向人民法院起诉。

小结

1. 旅游保险是保险的一种,是指旅游者或旅游经营者根据旅游保险合同的约定,向保险人支付保险费,保险人根据旅游保险合同的约定,对在旅游活动过程中发生的旅游事故所造成的旅游者或旅游经营者财产损失承担赔偿保险金责任,或者当事故造成旅游者死亡、伤残、疾病时承担给付保险金责任的商业保险行为。旅游保险既具有其他保险所具有的保证性、补偿性等一般特征,又具有不同于其他保险的短期性、财产保险与人身保险相结合、强制保险与自愿保险相结合等特殊性。

2. 目前旅游实践中常见的旅游保险主要有旅游意外伤害保险、旅游人身意外伤害保险、旅游救助保险、旅游求援保险、住宿旅客人身保险。

3. 旅游保险合同是指旅游保险关系双方当事人之间签订的一方缴纳保险费,另一方在保险标的遭受法律规定或者当事人约定的保险事故时,承担经济补偿责任或者履行给付义务的一种协议。

4. 旅游保险合同的常见形式有保险单和保险凭证。

5. 旅游保险合同的主要条款有保险标的、保险费和保险金额、保险期限、旅游保险责任范围和除外责任范围。

6. 为保障旅游者的合法权益,根据《中华人民共和国保险法》和《旅行社条例》,国家旅游局、中国保险监督管理委员会于 2010 年 11 月 25 日发布了《旅行社责任保险管理办法》,自 2011 年 2 月 1 日起施行。《旅行社责任保险管理办法》要求,在中华人民共和国境内依法设立的旅行社,应当依照《旅行社条例》和本办法的规定,投保旅行社责任保险。投保旅行社责任保险的旅行社和承保旅行社责任保险的保险公司都应当遵守本办法。

7. 旅行社责任保险是指以旅行社因其组织的旅游活动对旅游者和受其委派并为旅游者提供服务的导游或者领队人员依法应当承担的赔偿责任为保险标的的保险。

8. 旅游保险中的理赔是指旅游者在旅游过程中发生了旅游保险范围内的旅游事故后,经享有请求赔偿权的人在有效期限内索赔,由保险人进行调查核实和做出是否赔偿决定的活动。

思考与练习

一、单项选择题

1. 旅客在购买火车票时已经投了旅游意外伤害保险,其保费按照票价的(　　)

计算。

　　A. 2％　　　　　　　B. 5％　　　　　　　C. 7％　　　　　　　D. 10％

　　2. 旅客在购买火车票时已经投了旅游意外伤害保险,每份保单的保险金额为人民币(　　)万元。

　　A. 1　　　　　　　　B. 2　　　　　　　　C. 5　　　　　　　　D. 10

　　3. 航空旅客人身意外伤害保险每份保单的保险费为人民币(　　)元,保险金额为人民币(　　)万元,国内和国际航班的乘客均可购买,赔付标准相同。同一名乘客最多可买(　　)份。

　　A. 10　20　10　　B. 20　20　10　　C. 20　40　10　　D. 40　40　10

　　4. 保险标的是(　　)。

　　A. 保险合同的保险对象　　　　　　　B. 获得保险费

　　C. 获得保险金　　　　　　　　　　　D. 获得理赔

　　5.《旅行社责任保险管理办法》的实施起始日期是(　　)。

　　A. 2001 年 9 月 1 日　　　　　　　B. 2010 年 12 月 13 日

　　C. 2012 年 2 月 1 日　　　　　　　D. 2012 年 1 月 1 日

　　6. 旅行社责任保险的保险期限为(　　)年。

　　A. 1　　　　　　　　B. 2　　　　　　　　C. 3　　　　　　　　D. 4

　　7. 责任限额可以根据旅行社业务经营范围、经营规模、风险管控能力、当地经济社会发展水平和旅行社自身需要,由旅行社与保险公司协商确定,但每人人身伤亡责任限额不得低于(　　)万元人民币。

　　A. 20　　　　　　　B. 10　　　　　　　C. 50　　　　　　　D. 100

　　8. 在发生保险事故时,旅行社或者受害的旅游者、导游及领队人员应及时通知(　　)。

　　A. 旅游公司　　　　B. 家人　　　　　　C. 领导　　　　　　D. 保险公司

　　9. 保险公司收到赔偿保险金的请求和相关证明、资料后,应当及时做出核定;情形复杂的,应当在(　　)日内做出核定,但合同另有规定的除外。

　　A. 10　　　　　　　B. 30　　　　　　　C. 60　　　　　　　D. 100

　　10. 保险公司应当及时将核定结果通知旅行社及其受害人;对属于保险责任的,在与旅行社达成赔偿保证金的协议后(　　)日内,履行赔偿保险金义务。

　　A. 10　　　　　　　B. 30　　　　　　　C. 60　　　　　　　D. 100

二、多项选择题

　　1. 旅游保险具有(　　)的特征。

　　A. 保证性　　　　　B. 时效性　　　　　C. 补偿性　　　　　D. 短期性

　　2. 旅游保险合同的常见形式有(　　)。

　　A. 保险单　　　　　B. 保险标的　　　　C. 保险凭证　　　　D. 保险金额

　　3. 在保险期限内发生保险责任范围内的事故时,旅行社应及时取得事故发生地(　　)等单位的有效凭证,向承保保险公司办理理赔事宜。

A. 公安　　　　　　　　　　　　B. 医疗

C. 承保保险公司或其分支公司　　　　D. 旅游行政管理部门

4.根据《旅行社责任保险管理办法》的规定,旅行社责任保险的保险责任具体包括(　　)。

A. 因旅行社疏忽或过失,应当承担赔偿责任的

B. 因发生意外事故,旅行社应当承担赔偿责任的

C. 因旅游者本人发生不可抗力因素的

D. 文化和旅游部会同中国银保监会规定的其他情形

5.以下可以为受益人的有(　　)。

A. 投保人　　　　　B. 被保险人　　　　　C. 保险人　　　　　D. 理赔申请人

三、名词解释

1.旅游保险

2.旅游保险合同

3.旅行社责任保险

4.旅游保险理赔

四、简答题

1.简述旅游保险的特征。

2.简述旅游实践中常见的几种旅游保险。

3.简述旅游保险合同的常见形式。

4.简述旅游保险合同的主要条款。

5.简述在旅行社责任保险投保及索赔过程中,旅行社的义务、责任与行为。

五、案例分析

范娟报名参加赴香港旅游,并向某保险公司购买了意外保险,保额 30 万元。途中,范娟发生意外死亡。保险公司受理此案后发现,到旅行社办理手续的是其妹妹范萍,范娟是冒用了妹妹的名字去旅游的,真正的被保险人范萍至今安然无恙。保险公司据此做出不予给付意外死亡保险金的决定。

范娟的丈夫辩称,由于范娟本人的身份证不慎丢失,在征得旅行社的同意后,才用妹妹的身份证办理了登记手续,并且在办理通行证时使用的是范娟本人的照片,不存在欺诈。在屡次协商未果后,范娟的丈夫将保险公司告上法庭。

法院查明,虽然在保险证及其他出境旅游手续上的名字是范萍,但所贴照片均系姐姐范娟。

请问:该保险公司该不该支付意外死亡保险金?

第8章

旅游投诉管理法规制度

内容提要

本章对旅游投诉的概念和特点、管辖、受理、处理等做了比较系统和完整的讲解。

本章重点

(1) 旅游投诉的概念。

(2) 旅游投诉的受理条件与管理机构。

(3) 级别管辖与地域管辖。

(4) 旅游投诉当事人的权利与义务。

(5) 旅游投诉的受理程序与处理程序。

为维护旅游者和旅游经营者的合法权益,依法公正处理旅游投诉,2010年1月4日,国家旅游局第一次局长办公会议审议通过了《旅游投诉处理办法》。该办法自2010年7月1日起施行,《旅行社质量保证金暂行规定》《旅行社质量保证金暂行规定实施细则》《旅行社质量保证金赔偿暂行办法》同时废止。2013年,《旅游法》将旅游投诉制度法律化。《旅游法》《旅游投诉处理办法》均为通过投诉解决旅游纠纷这一途径提供了法律保障。

8.1 旅游投诉概述

根据《旅游投诉处理办法》第二条的规定,旅游投诉是指旅游者认为旅游经营者损害其合法权益,请求旅游行政管理部门、旅游质量监督管理机构或者旅游执法机构(以下统称旅游投诉处理机构),对双方发生的民事争议进行处理的行为。

8.1.1 旅游投诉的主体

旅游投诉的主体即投诉人,是认为自身合法权益被损害的旅游者。这里的旅游者,不仅包括国内旅游者,还包括境外来的游客。

8.1.2　旅游投诉的重要条件

旅游投诉的重要条件是投诉人的合法权益受到损害。旅游者的合法权益受到损害是旅游投诉的重要条件,也是旅游投诉的重要特征。

如果被投诉人没有给投诉人造成任何损害,那么,这种投诉则因不具备投诉的客观条件而不能成立;如果被投诉人损害的不是投诉人的合法权益,而是非法权益,则这种投诉也不受保护。

因此,只有当被投诉人损害了投诉人的合法权益时,这种投诉才应该受理,才能称为旅游投诉。也就是说,旅游投诉的目的是旅游者维护自身的合法权益。这里所讲的损害,既包括财产上的损害,也包括人身上的损害。财产上的损害既包括直接造成投诉人现有财产的损坏、灭失或减少,也包括妨碍投诉人现有财产的增加;人身上的损害既包括侵害投诉人的生命健康权、姓名权、名誉权、肖像权等人身权利,也包括不尊重投诉人的人格尊严、服务态度恶劣,造成投诉人精神上的痛苦。

8.1.3　旅游投诉的对象

旅游投诉的对象即被投诉人,是指主观上有过错的旅游经营者。

在旅游活动中,旅游者的合法权益受到损害,往往是由多种原因造成的,有些损害是由于旅游经营者的过错造成的,有些损害则是由旅游者自身的过错造成的,还有些损害是由于不可抗力的原因造成的。对于前一种情况,可以投诉;对于后两种情况,则不应投诉。因为只有被投诉人主观上有过错,投诉人才能提出投诉。过错有故意和过失之分,故意是指行为人主观上明知危害结果的发生,故意追求或放任之;过失是指行为人应当知道危害结果,因疏忽大意或过于自信而使其发生。无论由于故意或者过失造成损害后果,被损害人都可以对这种行为提出投诉。

8.1.4　旅游投诉的性质

旅游投诉涉及的行为是发生在旅游活动之中的,或者是与旅游活动有密切联系的。这是旅游投诉的本质规定之一。

在社会生活中,人们的合法权益一旦受到损害,就可以向有关部门投诉,以保护自己的合法权益,但这些投诉并非都是旅游投诉。如普通消费者在购买消费品时合法权益受到侵害后向消费者协会进行的投诉,这种投诉与旅游活动没有任何关系,因而不是旅游投诉。只有当投诉涉及的行为发生在旅游活动中,或者是与旅游活动有密切联系的,才称为旅游投诉。这是旅游投诉与其他各种投诉的重要区别。

8.1.5　旅游投诉的受理机关

《旅游法》第九十一条规定:"县级以上人民政府应当指定或者设立统一的旅游投诉受理机构。受理机构接到投诉,应当及时进行处理或者移交有关部门处理,并告知投诉者。"《旅游投诉处理办法》第二条规定,旅游投诉处理机构有旅游行政管理部门、旅游质量管理机构和旅游执法机构。

不同的投诉案件,其受理机关是不同的,既然旅游投诉涉及的行为是发生在旅游活动中或是与旅游活动有密切联系,那么旅游投诉的受理机关只能是旅游投诉处理机构,其他行政部门无权受理旅游投诉或对旅游投诉做出处理。

旅游投诉处理机构应当在其职责范围内处理旅游投诉。地方各级旅游行政主管部门应当在本级人民政府的领导下,建立、健全相关行政管理部门共同处理旅游投诉的工作机制。

旅游投诉处理机构在处理旅游投诉中,发现被投诉人或者其从业人员有违法或犯罪行为的,应当按照法律、法规和规章的规定,做出行政处罚,向有关行政管理部门提出行政处罚建议或者移送司法机关。

8.2   旅游投诉管辖

8.2.1   旅游投诉管辖的概念

旅游投诉管辖是指各级旅游投诉管理机关和同级旅游投诉管理机关之间受理旅游投诉案件的分工和权限。旅游纠纷一旦产生,对于旅游纠纷的当事人而言,首先面临着到什么地方去投诉、由哪个具体的旅游投诉管理机关处理的问题;对于旅游投诉管理机关而言,也面临着哪个机关有权对其处罚的问题。这些问题不仅关系行政机关能否尽职尽责行使权力,既不互相推诿,又不彼此相争,还关系国家是否及时、有效、准确地追究违法行为的法律责任,也关系旅游投诉者的权益能否真正实现。因此,旅游投诉的管辖在整个投诉制度中占有重要位置。

旅游投诉管辖主要分为级别管辖、地域管辖、指定管辖和移送管辖。

8.2.2   旅游投诉管辖的划分

1. 级别管辖

级别管辖是上下级旅游投诉处理机构对受理投诉案件的权限划分。《旅游投诉处理办法》规定,旅游投诉由旅游合同签订地或者被投诉人所在地县级以上地方旅游投诉处理机构管辖。上级旅游投诉处理机构有权处理下级旅游投诉处理机构管辖的投诉案件。

2. 地域管辖

地域管辖是指某一投诉应归何地(均为同一级别)旅游投诉处理机构的权限划分。

《旅游投诉处理办法》确定了3个标准,即旅游合同签订地、被投诉人所在地(被投诉者是公民的,其所在地是其长久居住的场所;若是法人,则以其主要办事机构所在地为住所)、损害行为发生地(指导致投诉人人身、财产权利或其他权利受到损害的被投诉人的过错行为发生地)。

《旅游投诉处理办法》规定,旅游投诉由旅游合同签订地或者被投诉人所在地县级以上地方旅游投诉处理机构管辖,但需要立即制止、纠正被投诉人的损害行为的,应当由损害行为发生地旅游投诉处理机构管辖。

旅游合同签订地或者被投诉人所在地,没有先后次序之分,完全由投诉者自愿选择,即只要投诉者自愿,旅游合同签订地或者被投诉人所在地的旅游投诉处理机构,都有权管辖该旅游投诉案件。

3. 指定管辖

为解决两个甚至更多管辖权发生冲突的问题,《旅游投诉处理办法》规定,发生管辖争议的,旅游投诉处理机构可以协商确定,或者报请共同的上级旅游投诉处理机构指定管辖。

4. 移送管辖

移送管辖是指旅游投诉处理机构受理投诉后,发现本旅游投诉处理机构无权管辖该投诉案件,依据规定将其移送至有管辖权的旅游投诉处理机构审理。受移送的投诉机关认为受移送的案件依照规定不属其管辖的,应当报请上级旅游投诉处理机构指定管辖,不得再移送。

8.3 旅游投诉受理

旅游投诉受理是指投诉人向有管辖权的旅游投诉管理机关提出投诉,旅游投诉处理机构经审查认定为符合立案条件,予以立案的行政行为。

8.3.1 可投诉事项

《旅游投诉处理办法》规定,投诉人可以就下列事项向旅游投诉处理机构投诉。
(1) 认为旅游经营者违反合同约定的。
(2) 因旅游经营者的责任致使投诉人人身、财产受到损害的。
(3) 因不可抗力、意外事故致使旅游合同不能履行或者不能完全履行,投诉人与被投诉人发生争议的。
(4) 其他损害旅游者合法权益的。

8.3.2 不受理情形

《旅游投诉处理办法》规定,下列情形不予受理。
(1) 人民法院、仲裁机构、其他行政管理部门或者社会调解机构已经受理或者处理的。
(2) 旅游投诉处理机构已经做出处理,且没有新情况、新理由的。
(3) 不属于旅游投诉处理机构职责范围或者管辖范围的。属于这一情形的,旅游投诉处理机构应当及时告知投诉人向有管辖权的旅游投诉处理机构或者有关行政管理部门投诉。
(4) 超过旅游合同结束之日 90 天的。这说明,投诉人向旅游投诉管理机关请求保护合法权益的投诉时效期为 90 天(自旅游合同结束之日起开始计算),比《旅游投诉暂行规定》整整延长了30天,这更有利于保护游客的合法权益。有时候,一些游客由于工作繁忙,错过了维权的时效期。尤其是一些旅游商品,游客买回去,可能会过一段时间才使用,也可能在使用一段时间后才发现商品存在质量缺陷。因此,延长投诉时效期能更有效地维护游客的利益。

(5)不符合本办法规定的旅游投诉受理条件的(见8.3.3小节)。

(6)本办法规定情形之外的其他经济纠纷。

8.3.3　旅游投诉受理的条件

《旅游投诉处理办法》规定,旅游行政管理机关受理旅游投诉案件必须同时具备下列两个条件。

1. 投诉人与投诉事项有直接利害关系

直接利害关系是指投诉人必须是案件的当事人,或者案件处理的结果对其有直接的影响并承担由此产生的后果的当事人。

旅游投诉通常情况下表现为投诉人在财产上或人身上受到损害,向旅游投诉处理机构提出投诉。如果投诉人与本案没有直接利害关系,则不具备投诉的条件,旅游投诉处理机构对其投诉不予受理。

2. 有明确的被投诉人、具体的投诉请求、事实根据

旅游投诉必须有明确的投诉对象,即指明被投诉人。对投诉人而言,权益已经受到了损害,其旅游投诉行为是一种维护权益的行为。这种维权行为主要表现为恢复投诉者的权益或者权益被侵害后补偿,不论是恢复被侵害了的权益还是权益被侵害后的补偿,通常都需要致害人实施一定的行为,即致害人通过积极的行为才能实现。因此,没有明确的被投诉人,投诉人的权益就难以实现,其投诉也就毫无意义。

投诉请求是投诉者向旅游投诉处理机构提出的、要求被投诉人履行有关义务的请求,这是旅游投诉处理机构处理投诉案件的重要条件,在一定程度上可以反映出投诉人受损害的内容、范围和程度,没有投诉请求则会使得旅游投诉处理机构难以做出处理。同时,投诉者提出的投诉请求必须具体、明确,不得模糊、宽泛。

事实根据是旅游投诉处理机构处理案件的客观依据,也是正确解决纠纷的基础。在解决旅游投诉案件中,要求投诉人提供的情况必须真实、可靠,不得编造事实,旅游投诉处理机构要深入实际调查研究,查明事实真相,做出正确的处理。

8.3.4　旅游投诉的形式

1. 一般情况下采用书面形式

《旅游投诉处理办法》规定,旅游投诉一般应当采取书面形式,一式两份,并载明下列事项。

(1)投诉人的姓名、性别、国籍、通信地址、邮政编码、联系电话及投诉日期。

（2）被投诉人的名称、所在地。

（3）投诉的要求、理由及相关的事实根据。

2. 简单事项可以口头投诉

《旅游投诉处理办法》还规定，投诉事项比较简单的，投诉人可以口头投诉，由旅游投诉处理机构进行记录或者登记，并告知被投诉人；对于不符合受理条件的投诉，旅游投诉处理机构可以口头告知投诉人不予受理及其理由，并进行记录或者登记。

3. 委托投诉需提交授权委托书

投诉人委托代理人进行投诉活动的，应当向旅游投诉处理机构提交授权委托书，并载明委托权限。

4. 共同投诉可推选代表人

投诉人 4 人以上，以同一事由投诉同一被投诉人的，为共同投诉。共同投诉可以由投诉人推选 1～3 名代表进行投诉。代表人参加旅游投诉处理机构处理投诉过程的行为，对全体投诉人发生效力，但代表人变更、放弃投诉请求或者进行和解，应当经全体投诉人同意。

8.3.5　旅游投诉受理的程序

旅游投诉受理的程序是指旅游投诉处理机构接受投诉者的投诉，依法立案审查所依据的程式和顺序。其主要包括投诉人递交符合投诉规定的投诉状；受理与否决定的做出。

《旅游投诉处理办法》规定，旅游投诉处理机构接到投诉，应当在 5 个工作日内做出以下处理。

（1）投诉符合本办法的，予以受理。

（2）投诉不符合本办法的，应当向投诉人送达《旅游投诉不予受理通知书》，告知不予受理的理由。

（3）依照有关法律、法规和本办法规定，本机构无管辖权的，应当出具《旅游投诉转办通知书》或者《旅游投诉转办函》，将投诉材料转交有管辖权的旅游投诉处理机构或者其他有关行政管理部门，并书面告知投诉人。

8.4　旅游投诉处理

旅游投诉处理是指旅游投诉处理机构受理案件后，调查核实案情，促进纠纷解决和做出处理决定的行政行为。

8.4.1　旅游投诉处理原则

《旅游投诉处理办法》规定，旅游投诉处理机构处理旅游投诉，除本办法另有规定外，实行调解制度。旅游投诉处理机构应当在查明事实的基础上，遵循自愿、合法的原则进行调解,促使投诉人与被投诉人相互谅解,达成协议。

8.4.2　旅游投诉处理程序

1. 旅游投诉处理机构立案

旅游投诉处理机构处理旅游投诉,应当立案办理,填写《旅游投诉立案表》,并附有关投诉材料,在受理投诉之日起 5 个工作日内,将《旅游投诉受理通知书》和投诉书副本送达被投诉人。

对于事实清楚、应当即时制止或者纠正被投诉人损害行为的,可以不填写《旅游投诉立案表》和向被投诉人送达《旅游投诉受理通知书》,但应当对处理情况进行记录存档。

2. 被投诉人书面答复

被投诉人应当在接到通知之日起 10 日内做出书面答复,提出答辩的事实、理由和证据。

投诉人和被投诉人应当对自己的投诉或者答辩提供证据。旅游投诉处理机构应当对双方当事人提出的事实、理由及证据进行审查。旅游投诉处理机构认为有必要收集新的证据,可以根据有关法律、法规的规定,自行收集或者召集有关当事人进行调查。需要委托其他旅游投诉处理机构协助调查、取证的,应当出具《旅游投诉调查取证委托书》,受委托的旅游投诉处理机构应当予以协助。

对专门性事项需要鉴定或者检测的,可以由当事人双方约定的鉴定或者检测部门鉴定。没有约定的,当事人一方可以自行向法定鉴定机构或者检测机构申请鉴定或者检测。鉴定、检测费用按双方约定承担。没有约定的,由鉴定、检测申请方先行承担;达成调解协议后,按调解协议承担。鉴定、检测的时间不计入投诉处理时间。

3. 和解与调解

在投诉处理过程中,投诉人与被投诉人自行和解的,应当将和解结果告知旅游投诉处理机构;旅游投诉处理机构在核实后应当予以记录并由双方当事人、投诉处理人员签名或者盖章。

旅游投诉处理机构受理投诉后,应当积极安排当事双方进行调解,提出调解方案,促成双方达成调解协议。

《旅游法》第九十二条规定,旅游者与旅游经营者发生纠纷,可以通过下列途径解决:双方协商;向消费者协会、旅游投诉受理机构或者有关调解组织申请调解;根据与旅游经营者达成的仲裁协议提请仲裁机构仲裁;向人民法院提起诉讼。《旅游法》第九十三条规定,消费者协会、旅游投诉受理机构和有关调解组织在双方自愿的基础上,依法对旅游者与旅游经营者之间的纠纷进行调解。《旅游法》第九十四条规定,旅游者与旅游经营者发生纠纷,旅游者一方人数众多并有共同请求的,可以推选代表人参加协商、调解、仲裁、诉讼活动。

4. 处理

旅游投诉处理机构应当在受理旅游投诉之日起 60 日内,对于双方达成调解协议的,制作《旅游投诉调解书》,载明投诉请求、查明的事实、处理过程和调解结果,由当事人双方签字并加盖旅游投诉处理机构印章;对于调解不成的,终止调解,旅游投诉处理机构应当向双方当事人出具《旅游投诉终止调解书》。调解不成的,或者调解书生效后没有执行的,投诉人可以按照国家法律、法规的规定,向仲裁机构申请仲裁或者向人民法院提起诉讼。

5. 动用质保金

在旅行社因解散、破产或者其他原因造成旅游者预交旅游费用损失的情形下,或是在因旅行社中止履行旅游合同义务造成旅游者滞留,而实际发生了交通、食宿或返程等必要及合理费用的情形下,经旅游投诉处理机构调解,投诉人与旅行社不能达成调解协议的,旅游投诉处理机构应当做出划拨旅行社质量保证金赔偿的决定,或向旅游行政管理部门提出划拨旅行社质量保证金的建议。

8.4.3　旅游投诉处理的其他要求

(1) 旅游投诉处理机构应当每季度公布旅游者的投诉信息。
(2) 旅游投诉处理机构应当使用统一规范的旅游投诉处理信息系统。
(3) 旅游投诉处理机构应当为受理的投诉制作档案并妥善保管相关资料。
(4)《旅游投诉处理办法》中有关文书式样,由文化和旅游部统一制定。

小结

1. 旅游投诉是指旅游者认为旅游经营者损害其合法权益,请求旅游投诉处理机构对双方发生的民事争议进行处理的行为。

2. 旅游投诉管辖是指各级旅游投诉处理机构或同级旅游投诉处理机构之间受理旅游投诉案件的分工和权限。主要分为级别管辖、地域管辖、指定管辖和移送管辖。

3. 旅游投诉受理是指投诉人向有管辖权的旅游投诉处理机构提出投诉,旅游投诉处理机构经审查认定为符合立案条件,予以立案的行政行为。《旅游投诉处理办法》规定,旅游投诉处理机构接到投诉,应当在 5 个工作日内做出是否受理的决定。

4. 投诉人向旅游投诉处理机构请求保护合法权益的投诉时效期为 90 天(自旅游合同结束之日起开始计算)。

5. 旅游行政管理机关受理旅游投诉案件必须同时具备两个条件:投诉人与投诉事项有直接利害关系;有明确的被投诉人、具体的投诉请求、事实和理由。

6. 旅游投诉一般应当采取书面形式,一式两份,并载明下列事项:投诉人的姓名、性别、国籍、通信地址、邮政编码、联系电话及投诉日期;被投诉人的名称、所在地;投诉的要求、理由及相关的事实根据。

7. 旅游投诉的处理是指旅游投诉处理机构受理案件后,调查核实案情,促进纠纷解决和做出处理决定的行政行为。旅游投诉处理机构应当在查明事实的基础上,遵循自愿、合法的原则进行调解,促使投诉人与被投诉人相互谅解,达成协议。

8.旅游投诉处理机构处理旅游投诉,应当立案办理,在受理投诉之日起 5 个工作日内,将《旅游投诉受理通知书》和投诉书副本送达被投诉人。被投诉人应当在接到通知之日起 10 日内做出书面答复,提出答辩的事实、理由和证据。旅游投诉处理机构应当在受理旅游投诉之日起 60 日内做出相应处理。

思考与练习

一、单项选择题

1.根据《旅游投诉处理办法》,投诉人向旅游投诉处理机构请求保护合法权益的投诉时效期为( )天。

A. 30　　　　　　B. 60　　　　　　C. 90　　　　　　D. 120

2.旅游投诉处理机构接到投诉,应当在( )个工作日内做出相应的决定。

A. 3　　　　　　B. 5　　　　　　C. 10　　　　　　D. 15

3.投诉人( )人以上,以同一事由投诉同一被投诉人的,为共同投诉。

A. 2　　　　　　B. 3　　　　　　C. 4　　　　　　D. 5

4.旅游投诉处理机构处理旅游投诉,应当立案办理,在受理投诉之日起( )个工作日内,将《旅游投诉受理通知书》和投诉书副本送达被投诉人。

A. 5　　　　　　B. 10　　　　　　C. 15　　　　　　D. 60

5.被投诉人应当在接到《旅游投诉受理通知书》之日起( )日内做出书面答复,提出答辩的事实、理由和证据。

A. 5　　　　　　B. 10　　　　　　C. 15　　　　　　D. 60

6.旅游投诉处理机构应当在受理旅游投诉之日起( )日内做出相应处理。

A. 5　　　　　　B. 10　　　　　　C. 15　　　　　　D. 60

7.《旅游投诉处理办法》规定,上级旅游投诉处理机构有权处理下级旅游投诉处理机构管辖的投诉案件。这是一种( )管辖。

A. 级别　　　　　　B. 地域　　　　　　C. 指定　　　　　　D. 移送

8.《旅游投诉处理办法》规定,旅游投诉由旅游合同签订地或者被投诉人所在地县级以上地方旅游投诉处理机构管辖,但需要立即制止、纠正被投诉人的损害行为的,应当由损害行为发生地旅游投诉处理机构管辖。这是一种( )管辖。

A. 级别　　　　　　B. 地域　　　　　　C. 指定　　　　　　D. 移送

9.《旅游投诉处理办法》规定,旅游投诉处理机构处理旅游投诉,除本办法另有规定外,实行( )制度。

A. 和解　　　　　　B. 仲裁　　　　　　C. 申诉　　　　　　D. 调解

10.地方各级旅游行政主管部门应当在( )的领导下,建立、健全相关行政管理部门共同处理旅游投诉的工作机制。

　　A. 本级人民政府　　　　　　　　　　B. 上级人民政府

　　C. 上级旅游行政主管部门　　　　　　D. 国家旅游行政主管部门

11.《旅游投诉处理办法》规定,需要立即制止、纠正被投诉人的损害行为的旅游投诉,应当由(　　　)旅游投诉处理机构管辖。

　　A. 旅游合同签订地　　　　　　　　　B. 被投诉人所在地

　　C. 损害行为发生地　　　　　　　　　D. 损害结果发生地

12. 根据《最高人民法院关于审理旅游纠纷案件适用法律若干问题的规定》,下列不属于旅游者有权要求退还未发生费用的情形的是(　　　)。

　　A. 游客王女士因旅行社代办的签证信息有误,无法成行

　　B. 因暴雨天气飞机延误,游客张先生未能前往旅游目的地

　　C. 因旅游目的地突发地震灾害,甲旅行社经全体游客同意后提前中断旅游行程

　　D. 游客李小姐因堵车未赶上出行航班,无法成行

13. 北京游客王先生在广州探亲时,与上海 H 旅行社在广州的分社签订了赴珠海旅游的合同。在珠海旅游期间,王先生因未能参加导游私自安排的购物项目被导游和司机强行关在旅游大巴上,于是王先生向旅游投诉处理机构投诉旅行社。下列不属于该案件投诉管辖范围的是(　　　)。

　　A. 北京　　　　　B. 上海　　　　　C. 广州　　　　　D. 珠海

二、多项选择题

1. 旅游投诉一般应当采取书面形式,一式两份,并载明(　　　)。

　　A. 投诉人的姓名、性别、国籍、通信地址、邮政编码、联系电话及投诉日期

　　B. 被投诉人的名称、所在地

　　C. 投诉受理机关的地址和邮政编码

　　D. 投诉的要求、理由及相关的事实根据

2. 投诉人可以向旅游投诉处理机构投诉的事项有(　　　)。

　　A. 认为旅游经营者违反合同约定的

　　B. 因旅游经营者的责任致使投诉人人身、财产受到损害的

　　C. 因不可抗力、意外事故致使旅游合同不能履行或者不能完全履行,投诉人与被投诉人发生争议的

　　D. 其他损害旅游者合法权益的

3. 旅游投诉处理机构包括(　　　)。

　　A. 旅游行政管理部门　　　　　　　　B. 旅游质量监督管理机构

　　C. 旅游执法机构　　　　　　　　　　D. 旅行社

4.《旅游投诉处理办法》规定,旅游行政管理机关受理旅游投诉案件必须同时具备的两个条件是(　　　)。

　　A. 投诉人与投诉事项有直接利害关系

　　B. 有明确的被投诉人、具体的投诉请求、事实和理由

　　C. 人民法院、仲裁机构、其他行政管理部门或者社会调解机构已经受理或者处

　　　　理的

　　　　D. 旅游投诉处理机构已经做出处理的

　　5.《旅游投诉处理办法》规定,旅游投诉处理机构应当在查明事实的基础上,遵循
(　　)的原则进行调解,促使投诉人与被投诉人相互谅解,达成协议。

　　　　A. 自愿　　　　　　　　B. 合法　　　　　　　　C. 平等　　　　　　　　D. 独立

　　6. 在(　　)情形下,经旅游投诉处理机构调解,投诉人与旅行社不能达成调解协议
的,旅游投诉处理机构应当做出划拨旅行社质量保证金赔偿的决定,或向旅游行政管理部
门提出划拨旅行社质量保证金的建议。

　　　　A. 旅行社因解散、破产或者其他原因造成旅游者预交旅游费用损失的

　　　　B. 行程超过旅游合同结束之日 90 天的

　　　　C. 因旅行社中止履行旅游合同义务、造成旅游者滞留,而实际发生了交通、食宿或
　　　　　　返程等必要及合理费用的

　　　　D. 不属于旅游投诉处理机构职责范围或者管辖范围的

　　7. 旅游者与旅游经营者发生纠纷,可以通过(　　)途径解决。

　　　　A. 双方协商

　　　　B. 向消费者协会、旅游投诉受理机构或者有关调解组织申请调解

　　　　C. 根据与旅游经营者达成的仲裁协议提请仲裁机构仲裁

　　　　D. 向人民法院提起诉讼

　　8. 根据《旅游投诉处理办法》的有关规定,我国各级旅游投诉处理机构管辖权的划
分,主要有(　　)。

　　　　A. 级别管辖　　　　　B. 地域管辖　　　　　C. 移送管辖　　　　　D. 指定管辖

三、名词解释

1. 旅游投诉
2. 共同投诉

四、简答题

1. 简述旅游投诉的受理条件。
2. 简述旅游投诉的受理程序。
3. 简述旅游投诉的处理程序。

五、案例分析

　　某年 3 月,A 市某旅行社接待了由 B 地某旅行社发来的两个旅游团。在旅游团结束
行程当日,组团社却未按约定向地接社支付相关团费,垫付了 10 万元的地接社因此"甩
团",导致游客无法按原定行程返回。

　　请问:

1. 游客该怎样维护自己的合法权益?
2. 依据《旅游投诉处理办法》,应如何处理这起纠纷?

第 9 章

旅游资源管理法规制度

内容提要

　　本章主要介绍了风景名胜区、自然保护区、文物等自然旅游资源和人文旅游资源管理等相关法律法规。

本章重点

　　(1) 保护旅游资源的意义。
　　(2) 风景名胜区管理法规的主要内容。
　　(3) 自然保护区管理法规的主要内容。
　　(4) 人文旅游资源管理法规的主要内容。

9.1　旅游资源管理概述

9.1.1　旅游资源的概念

　　根据《旅游资源分类、调查与评价》(GB/T 18972—2003),旅游资源是指自然界和人类社会凡能对旅游者产生吸引力,可以为旅游业开发利用,并可产生经济效益、社会效益和环境效益的各种事物和因素。旅游资源主要包括自然风景旅游资源和人文景观旅游资源。自然风景旅游资源包括高山、峡谷、森林、火山、江河、湖泊、海滩、温泉、野生动植物、气候等,可归纳为地貌、水文、气候、生物四大类。人文景观旅游资源包括历史文化古迹、古建筑、民族风情、现代建设新成就、饮食、购物、文化艺术和体育娱乐等,可归纳为人文景物、文化传统、民情风俗、体育娱乐四大类。

9.1.2　保护旅游资源的意义

　　旅游资源是一个国家或地区发展旅游业的重要基础,直接关系旅游业的发展水平。同时,旅游资源还具有脆弱的一面,大多属于不可再生资源,若不正确开发和利用,甚至加以破坏,将导致其价值的下降乃至丧失,从而阻碍旅游业的进一步发展。旅游资源是发展旅游业的基础,为保护旅游业的可持续发展,应当正确处理旅游资源的保护、开发和利用之间的关系。对旅游资源施以合理、正确的保护,具有十分重要的意义。

1. 保护风景旅游区的自然生态和社会文化的必要前提

旅游资源实际上是具有旅游价值的自然环境与社会文化中的各要素的综合,导致旅游资源质量下降的不合理旅游开发经营,实质上是对生态环境的破坏和对社会文化的冲击,如大量未经处理的生活污水排入风景水体,污染水质、破坏景区环境;又如,许多低级庸俗题材旅游项目的开发,对旅游区社会文化的正面传播产生极为不利的影响。虽然某些受损的旅游资源(如植被、水体),通过自然调节和人为努力可以在一定程度上得到修护,但一定程度的修护不等于完全恢复,不合理旅游开发带来风景旅游区自然生态破坏和社会文化蜕变的恶果是难以恢复的。

因此,加强旅游资源保护,合理开发、利用旅游资源,不但是旅游资源自我保护的需要,而且是保护风景旅游区自然生态与社会文化这一生存环境的必要前提。

2. 旅游业可持续发展的保障

旅游产业是一个资源产业,其经营基础是旅游资源,旅游经营可以看作依靠资源、利用资源,达到获取经济、社会、生态综合效益目的的活动过程。旅游业欲谋求持续发展,首先必须谋得旅游资源的持续利用。但是,在风景旅游区经营管理的实际操作中,存在着片面追求经济效益、不注意保护旅游资源与环境的问题。如四季常绿的西双版纳,以热带原始森林的苍茫神秘与勃勃生机吸引着广大游客,而近几十年来的毁林开荒,导致森林面积急剧下降,使原来良好的生态环境遭到严重破坏,旅游资源的退化导致其旅游吸引功能的衰竭,直接威胁旅游区旅游经营的持续发展。

因此,旅游经营的可持续是以旅游资源的永续利用为前提的,而旅游资源的永续利用只有在保护旅游资源的基础上才能得以实现。

9.1.3 旅游资源法律保护概述

1. 国际上对旅游资源的法律保护

法律是保护旅游资源和游览环境的有力手段。目前,世界各国在大力发展旅游业的同时,非常重视旅游资源的保护问题,并将其视为旅游业能否持续发展的根本保证。

世界旅游组织在1980年发表了《马尼拉宣言》,指出各国的旅游资源由自然财富和物质财富构成,这些资源必须有控制地加以利用,否则将有遭受破坏和毁坏的危险,满足旅游需求不应损害旅游区人民的社会利益和经济利益,以及环境和重要的自然资源。所有旅游资源都是人类文化遗产的组成部分,各国和整个国际社会都必须采取必要的措施加以保护。

为实施《马尼拉宣言》,世界旅游组织又于1982年通过了《阿卡普尔科文件》,其总方针指出,各国应保护和维护本国的环境、生态结构、自然、历史和文化遗产;充分合理地利用现有的和潜在的旅游资源,特别是自然、文化、艺术、历史和精神遗产,保护它们的真实性并使之不受毁坏和假冒。

1985 年,世界旅游组织第六次全体大会通过了《旅游权利法案》和《旅游者守则》。1989 年,在荷兰海牙召开了各国议会旅游大会,大会通过了《海牙旅游宣言》。1972 年,联合国教科文组织通过了《世界文化和自然遗产保护公约》,并从 1985 年开始分批公布了世界遗产目录,强调保护自然和文化遗产对整个人类的重要性。

此外,在旅游资源的保护和管理方面,各国国内法扮演着重要角色。如法国的《风景区和文物古迹保护法》规定,对具有艺术性、历史性、科学性、传奇性的文物古迹和风景区给予相应的保护。英国 1937 年的《国家信托法》规定信托机构的主要目标是取得和保护具有重要考古价值的场所,通过林地管理保护风景,关注众多具有建筑和历史价值的建筑物,对许多具有特性的公园进行规划和管理,保护海岸线和野生动物。英国 1990 年制定的《城镇与乡村规划法》和《规划(列出建筑物和保护区)法》主要涉及景点规划和保护。此外,有些国家还制定了《海滩保护法》《贝壳保护法》之类的法律。

2. 我国对旅游资源的法律保护

我国十分重视旅游资源的保护。早在 1950 年 5 月,国家就颁布了《古迹、珍贵文物、图书及稀有生物保护办法》。1951 年 5 月,又颁发了《关于地方文物名胜古迹的保护管理办法》。1961 年 3 月,国务院根据十几年来文物保护工作的经验,制定了《文物保护管理暂行规定》。1982 年 11 月,第五届全国人民代表大会常务委员会第二十五次会议通过了《中华人民共和国文物保护法》。1985 年 6 月,国务院颁布了《风景名胜区管理暂行条例》。1989 年,第七届全国人民代表大会常务委员会第十一次会议通过了《中华人民共和国环境保护法》。1994 年 9 月,国务院发布了《中华人民共和国自然保护区条例》等,使旅游资源的保护逐步走上了法制化道路。

 补充阅读——《旅游法》关于保护旅游资源的相关条款

第十七条　国务院和县级以上地方人民政府应当将旅游业发展纳入国民经济和社会发展规划。

国务院和省、自治区、直辖市人民政府以及旅游资源丰富的设区的市和县级人民政府,应当按照国民经济和社会发展规划的要求,组织编制旅游发展规划。对跨行政区域且适宜进行整体利用的旅游资源进行利用时,应当由上级人民政府组织编制或者由相关地方人民政府协商编制统一的旅游发展规划。

第十八条　旅游发展规划应当包括旅游业发展的总体要求和发展目标,旅游资源保护和利用的要求和措施,以及旅游产品开发、旅游服务质量提升、旅游文化建设、旅游形象推广、旅游基础设施和公共服务设施建设的要求和促进措施等内容。

根据旅游发展规划,县级以上地方人民政府可以编制重点旅游资源开发利用的专项规划,对特定区域内的旅游项目、设施和服务功能配套提出专门要求。

第十九条　旅游发展规划应当与土地利用总体规划、城乡规划、环境保护规划以及其他自然资源和文物等人文资源的保护和利用规划相衔接。

第二十条　各级人民政府编制土地利用总体规划、城乡规划,应当充分考虑相关旅游项目、设施的空间布局和建设用地要求。规划和建设交通、通信、供水、供电、环保等基础设施和公共服务设施,应当兼顾旅游业发展的需要。

第二十一条 对自然资源和文物等人文资源进行旅游利用,必须严格遵守有关法律、法规的规定,符合资源、生态保护和文物安全的要求,尊重和维护当地传统文化和习俗,维护资源的区域整体性、文化代表性和地域特殊性,并考虑军事设施保护的需要。有关主管部门应当加强对资源保护和旅游利用状况的监督检查。

9.2 自然旅游资源管理

9.2.1 风景名胜区管理法规的主要内容

旅游者通过游览,了解、领略异国他乡的社会文化和自然风光,能开阔胸襟、陶冶情操,增长知识和才干。为加强对风景名胜区的管理,更好地保护、利用和开发风景名胜资源,国务院于 2006 年 6 月 19 日公布了《风景名胜区条例》(自 2006 年 12 月 1 日起施行,根据 2016 年 2 月 6 日国务院令第 666 号修改),同时废止了 1985 年 6 月 7 日发布的《风景名胜区管理暂行条例》。截至 2018 年年底,我国共批准国家级风景名胜区 244 个。

2015 年 11 月,为贯彻落实《中华人民共和国城乡规划法》《风景名胜区条例》和《城乡规划违法违纪行为处分办法》,规范国家级风景名胜区日常管理评估和执法检查工作,中华人民共和国住房和城乡建设部又制定了《国家级风景名胜区管理评估和监督检查办法》。

1. 风景名胜区的概念

根据《风景名胜区条例》的规定,风景名胜区是指具有观赏价值、文化价值或者科学价值,自然景观、人文景观比较集中,环境优美,可供人们游览或者进行科学、文化活动的区域。

国家对风景名胜区实行科学规划、统一管理、严格保护、永续利用的原则。

2. 风景名胜区的划分及管辖

1) 风景名胜区的划分

风景名胜区划分为国家级风景名胜区和省级风景名胜区。

(1) 自然景观和人文景观能够反映重要自然变化过程和重大历史文化发展过程,基本处于自然状态或者保持历史原貌,具有国家代表性的,可以申请设立国家级风景名胜区。

设立国家级风景名胜区,由省、自治区、直辖市人民政府提出申请,国务院建设主管部门会同国务院环境保护主管部门、林业主管部门、文物主管部门等有关部门组织论证,提出审查意见,报国务院批准公布。

(2) 具有区域代表性的,可以申请设立省级风景名胜区。设立省级风景名胜区,由县级人民政府提出申请,省、自治区人民政府建设主管部门或者直辖市人民政府风景名胜区主管部门,会同其他有关部门组织论证,提出审查意见,报省、自治区、直辖市人民政府批准公布。

2）风景名胜区的管辖

（1）风景名胜区所在地县级以上地方人民政府设置的风景名胜区管理机构，负责风景名胜区的保护、利用和统一管理工作。

（2）国务院建设主管部门负责全国风景名胜区的监督管理工作。国务院其他有关部门按照国务院规定的职责分工，负责风景名胜区的有关监督管理工作。

（3）省、自治区人民政府建设主管部门和直辖市人民政府风景名胜区主管部门，负责本行政区域内风景名胜区的监督管理工作。省、自治区、直辖市人民政府其他有关部门按照规定的职责分工，负责风景名胜区的有关监督管理工作。

3）风景名胜区的评估和执法检查

2015年11月，中华人民共和国住房和城乡建设部制定了《国家级风景名胜区管理评估和监督检查办法》，其中第一、二、三条规定，住房和城乡建设部对国家级风景名胜区开展管理评估和执法检查等各项监督管理活动；对国家级风景名胜区的规划实施情况、资源保护状况进行监督检查和管理评估；对发现的问题予以纠正并提出处理意见或者建议。办法第六条指出，任何单位和个人都有保护风景名胜资源的义务，有权制止、检举破坏风景名胜资源的行为，并可对不履行或者不依法履行国家级风景名胜区监督管理职责的机构和人员进行检举或者控告。

3. 风景名胜区的规划

国家级风景名胜区规划由省、自治区人民政府建设主管部门或者直辖市人民政府风景名胜区主管部门组织编制。省级风景名胜区规划由县级人民政府组织编制。

风景名胜区规划分为总体规划和详细规划。

1）总体规划

风景名胜区总体规划的编制，应当体现人与自然和谐相处、区域协调发展和经济社会全面进步的要求，坚持保护优先、开发服从保护的原则，突出风景名胜资源的自然特性、文化内涵和地方特色。

风景名胜区总体规划应当包括下列内容：风景资源评价；生态资源保护措施、重大建设项目布局、开发利用强度；风景名胜区的功能结构和空间布局；禁止开发和限制开发的范围；风景名胜区的游客容量；有关专项规划。

风景名胜区应当自设立之日起2年内编制完成总体规划。总体规划的规划期一般为20年。

国家级风景名胜区的总体规划，由省、自治区、直辖市人民政府审查后，报国务院审批。省级风景名胜区的总体规划，由省、自治区、直辖市人民政府审批，报国务院建设主管部门备案。

2）详细规划

风景名胜区详细规划应当根据核心景区和其他景区的不同要求编制，确定基础设施、旅游设施、文化设施等建设项目的选址、布局与规模，并明确建设用地范围和规划设计条件。风景名胜区详细规划应当符合风景名胜总体规划。

国家级风景名胜区的详细规划，由省、自治区人民政府建设主管部门或者直辖市人民政府风景名胜区主管部门报国务院建设主管部门审批。省级风景名胜区的详细规划,由省、自治区人民政府建设主管部门或者直辖市人民政府风景名胜区主管部门审批。

4. 风景名胜区的保护、利用和管理

1) 风景名胜区管理机构的职责

(1) 建立、健全风景名胜资源保护的各项管理制度。

(2) 对风景名胜区内的重要景观进行调查、鉴定,并制定相应的保护措施。

(3) 每年向国务院建设主管部门报送风景名胜区规划实施和土地、森林等自然资源保护的情况。

(4) 根据风景名胜区的特点,保护民族民间传统文化,开展健康有益的游览观光和文化娱乐活动,普及历史文化和科学知识。

(5) 根据风景名胜区规划,合理利用风景名胜资源,改善交通、服务设施和游览条件。

(6) 在风景名胜区内设置风景名胜区标志和路标、安全警示等标牌。

(7) 建立、健全安全保障制度,加强安全管理,保障游览安全,并督促风景名胜区内的经营单位接受有关部门依据法律、法规进行的监督检查。

2) 风景名胜区的保护

风景名胜区内的景观和自然环境,应当根据可持续发展的原则,严格保护,不得破坏或者随意改变。

风景名胜区内的居民和游览者应当保护风景名胜区的景物、水体、林草植被、野生动物和各项设施。

(1) 在风景名胜区内禁止进行下列活动:开山、采石、开矿、开荒、修坟立碑等破坏景观、植被和地形地貌的活动;修建储存爆炸性、易燃性、放射性、毒害性、腐蚀性物品的设施;在景物或设施上刻划、涂污、乱扔垃圾。

(2) 禁止违反风景名胜区规划,在风景名胜区内设立各类开发区和在核心景区内建设宾馆、招待所、培训中心、疗养院以及与风景名胜资源保护无关的其他建筑物;已经建设的,应该按照风景名胜区规划,逐步迁出。

(3) 在风景名胜区内从事上述(1)、(2)两条禁止范围以外的建设活动,应当经风景名胜区管理机构审核后,依照有关法律、法规的规定办理审批手续。

在国家级风景名胜区内修建缆车、索道等重大建设工程,项目的选址方案应当报国务院主管部门核准。

(4) 在风景名胜区内设置、张贴商业广告,举办大型游乐活动,改变水资源、水环境自然状态的活动以及进行其他影响生态和景观的活动,应当经风景名胜区管理机构审核后,依照有关法律、法规的规定报有关主管部门批准。

(5) 风景名胜区内的建设项目应当符合风景名胜区规划,并与景观相协调,不得破坏景观、污染环境、妨碍游览。在风景名胜区内进行建设活动的,建设单位、施工单位应当制定污染防治和水土保持方案,并采取有效措施,保护好周围景物、水体、林草植被、野生动物资源和地形地貌。

(6) 国家建立风景名胜区管理信息系统,对风景名胜区规划实施和资源保护情况进

行动态监测。

3）风景名胜区的利用和管理

（1）风景名胜区内宗教活动场所的管理，依照国家有关宗教活动场所管理的规定执行。风景名胜区内涉及自然资源保护、利用、管理和文物保护以及自然保护区管理的，还应当执行国家有关法律、法规的规定。

（2）禁止超过允许容量接纳游客和在没有安全保障的区域开展游览活动。

（3）进入风景名胜区的门票，由风景名胜区管理机构负责出售。门票价格依照有关价格法律、法规的规定执行。风景名胜区内的交通、服务等项目，应当由风景名胜区管理机构依照有关法律、法规和风景名胜区规划，采用招标等公平竞争的方式确定经营者。

（4）风景名胜区管理机构不得从事以营利为目的的经营活动，不得将规划、管理和监督等行政管理职能委托给企业或者个人行使。风景名胜区管理机构的工作人员不得在风景名胜区内的企业兼职。

5. 风景名胜区的评估、检查及处理

1）风景名胜区的管理评估

（1）根据《国家级风景名胜区管理评估和监督检查办法》，住房和城乡建设部负责组织对国家级风景名胜区保护管理情况实施评估。管理评估分为年度评估和定期评估。年度评估每年一次，定期评估每 5 年不少于一次。

（2）年度评估由住房和城乡建设部风景名胜区管理办公室组织实施，主要依据国家级风景名胜区规划实施和资源保护状况年度报告上报情况及内容开展。

（3）国家级风景名胜区所在地的风景名胜区管理机构应当依法每年向住房和城乡建设部报送风景名胜区规划实施和土地、森林等自然资源保护的情况报告。规划实施和资源保护状况年度报告内容、格式及要求依照有关规定办理。

（4）年度评估结果抄送国务院有关部门、省级住房和城乡建设主管部门和直辖市风景名胜区主管部门，并适时向社会公布。年度评估结果同时应纳入定期评估内容。

（5）定期评估由住房和城乡建设部组织成立专家组负责实施。评估专家从住房和城乡建设部风景园林专家委员会成员中随机抽取确定。专家组负责技术审查，提出初步结论报住房和城乡建设部审定。国家级风景名胜区定期评估应包括以下主要内容：年度报告上报情况及年度评估结果；规划编制报批情况；风景名胜资源保护措施及效果情况；各项配套管理制度建设情况；网络信息系统建设、维护及动态监测情况；卫星遥感监测疑似新增建设图斑核查情况；违法违规行为核实及查处情况；法律、法规规定的其他内容。

2）风景名胜区的执法检查

国家级风景名胜区执法检查分为综合执法检查、专项执法检查和个案督查。

（1）综合执法检查定期开展，由住房和城乡建设部组织成立检查组实施。检查组人员由国务院相关部门、风景名胜区省级主管部门和管理机构代表以及有关专家组成，其中专家比例不少于 1/3。

综合执法检查的主要内容有：①规划实施情况，包括规划实施计划制订情况、规划阶段性目标落实情况、规划强制性内容执行情况、规划执行效果评价和规划公开公示情况

等；②建设管理情况,包括风景名胜区内建设项目是否依法依规履行审批手续、重大建设工程项目选址是否依法报经核准、存量违法违规项目是否得到有效整治、是否违反规划在风景名胜区内设立各类开发区和在核心景区内建设宾馆、培训中心、疗养院以及与风景名胜资源保护无关的其他建筑物等；③保护管理情况,包括是否存在开山采石等破坏景观植被和地形地貌的活动、风景名胜资源的真实性和完整性是否得到有效保护、是否按照要求设立界桩界碑、是否制定和实施科学完善的保护措施、环境卫生是否符合有关要求、是否存在污染环境的行为、对生活污水和垃圾等是否做到达标处理等；④运营服务情况,包括是否有效设置安全防护设施、是否按照要求在主要入口和独立景区均设立国家级风景名胜区徽志、游览秩序情况、是否存在超容量接待、是否建立完善的宣传教育设施和解说系统、是否存在违法转让门票收取权和景区资源及管理权的行为、监管信息系统建设维护及数据上报是否符合有关规定等。

综合执法检查应注重实地踏勘,以卫星遥感监测图斑核查为重点,采用明察与暗访相结合、重点检查与随机抽查相结合的方式等。

(2)专项执法检查主要针对规划实施、建设管理、保护管理、运营服务中的突出问题,进行专项执法检查和清理整治,根据工作需要不定期开展。

(3)个案督查针对媒体曝光、群众举报或工作中发现的涉嫌违法违规问题开展,由住房和城乡建设部稽查部门牵头进行个案督查。

3)风景名胜区的评估检查结果处理

(1)住房和城乡建设部将对定期评估或者综合执法检查结果予以通报,接受社会监督。对定期评估或综合执法检查结果优秀的风景名胜区,予以通报表扬;对存在严重问题的风景名胜区,予以通报批评并责令限期整改。

(2)建立国家级风景名胜区黄牌警告和退出机制,实行濒危名单管理。国家级风景名胜区具有以下情形之一的,可以列入濒危名单,并给予黄牌警告:在定期评估和综合执法检查中存在严重问题,经整改达不到要求或者拒不整改的;风景名胜资源和价值面临严重破坏或者濒临灭失风险的;所在地人民政府及有关部门法定监管职责难以落实,保护管理明显不力的;存在重大违法违规行为,不能有效查处或者拒不纠正的。

(3)对于列入濒危名单的国家级风景名胜区,责令限期整改并重点督办,向社会公开。整改期原则上为1年。

(4)被列入濒危名单管理的风景名胜区整改验收达标前,应暂停风景名胜区内新增建设项目的审批。

(5)整改完成或者濒危整改期限届满,住房和城乡建设部将组织专家进行综合评估,视评估结果处理:达到整改要求的,继续保留国家级风景名胜区资格,移出濒危名单;风景名胜资源价值丧失或者明显退化,不具备国家级风景名胜区设立条件或标准的,报请国务院建议予以撤销;风景名胜资源价值未完全丧失,但保护管理明显不力、整改不到位或拒不整改的,住房和城乡建设部将约谈风景名胜区所在地人民政府分管领导或者负责人,挂牌督办。

(6)具有以下情形之一的,可以认定风景名胜资源价值丧失或者明显退化,不再具备国家级风景名胜区设立条件或标准:特级、一级景点(景源)遭到实质性破坏;自然景观和人文景观被人为干预或者破坏,丧失自然状态或者历史原貌;风景名胜区碎块化严重或违法违规建设活动侵入核心景区,不具备资源完整性要求;其他严重情形。

(7) 国家级风景名胜区被撤销的,原省级风景名胜区是否保留由所在地省级人民政府决定。

(8) 因保护管理不力且整改不到位导致国家级风景名胜区被撤销的,依法追究直接负责的主管人员和其他直接责任人员法律责任。

(9) 在管理评估和执法检查工作中,发现国家机关工作人员依法应该给予行政处分的,住房和城乡建设部将向其任免机关或者监察机关提出处分建议;构成犯罪的,移送司法机关依法追究刑事责任。

 补充阅读——《旅游法》有关景区管理的条款

　　第四十二条　景区开放应当具备下列条件,并听取旅游主管部门的意见:

　　(一) 有必要的旅游配套服务和辅助设施;

　　(二) 有必要的安全设施及制度,经过安全风险评估,满足安全条件;

　　(三) 有必要的环境保护设施和生态保护措施;

　　(四) 法律、行政法规规定的其他条件。

　　第四十三条　利用公共资源建设的景区的门票以及景区内的游览场所、交通工具等另行收费项目,实行政府定价或者政府指导价,严格控制价格上涨。拟收费或者提高价格的,应当举行听证会,征求旅游者、经营者和有关方面的意见,论证其必要性、可行性。

　　利用公共资源建设的景区,不得通过增加另行收费项目等方式变相涨价;另行收费项目已收回投资成本的,应当相应降低价格或者取消收费。

　　公益性的城市公园、博物馆、纪念馆等,除重点文物保护单位和珍贵文物收藏单位外,应当逐步免费开放。

　　第四十四条　景区应当在醒目位置公示门票价格、另行收费项目的价格及团体收费价格。景区提高门票价格应当提前六个月公布。

　　将不同景区的门票或者同一景区内不同游览场所的门票合并出售的,合并后的价格不得高于各单项门票的价格之和,且旅游者有权选择购买其中的单项票。

　　景区内的核心游览项目因故暂停向旅游者开放或者停止提供服务的,应当公示并相应减少收费。

　　第四十五条　景区接待旅游者不得超过景区主管部门核定的最大承载量。景区应当公布景区主管部门核定的最大承载量,制订和实施旅游者流量控制方案,并可以采取门票预约等方式,对景区接待旅游者的数量进行控制。

　　旅游者数量可能达到最大承载量时,景区应当提前公告并同时向当地人民政府报告,景区和当地人民政府应当及时采取疏导、分流等措施。

6. 法律责任

为切实加强对风景名胜资源的保护,有效制止破坏风景名胜资源的违法行为,《风景名胜区条例》对风景名胜区内的有关违法行为规定了严格的法律责任。

(1) 对在风景名胜区内进行开山、采石、开矿等破坏景观、植被、地形地貌的活动,修建储存爆炸性、易燃性、放射性、毒害性、腐蚀性物品的设施,在核心景区建设宾馆、招待所、培训中心、疗养院等行为,由风景名胜区管理机构责令停止违法行为、恢复原状或者限期拆除,没收违法所得,并处 50 万元以上 100 万元以下的罚款。

(2) 对未经风景名胜区管理机构审核,在风景名胜区内从事禁止范围以外的建设活动,由风景名胜区管理机构责令停止建设、限期拆除,对个人处 2 万元以上 5 万元以下的罚款,对单位处 20 万元以上 50 万元以下的罚款。

(3) 批准实施有关违法行为的地方人民政府及有关主管部门的直接负责的主管人员和其他直接责任人员,分别承担相应的行政责任。构成犯罪的,依法追究刑事责任。

9.2.2　自然保护区管理法规的主要内容

我国是世界自然资源和生物多样性最丰富的国家之一,我国生物多样性保护对世界生物多样性保护具有十分重要的意义。我国的自然保护区事业,作为保护自然资源与生物多样性的重要手段,从无到有,蓬勃发展。截至 2018 年 6 月,我国共有国家级自然保护区 474 处。

为加强自然保护区的建设和管理,保护自然环境和自然资源,1994 年 9 月 2 日,国务院第二十四次常委会讨论通过了《中华人民共和国自然保护区条例》。该条例自 1994 年 12 月 1 日起实施,根据 2017 年 10 月 7 日国务院令第 687 号修改,标志着我国对自然保护区的建设和管理走上了法制化的道路。

1. 自然保护区的概念

自然保护区是指对有代表性的自然生态系统、珍稀濒危动植物物种的天然集中分布区和有特殊意义的自然遗址等保护对象所在的陆地、水体或者海域,依法划出一定面积予以特殊保护和管理的区域。

根据《中华人民共和国自然保护区条例》的规定,凡具有下列条件之一的,应当建立自然保护区。

(1) 典型的自然地理区域、有代表性的自然生态系统区域以及已经遭受破坏但经过保护能够恢复的同类自然生态系统区域。

(2) 珍稀、濒危野生动植物物种的天然集中分布区域。

(3) 具有特殊保护价值的海域、海岸、岛屿、湿地、内陆水域、森林、草原和荒原。

(4) 具有重大科学文化价值的地质构造、著名溶洞、化石分布区、冰川、火山、温泉等自然遗址。

(5) 经国务院或者省、自治区、直辖市人民政府批准,需要予以特殊保护的其他自然区域。

自然保护区的范围和界限由批准建立自然保护区的人民政府确定,并标明区界,予以公告。

自 1956 年我国第一个自然保护区——广东鼎湖山自然保护区建立以来,全国自然保护区事业呈现迅速发展的良好势头。目前,著名的国家级自然保护区有四川卧龙自然保护区、湖北神农架自然保护区、贵州梵净山自然保护区、安徽扬子鳄自然保护区、江西都阳湖自然保护区、云南西双版纳自然保护区和吉林长白山自然保护区等。我国还建立了一批国家森林公园,如湖南张家界、浙江千岛湖、广东流溪河、陕西楼观台和河南嵩山等。

2. 自然保护区的分类与命名

我国自然保护区分为国家级自然保护区和地方级自然保护区。

在国内外有典型意义、在科学上有重大国际影响或者有特殊科学研究价值的自然保护区,列为国家级自然保护区。除列为国家级自然保护区的外,其他具有典型意义或者重要科学研究价值的自然保护区列为地方级自然保护区。

国家级自然保护区的建立,由自然保护区所在地的省、自治区、直辖市人民政府或者国务院有关自然保护区行政主管部门提出申请,经国家级自然保护区评审委员会评审后,由国务院环境保护行政主管部门进行协调并提出审批建议,报国务院批准。

地方级自然保护区的建立,由自然保护区所在地的县、自治县、市、自治州人民政府或者省、自治区、直辖市人民政府有关自然保护区行政主管部门提出申请,经地方级自然保护区评审委员会评审后,由省、自治区、直辖市人民政府环境保护行政主管部门进行协调并提出审批建议,报省、自治区、直辖市人民政府批准,并报国务院环境保护行政主管部门和国务院有关自然保护区行政主管部门备案。

跨两个以上行政区域的自然保护区的建立,由有关行政区域的人民政府协商一致后提出申请,并按照前两款规定的程序审批。

建立海上自然保护区,须经国务院批准。

自然保护区按照下列方法命名:国家级自然保护区,自然保护区所在地地名加"国家级自然保护区";地方级自然保护区,自然保护区所在地地名加"地方级自然保护区";有特殊保护对象的自然保护区,可以在自然保护区所在地地名后加特殊保护对象的名称。

3. 自然保护区的区域划分

自然保护区划分为核心区、缓冲区和实验区等不同区域,在不同区域内实行不同的保护手段。

(1) 核心区是自然保护区内保存完好的天然状态的生态系统以及珍稀、濒危动植物的集中分布区。通常该区域禁止任何单位和个人进入(除非省级以上人民政府有关自然保护区行政管理部门批准),也不允许进入从事科学研究观测活动。

(2) 缓冲区是在核心区外围划定的一定面积的区域。该区域只准进入从事科学研究观测活动。

(3) 实验区是缓冲的外围区域。该区域可从事科学实验、教学实习、参观考察、旅游以及驯化、繁殖珍稀和濒危野生动植物等活动。

原批准自然保护区的人民政府认为必要时,可在自然保护区的外围划定一定面积的外围保护地带。

4. 自然保护区的管理

1) 自然保护区管理机构的职责

国家级自然保护区由其所在地的省、自治区、直辖市人民政府有关自然保护区行政主管部门或者国务院有关自然保护区行政主管部门管理。地方级自然保护区由其所在地的县级以上人民政府有关自然保护区行政主管部门管理。有关自然保护区行政主管部门应当在自然保护区内设立专门管理机构,配备专业技术人员,负责自然保护区的具体管理工作。

根据《中华人民共和国自然保护区条例》的规定,自然保护区管理机构的主要职责如下。

(1) 贯彻执行国家有关自然保护的法律、法规和方针、政策。

(2) 制定自然保护区的各项管理制度,统一管理自然保护区。

(3) 调查自然资源并建立档案,组织环境监测,保护自然保护区内的自然环境和自然资源。

(4) 组织或者协助有关部门开展自然保护区的科学研究等工作。

(5) 进行自然保护的宣传教育。

(6) 在不影响自然保护区自然环境和自然资源的前提下,组织开展参观、旅游等活动。

2) 自然保护区的发展规划管理

国务院环境行政主管部门会同国务院有关自然保护区行政主管部门,在对全国自然环境和自然资源状况进行调查评价的基础上,拟定国家自然保护区发展规划,经国务院计划部门综合平衡后,报国务院批准实施。

自然保护区管理机构或者该自然保护区行政主管部门应当组织编制自然保护区的建设规划,按照规定的程序纳入国家、地方或者部门投资计划,并组织实施。

3) 自然保护区的经营活动管理

(1) 禁止在自然保护区内进行砍伐、放牧、狩猎、捕捞、采药、开垦、烧荒、开矿、采石、挖沙等活动,但法律、行政法规另有规定的除外。

(2) 禁止在自然保护区的缓冲区开展旅游和生产经营活动。

(3) 严禁开设与自然保护区保护方向不一致的参观、旅游项目。在国家级自然保护区的实验区开展参观、旅游活动的,由自然保护区管理机构提出方案,经省、自治区、直辖市人民政府有关自然保护区行政主管部门审核后,报国务院有关自然保护区行政主管部门批准;在地方级自然保护区的实验区开展参观、旅游活动的,由自然保护区管理机构提出方案,经省、自治区、直辖市人民政府有关自然保护区行政主管部门批准。在自然保护区组织参观、旅游活动的,必须按照批准的方案进行,并加强管理。

(4) 在自然保护区的核心区和缓冲区内,不得建设任何生产设施;在自然保护区的实验区内,不得建设污染环境、破坏环境或者景观的生产设施;建设其他项目,其污染物排放不得超过国家和地方规定的污染物排放标准。

4) 进出自然保护区的管理

(1) 自然保护区所在地的公安机关,可以根据需要在自然保护区设置公安派出机构,维护自然保护区内的治安秩序。

（2）在自然保护区内的单位、居民和经批准进入自然保护区的人员，必须遵守自然保护区的各项管理制度，接受自然保护区管理机构的管理。

（3）禁止任何人进入自然保护区的核心区。因科学研究的需要，必须进入核心区从事科学研究观测、调查活动的，应当事先向自然保护区管理机构提交申请和活动计划，并经省级以上人民政府有关自然保护区行政主管部门批准。其中，进入国家级自然保护区核心区的，必须经国务院有关自然保护区行政主管部门批准。

（4）因教学科研的目的，需要进入自然保护区的缓冲区从事非破坏性的科学研究、教学实习和标本采集活动的，应当事先向自然保护区管理机构提交申请和活动计划，经自然保护区管理机构批准。从事该活动的单位和个人，应当将其活动成果的副本提交给自然保护区管理机构。

（5）外国人进入地方级自然保护区的，接待单位应当事先报经省、自治区、直辖市人民政府有关自然保护区行政主管部门批准。外国人进入国家级自然保护区的，接待单位应当事先报经国务院有关自然保护区行政主管部门批准。进入自然保护区的外国人，应当遵守我国有关自然保护区的法律、法规和规定。

5. 法律责任

（1）对擅自移动或者破坏自然保护区界标，未经批准进入自然保护区或者在自然保护区内不服从管理机构管理，经批准在自然保护区的缓冲区内从事科学研究、教学实习和标本采集的单位与个人，不向自然保护区管理机构提交活动成果副本的单位和个人，由自然保护区管理机构责令其改正，并可以根据不同情节处以 100 元以上 5000 元以下的罚款。

（2）对在自然保护区进行砍伐、放牧、狩猎、捕捞、采药、开垦、烧荒、开矿、采石、挖沙等活动的单位和个人，除可以依照有关法律、行政法规规定给予处罚以外，由县级以上人民政府有关自然保护区行政主管部门或者其授权的自然保护区管理机构没收违法所得，责令停止违法行为，限期恢复原状或者采取其他补救措施；对自然保护区造成破坏的，可处以 300 元以上 1 万元以下的罚款。

（3）自然保护区管理机构违反《中华人民共和国自然保护区条例》规定，拒绝环境保护行政主管部门或者有关自然保护区行政主管部门监督检查，或者在被检查时弄虚作假的，由县级以上人民政府环境保护行政主管部门或者有关自然保护区行政主管部门给予300 元以上 3000 元以下的罚款。

（4）自然保护区管理机构违反《中华人民共和国自然保护区条例》有关规定，由县级以上人民政府有关自然保护区行政主管部门责令限期改正；对直接责任人员，由其所在单位或者上级机关给予行政处分。构成犯罪的，对直接负责的主管人员和其他直接责任人员依法追究刑事责任。

（5）妨碍自然保护区管理人员执行公务的，由公安机关依照《中华人民共和国治安管理处罚条例》的规定给予处罚；情节严重，构成犯罪的，依法追究刑事责任。

补充阅读——国家旅游局通报新晋20家5A景区、严重警告3家5A景区

国家旅游局2017年2月25日召开新闻发布会,宣布经全国旅游资源规划开发质量评定委员会(以下简称全国旅资委)评定,内蒙古自治区阿尔山·柴河旅游景区等20家景区新晋为国家5A级旅游景区。同时,对云南省丽江市丽江古城景区、黑龙江省牡丹江市镜泊湖景区、辽宁省大连市老虎滩海洋公园·老虎滩极地馆3家5A级旅游景区作出严重警告处理决定。这标志着5A级景区动态化管理已成常态。

国家旅游局通报,为适应大众旅游时代人民群众对旅游产品和服务的新要求,进一步加强对旅游景区的事中事后监管,按照《旅游景区质量等级管理办法》,结合2017年春节黄金周期间游客集中投诉反映的问题,近期全国旅资委对部分5A级旅游景区进行了核实检查。检查发现,大多数5A级旅游景区都能够保持国家标准和评定细则规定的旅游服务软硬件要求,在旅游景区行业中保持良好的品牌形象。但也有少数景区存在管理弱化、服务退化、设施老化、环境恶化等严重问题,有的景区在旅游安全、环境卫生、服务质量、市场秩序、环境保护等方面出现严重隐患或不达标情况。

根据现场检查和游客投诉集中反映的问题及其影响的严重性,经国家旅游局局长办公会审议,全国旅资委决定给予云南省丽江市丽江古城景区、黑龙江省牡丹江市镜泊湖景区、辽宁省大连市老虎滩海洋公园·老虎滩极地馆3家5A级景区严重警告,限期6个月整改。其中,云南省丽江市丽江古城景区存在的问题主要是游客投诉率长期居高不下,游客人身财产安全事件频发,屡屡造成社会严重不良影响,古城内原住居民与旅游经营人员矛盾突出,景区产品质量下降,旅游设施品质退化等。黑龙江省牡丹江市镜泊湖景区存在的问题主要是景区周边黑车拉客现象严重,高等级厕所缺失,旅游厕所数量严重不足,游客服务中心无旅游服务,景区标识标牌陈旧破损,游客投诉多等。辽宁省大连市老虎滩海洋公园·老虎滩极地馆存在的问题主要是游客服务中心功能严重不足,游步道质量严重退化,垃圾乱堆乱放、机动车乱停乱放等现象严重,安全提示严重不足,游客投诉多等。

通报指出,近年来,国家旅游局加大了对旅游景区的整治监管力度,会同有关省、区、市旅游部门,对3家5A级景区进行摘牌,对19家5A级景区予以警告或严重警告,对68家4A级景区进行摘牌,对341家4A级景区进行警告等处理。

下一步,国家旅游局将进一步强化对5A级景区管理工作的指导力度,坚持5A级景区进出有序、动态管理,加大事中事后监管力度,推进景区安全、质量、秩序常态化监管,督促指导各类旅游景区不断提升管理服务水平,使5A级景区始终保持环境优美、服务周到、品质上乘、游客满意的旅游品牌。

9.3　人文旅游资源管理

9.3.1　人文旅游资源的概念及范围

1. 人文旅游资源的概念

人文旅游资源是指由于历史发展所产生的各种有形或无形的事物或文化传统,包括古代建筑、历史遗迹和民族风情等。我国是一个历史悠久、民族众多的文明古国,名胜古迹源远流长,历史文物不计其数,风土人情奇特各异,人文旅游资源丰富多彩。根据法律规定,我国人文旅游资源包括文化遗址、历史名城、古代建筑、古典园林、帝王陵墓、宗教圣地、雕绘艺术、博物馆、革命旧址、现代建筑、民族风情、工艺美术、名菜佳肴等。

2. 我国法律保护的人文旅游资源范围

人文旅游资源是我国发展旅游业的基础。目前,我国对人文旅游资源的保护主要是对文物的保护。按照《中华人民共和国文物保护法》的规定,受国家法律保护的文物有下列 5 类。

(1) 具有历史、艺术、科学价值的古文化遗址、古墓葬、古建筑、石窟寺和石刻、壁画。如北京的周口店中国猿人遗址、洛阳的古墓博物馆、承德的热河行宫、大同的云冈石窟等,都是具有历史、艺术、科学价值的文物,也是具有极高知识度的旅游胜地。

(2) 与重大历史事件、革命运动和著名人物有关的,具有重要纪念意义、教育意义和史料价值的近现代重要史迹、实物、代表性建筑。如南京的太平天国天王府遗址、南昌的八一起义总指挥部、绍兴的鲁迅故居等。

(3) 历史上各时代的珍贵艺术品、工艺美术品。如秦代兵马俑,汉代云鸟纹刺绣,唐三彩低温釉陶,宋代菱花镜,元、明、清各代的瓷器、玉器、刺绣等,都是我国古代的文化艺术瑰宝。

(4) 历史上各时代重要的文献资料以及具有历史、艺术、科学价值的手稿和图书资料等。如中国革命博物馆展出的五四运动的照片、旗帜和传单,《共产党宣言》的第一个中译本等,这些文物不但具有重要的历史、艺术、科学价值,而且是具有极高旅游价值的旅游吸引物。

(5) 反映历史上各时代、各民族的社会制度、社会生产、社会生活的代表性实物。如四川凉山彝族奴隶制社会博物馆、庐山白鹿洞书院、景德镇古窑作坊群、山西丁村文化遗址及明清民宅建筑群等。

9.3.2　文物保护法律概述

我国历来重视对人文旅游资源的法律保护,1982 年 11 月 19 日,第五届全国人民代表大会常务委员会第二十五次会议通过了《中华人民共和国文物保护法》。

随着改革开放的深化和扩大,文物管理工作出现了许多新问题和新情况。为此,1982 年颁布的《中华人民共和国文物保护法》分别于 1991 年、2007 年、2013 年、2015 年、2017 年经历了五次修订,现行的法规为 2017 年 11 月 4 日第十二届全国人民代表大会常务委员会第三十次会议《关于修改〈中华人民共和国会计法〉等十一部法律的决定》的第五次修正版。

9.3.3 人文旅游资源管理法规的主要内容

1. 文物的所有权

《中华人民共和国文物保护法》第五条明确规定:"中华人民共和国境内地下、内水和领海中遗存的一切文物,属于国家所有。""国有文物所有权受法律保护,不容侵犯。"

古文化遗址、古墓葬、石窟寺属于国家所有。国家指定保护的纪念建筑物、古建筑、石刻、壁画、近现代代表性建筑等不可移动文物,除国家另有规定的以外,属于国家所有。国有不可移动文物的所有权不因其所依附的土地所有权或者使用权的改变而改变。

中国境内出土的文物(国家另有规定的除外),国有文物收藏单位以及其他国家机关、部队和国有企业、事业组织等收藏、保管的文物,国家征集、购买的文物,公民、法人和其他组织捐赠给国家的文物,法律规定属于国家所有的其他文物等可移动文物,属于国家所有。属于国家所有的可移动文物的所有权不因其保管、收藏单位的终止或者变更而改变。

《中华人民共和国文物保护法》第六条还规定:"属于集体所有和私人所有的纪念建筑物、古建筑和祖传文物以及依法取得的其他文物,其所有权受法律保护。文物的所有者必须遵守国家有关文物保护的法律、法规的规定。"

2. 文物的分级管理

1)文物保护单位

《中华人民共和国文物保护法》规定:"古文化遗址、古墓葬、古建筑、石窟寺、石刻、壁画、近代现代重要史迹和代表性建筑等不可移动文物,根据它们的历史、艺术、科学价值,可以分别确定为全国重点文物保护单位,省级文物保护单位,市、县级文物保护单位。"

(1)全国重点文物保护单位。国务院文物行政部门在省级和市、县级文物保护单位中,选择具有重大历史、艺术、科学价值的确定为全国重点文物保护单位,或者直接确定为全国重点文物保护单位,报国务院核定公布。

(2)省级文物保护单位。省级文物保护单位由省、自治区、直辖市人民政府核定公布,并报国务院备案。

(3)市、县级文物保护单位。市、县级文物保护单位分别由设区的市、自治州和县级人民政府核定公布,并报省、自治区、直辖市人民政府备案。

尚未核定公布为文物保护单位的不可移动文物,由县级人民政府文物行政部门予以登记并公布。

2)历史文化名城

除上述 3 级文物保护单位之外,《中华人民共和国文物保护法》还规定了"历史文化名城""历史文化街区、村镇"。

所谓历史文化名城,是指保存文物特别丰富并且具有重大历史价值或者革命纪念意义的城市。历史文化名城由国务院核定公布。

对于保存文物特别丰富并且具有重大历史价值或者革命纪念意义的城镇、街道、村庄,由省、自治区、直辖市人民政府核定公布为历史文化街区、村镇,并报国务院备案。历史文化名城和历史文化街区、村镇所在地的县级以上地方人民政府应当组织编制专门的历史文化名城和历史文化街区、村镇保护规划,并纳入城市总体规划。

历史文化名城由国家文化行政管理部门会同国家建设行政管理部门报国务院核定后,于 1982 年 2 月起公布了首批名录。截至 2018 年 5 月 2 日,我国共批准历史文化名城 135 座。这些历史文化名城在我国的文物保护中处于特别重要的地位。

3) 珍贵文物和一般文物

《中华人民共和国文物保护法》规定:"历史上各时代重要实物、艺术品、文献、手稿、图书资料、代表性实物等可移动文物,分为珍贵文物和一般文物;珍贵文物分为一级文物、二级文物、三级文物。"

3. 文物的环境管理

《中华人民共和国文物保护法》规定,文物保护单位的保护范围内不得进行其他建设工程或者爆破、钻探、挖掘等作业。因特殊情况需要在文物保护单位的保护范围内进行其他建设工程或者爆破、钻探、挖掘等作业的,必须保证文物保护单位的安全,并经核定公布该文物保护单位的人民政府批准,在批准前应当征得上一级人民政府文物行政部门同意;在全国重点文物保护单位的保护范围内进行其他建设工程或者爆破、钻探、挖掘等作业的,必须经省、自治区、直辖市人民政府批准,在批准前应当征得国务院文物行政管理部门同意。

根据保护文物的实际需要,经省、自治区、直辖市人民政府批准,可以在文物保护单位的周围划出一定的建设控制地带,并予以公布。在文物保护单位的建设控制地带内进行建设工程,不得破坏文物保护单位的历史风貌;工程设计方案应当根据文物保护单位的级别,经相应的文物行政管理部门同意后,报城乡建设规划部门批准。建设工程选址,应当尽可能避开不可移动文物;因特殊情况不能避开的,对文物保护单位应当尽可能实施原址保护。

在文物保护单位的保护范围和建设控制地带内,不得建设污染文物保护单位及其环境的设施,不得进行可能影响文物保护单位安全及其环境的活动。对已有的污染文物保护单位及其环境的设施,应当限期治理。

4. 文物的修缮管理

国有不可移动文物由使用人负责修缮、保养;非国有不可移动文物由所有人负责修缮、保养。非国有不可移动文物有损毁危险,所有人不具备修缮能力的,当地人民政府应当给予帮助;所有人具备修缮能力而拒不依法履行修缮义务的,县级以上人民政府可以给予抢救修缮,所需费用由所有人承担。

对文物保护单位进行修缮,应当根据文物保护单位的级别报相应的文物行政管理部门批准;对未核定为文物保护单位的不可移动文物进行修缮,应当报登记的县级人民政府文物行政管理部门批准。

文物保护单位的修缮、迁移、重建,由取得文物保护工程资质证书的单位承担。

对不可移动文物进行修缮、保养、迁移,必须遵守不改变文物原状的原则。这主要是因为文物一般都具有不可再生的特点。对古建筑等文物古迹,只能是"修旧如旧",而不能是"修旧如新"。因为从文物的保护管理看,文物古迹的价值往往就在于"古"字,"古"字里面包含文物的历史、艺术、科学价值,把"古"字修掉了,其价值也就没有了。

5. 文物的考古发掘管理

一切考古发掘工作,必须履行报批手续;从事考古发掘的单位,应当经国务院文物行政管理部门批准。考古发掘的文物,任何单位或者个人不得侵占。

地下埋藏的文物,任何单位或者个人都不得私自发掘。

在进行建设工程或者在农业生产中,任何单位或者个人发现文物,应当保护现场,立即报告当地文物行政管理部门,文物行政管理部门接到报告后,如无特殊情况,应当在24小时内赶赴现场,并在7日内提出处理意见。文物行政管理部门可以报请当地人民政府通知公安机关协助保护现场;发现重要文物的,应当立即上报国务院文物行政管理部门,国务院文物行政管理部门应当在接到报告后15日内提出处理意见。发现的文物属于国家所有,任何单位或者个人不得哄抢、私分、藏匿。

非经国务院文物行政管理部门报国务院特别许可,任何外国人或者外国团体不得在中华人民共和国境内进行考古调查、勘探、发掘。

6. 文物的销售管理

我国的文物收藏基本可分为两大类:①馆藏文物;②民间收藏文物。

馆藏文物是指由国有博物馆、图书馆和其他文物收藏单位收藏的文物;文物收藏单位可以通过购买、接受捐赠、依法交换、法律和行政法规规定的其他方式,如通过文物行政管理部门指定保管或者调拨方式取得文物。

民间收藏文物是文物收藏单位以外的公民、法人和其他组织通过依法继承或者接受赠予、从文物商店购买、从经营文物拍卖的拍卖企业购买、公民个人合法所有的文物相互交换或者依法转让、国家规定的其他合法方式等方式收藏的文物。

《中华人民共和国文物保护法》规定,国有博物馆、图书馆和其他单位的文物藏品禁止出卖。但是,为保护文物安全、进行科学研究和充分发挥文物的作用,国有博物馆、图书馆和收藏文物的单位之间可以进行文物藏品的调拨、交换。这些单位进行文物收藏品的调拨、交换时,必须报文物行政管理部门备案。

国有不可移动文物不得转让、抵押。建立博物馆、保管所或者辟为参观游览场所的国有文物保护单位,不得作为企业资产经营。

民间收藏文物可以依法流通,但国家禁止出境的文物,不得转让、出租、质押给外国人。非国有不可移动文物不得转让、抵押给外国人。

　　国家鼓励文物收藏单位以外的公民、法人和其他组织将其收藏的文物捐赠给国有文物收藏单位或者出借给文物收藏单位展览和研究。

　　国有文物收藏单位应当尊重并按照捐赠人的意愿，对捐赠的文物妥善收藏、保管和展示。

　　文物商店应当由省、自治区、直辖市人民政府文物行政管理部门批准设立，依法进行管理，不得从事文物拍卖经营活动，不得设立经营文物拍卖的拍卖企业。依法设立的拍卖企业经营文物拍卖的，应当取得省、自治区、直辖市人民政府文物行政管理部门颁发的文物拍卖许可证。经营文物拍卖的拍卖企业不得从事文物购销经营活动，不得设立文物商店。

　　文物行政管理部门的工作人员不得举办或者参与举办文物商店或者经营文物拍卖的拍卖企业。文物收藏单位不得举办或者参与举办文物商店或者经营文物拍卖的拍卖企业。禁止设立中外合资、中外合作和外商独资的文物商店或者经营文物拍卖的拍卖企业。除经批准的文物商店、经营文物拍卖的拍卖企业外，其他单位或者个人不得从事文物的商业经营活动。

　　银行、冶炼厂、造纸厂以及废旧物资回收单位，应当与当地文物行政管理部门共同负责拣选掺杂在金银器和废旧物资中的文物。拣选文物除供银行研究所必需的历史货币可以由人民银行留用外，应当移交当地文物行政管理部门。移交拣选文物，应当给予合理补偿。

　　人民法院、人民检察院、公安机关、海关和工商行政管理部门依法没收的文物应当登记造册，妥善保管，结案后无偿移交文物行政管理部门，由文物行政管理部门指定的国有文物收藏单位收藏。

7. 文物的出境管理

　　国有文物、非国有文物中的珍贵文物和国家规定禁止出境的其他文物，不得出境；但依照《中华人民共和国文物保护法》规定出境展览或者因特殊需要经国务院批准出境的除外。

　　文物出境，应当经国务院文物行政管理部门指定的文物进出境审核机构审核。经审核允许出境的文物，由国务院文物行政管理部门发给文物出境许可证，从国务院文物行政管理部门指定的口岸出境。

　　任何单位或者个人运送、邮寄、携带文物出境，应当向海关申报；海关凭文物出境许可证放行。

　　文物出境展览，应当报国务院文物行政管理部门批准；一级文物超过国务院规定数量的，应当报国务院批准。

　　一级文物中的孤品和易损品，禁止出境展览。

　　出境展览的文物出境，由文物进出境审核机构审核、登记。海关凭国务院文物行政管理部门或者国务院的批准文件放行。出境展览的文物复进境，由原文物进出境审核机构审核查验。

9.3.4　法律责任

　　为加强对文物的保护，《中华人民共和国文物保护法》对有关违法行为规定了严格的法律责任。

第六十四条规定:"违反本法规定,有下列行为之一,构成犯罪的,依法追究刑事责任:①盗掘古文化遗址、古墓葬的;②故意或者过失损毁国家保护的珍贵文物的;③擅自将国有馆藏文物出售或者私自送给非国有单位或者个人的;④将国家禁止出境的珍贵文物私自出售或者送给外国人的;⑤以牟利为目的倒卖国家禁止经营的文物的;⑥走私文物的;⑦盗窃、哄抢、私分或者非法侵占国有文物的;⑧应当追究刑事责任的其他妨害文物管理的行为。"

第七十六条规定:"文物行政部门、文物收藏单位、文物商店、经营文物拍卖的拍卖企业的工作人员,有下列行为之一的,依法给予行政处分,情节严重的,依法开除公职或者吊销其从业资格;构成犯罪的,依法追究刑事责任:①文物行政部门的工作人员违反本法规定,滥用审批权限,不履行职责或者发现违法行为不予查处,造成严重后果的;②文物行政部门和国有文物收藏单位的工作人员借用或者非法侵占国有文物的;③文物行政部门的工作人员举办或者参与举办文物商店或者经营文物拍卖的拍卖企业的;④因不负责任造成文物保护单位、珍贵文物损毁或者流失的;⑤贪污、挪用文物保护经费的。前款被开除公职或者被吊销从业资格的人员,自被开除公职或者被吊销从业资格之日起十年内不得担任文物管理人员或者从事文物经营活动。"

第七十八条规定:"公安机关、工商行政管理部门、海关、城乡建设规划部门和其他国家机关,违反本法规定滥用职权、玩忽职守、徇私舞弊,造成国家保护的珍贵文物损毁或者流失的,对负有责任的主管人员和其他直接责任人员依法给予行政处分;构成犯罪的,依法追究刑事责任。"

2017年11月4日,第十二届全国人民代表大会常务委员会第三十次会议通过了《关于修改〈中华人民共和国会计法〉等十一部法律的决定》,其中涉及《中华人民共和国文物保护法》有6条修改,详情如下。

(1) 将第二十条第二款修改为:实施原址保护的,建设单位应当事先确定保护措施,根据文物保护单位的级别报相应的文物行政部门批准;未经批准的,不得开工建设。

(2) 将第四十条第二款修改为:国有文物收藏单位之间因举办展览、科学研究等需借用馆藏文物的,应当报主管的文物行政部门备案;借用馆藏一级文物的,应当同时报国务院文物行政部门备案。

(3) 将第五十六条第一款修改为:文物商店不得销售、拍卖企业不得拍卖本法第五十一条规定的文物。

(4) 将第五十七条第一款修改为:省、自治区、直辖市人民政府文物行政部门应当建立文物购销、拍卖信息与信用管理系统。文物商店购买、销售文物,拍卖企业拍卖文物,应当按照国家有关规定作出记录,并于销售、拍卖文物后三十日内报省、自治区、直辖市人民政府文物行政部门备案。

(5) 第七十一条增加一款,作为第二款:文物商店、拍卖企业有前款规定的违法行为的,由县级以上人民政府文物主管部门没收违法所得、非法经营的文物,违法经营额五万元以上的,并处违法经营额一倍以上三倍以下的罚款;违法经营额不足五万元的,并处五千元以上五万元以下的罚款;情节严重的,由原发证机关吊销许可证书。

(6) 将第七十三条第三项修改为:(三)拍卖企业拍卖的文物,未经审核的。

小结

1. 凡能吸引旅游者进行旅游活动,为旅游业所利用并能产生良好的经济效益和社会效益的各种自然与人文客体及劳务,统称为旅游资源。旅游资源主要包括自然旅游资源和人文旅游资源。

2. 风景名胜区是指具有观赏价值、文化价值或者科学价值,自然景观、人文景观比较集中,环境优美,可供人们游览或者进行科学、文化活动的区域。风景名胜区分为国家级风景名胜区和省级风景名胜区。

3. 自然保护区是指对有代表性的自然生态系统、珍稀濒危野生动植物物种的天然集中分布区、有特殊意义的自然遗迹等保护对象所在的陆地、陆地水体或者海域,依法划出一定面积予以特殊保护和管理的区域。我国自然保护区分为国家级自然保护区和地方级自然保护区。自然保护区划分为核心区、缓冲区和实验区等不同区域,在不同的区域内实行不同的保护手段。

4. 人文旅游资源是指由于历史发展所产生的各种有形或无形的事物或文化传统,包括古代建筑、历史遗迹和民族风情等。根据法律规定,我国人文旅游资源包括文化遗址、历史名城、古代建筑、古典园林、帝王陵墓、宗教圣地、雕绘艺术、博物馆、革命旧址、现代建筑、民族风情、工艺美术、名菜佳肴等。

5. 目前,我国对人文旅游资源的保护主要是对文物的保护。中华人民共和国境内地下、内陆水域和领海中遗存的一切文物,属于国家所有。国有文物所有权受法律保护,不容侵犯。

6. 古文化遗址、古墓葬、古建筑、石窟寺、石刻、壁画、近代现代重要史迹和代表性建筑等不可移动文物,根据它们的历史、艺术、科学价值,可以分别确定为全国重点文物保护单位,省级文物保护单位,市、县级文物保护单位。

思考与练习

一、单项选择题

1. 风景名胜区应当自设立之日起 2 年内编制完成总体规划。总体规划的规划期一般为(   )年。

A. 30   B. 20   C. 10   D. 5

2. 我国的风景名胜区分为(   )。

A. 国家级风景名胜区和省级风景名胜区

B. 国家重点风景名胜区和省级风景名胜区

C. 国家级风景名胜区、省级风景名胜区和市、县级风景名胜区

D. 国家级风景名胜区和地方级风景名胜区

3. 《风景名胜区条例》规定,(   )不得从事以营利为目的的经营活动,不得将规划、管理和监督等行政管理职能委托给企业或者个人行使。

　　A. 风景名胜区管理机构　　　　　　　B. 景区内的企业

　　C. 景区内的商家　　　　　　　　　　D. 景区内的经营者

4. 依据《风景名胜区条例》,(　　　)主管全国风景名胜区的监督管理工作。

　　A. 生态环境部　　　　　　　　　　　B. 文化和旅游部

　　C. 公安部　　　　　　　　　　　　　D. 国务院建设主管部门

5. 我国的自然保护区分为(　　　)。

　　A. 国家级自然保护区和地方级自然保护区

　　B. 国家重点自然保护区和省级自然保护区

　　C. 国家级自然保护区、省级自然保护区和市、县级自然保护区

　　D. 国家级自然保护区和省级自然保护区

6. 自然保护区内可进行科学实验、教学实习、参观考察、旅游等活动的区域是(　　　)。

　　A. 核心区　　　　　B. 缓冲区　　　　　C. 实验区　　　　　D. 游览区

7. 通常,自然保护区的(　　　)禁止任何单位和个人进入(除非省级以上人民政府有关自然保护区行政管理部门批准),也不允许进入从事科学研究活动。

　　A. 核心区　　　　　B. 缓冲区　　　　　C. 实验区　　　　　D. 游览区

8. 按照《中华人民共和国文物保护法》的规定,我国将不可移动文物划分为不同级别的依据是(　　　)。

　　A. 文物的观赏、历史、文化价值　　　　B. 文物的历史、艺术、文化价值

　　C. 文物的历史、艺术、科学价值　　　　D. 文物的规模和科学、艺术价值

9. 属于集体所有和私人所有的(　　　),其所有权受国家保护。

　　A. 纪念建筑物、古墓葬和传世祖传文物

　　B. 纪念建筑物、古建筑和祖传文物

　　C. 纪念建筑物、古文化遗址和祖传文物

　　D. 纪念建筑物、石窟寺和祖传文物

10. 导游员小王利用工作之便,将私人收藏的文物卖给某国旅游者。对此行为,根据《中华人民共和国文物保护法》规定,由(　　　)部门予以处罚。

　　A. 旅游行政管理　　　　　　　　　　B. 工商行政管理

　　C. 文化行政管理　　　　　　　　　　D. 公安

11. 文物保护管理工作应遵循(　　　)的方针。

　　A. 保护、利用、开发并举

　　B. 保护为主,抢救第一,合理利用,加强管理

　　C. 不得破坏文物保护单位的环境风貌

　　D. 保护第一,抢救为主,修旧如旧

12.《中华人民共和国文物保护法》规定,文物出口或个人携带文物出境,都必须事先向(　　　)申报。

　　A. 边防检查站　　　B. 文化和旅游部　　　C. 海关　　　　　　　D. 国家文物局

13.《中华人民共和国文物保护法》规定,国有不可移动文物不得(　　　)。

　　A. 转让、出租　　　　　　　　　　　B. 转让、出租给外国人

　　C. 转让、抵押　　　　　　　　　　　D. 转让、抵押给外国人

14. 由省、自治区、直辖市人民政府核定公布,并报国务院备案的文物保护单位属于(　　)。

  A. 市、县级文物保护单位   B. 省级文物保护单位

  C. 全国重点文物保护单位   D. 地区级文物保护单位

15. 国家对风景名胜区实行(　　)的原则。

  A. 科学规划、统一管理、严格保护、永续利用

  B. 保护、利用、开发并举

  C. 保护为主,抢救第一,合理利用,加强管理

  D. 保护优先、开发服从保护

二、多项选择题

1. 以下属于我国旅游资源开发、利用和保护方面的法规的有(　　)。

  A.《中华人民共和国文物保护法》 B.《风景名胜区管理条例》

  C.《旅行社管理条例》   D.《中华人民共和国自然保护区条例》

2. 在风景名胜区内采集标本、野生药材和其他林副产品,必须(　　)。

  A. 经管理机构同意   B. 限定数量

  C. 在指定范围内进行   D. 在植物学家的指导下进行

3. 以下关于风景名胜区的叙述,正确的有(　　)。

  A. 风景名胜区划分为国家级风景名胜区、省级风景名胜区和市、县级风景名胜区

  B. 经批准的风景名胜区规划不得擅自修改

  C. 风景名胜区内的一切景物和自然环境,必须严格保护,不得破坏或随意改变

  D. 风景名胜区内的建设项目应当符合风景名胜区规划,并与景观相协调,不得破坏景观、污染环境、妨碍游览

4. 根据《风景名胜区条例》的规定,风景名胜区具有的特征有(　　)。

  A. 具有观赏、文化或科学价值

  B. 自然景物和人文景观比较集中

  C. 有利于对旅游者进行社会主义教育

  D. 可供人们游览或进行科学、文化活动

5. 在自然保护区的(　　)内,不得建设任何生产设施。

  A. 核心区   B. 缓冲区   C. 实验区   D. 游览区

6. 根据《中华人民共和国自然保护区条例》的规定,下列应当建立自然保护区的有(　　)。

  A. 典型的自然地理区域、有代表性的自然生态系统区域以及已经遭受破坏但经保护能够恢复的同类自然生态系统区域

  B. 珍稀、濒危野生动植物物种的天然集中分布区域

  C. 具有特殊保护价值的海域、海岸、岛屿、湿地、内陆水域、森林、草原和荒原

  D. 具有重大科学文化价值的地质构造、著名溶洞、化石分布区、冰川、火山、温泉等自然遗址

7. 文物保护单位根据其历史、艺术、科学价值,分为(　　)文物保护单位。

　　A. 市、县级　　　　B. 省级　　　　　C. 地区级　　　　D. 全国重点

8.《中华人民共和国文物保护法》规定,文物收藏单位以外的公民、法人和其他组织可以通过(　　)取得文物。

　　A. 依法继承　　　　　　　　　　B. 从文物商店购买

　　C. 合法所有的文物交换　　　　　D. 接受赠予

9. 可移动文物分为珍贵文物和一般文物,珍贵文物分为(　　)。

　　A. 一级文物　　　　B. 二级文物　　　　C. 三级文物　　　　D. 特级文物

10.《中华人民共和国文物保护法》对地下埋藏文物考古发掘的规定有(　　)。

　　A. 一切考古发掘工作必须履行报批手续

　　B. 经发掘出土的文物属国家所有,任何单位或个人不得侵占

　　C. 在进行建设工程或者农业生产中,任何单位或者个人发现文物,应当保护现场,立即报告当地文物保护部门

　　D. 未经国家特许,任何外国团体不得在我国境内进行考古调查和发掘

11. 下列说法正确的有(　　)。

　　A. 国有不可移动文物不得转让、抵押

　　B. 国家禁止出境的文物,不得转让、出租、质押给外国人

　　C. 非国有不可移动文物不得转让、抵押给外国人

　　D. 除经批准的文物商店、经营文物拍卖的拍卖企业外,其他单位或者个人不得从事文物的商业经营活动

12. 历史文化名城是指(　　)的城市,由国务院核定公布。

　　A. 保存文物特别丰富　　　　　B. 具有重大历史价值

　　C. 具有革命纪念意义　　　　　D. 历史比较久远

三、名词解释

1. 旅游资源

2. 风景名胜区

3. 自然保护区

4. 人文旅游资源

四、简答题

1. 保护旅游资源的意义有哪些?

2. 在风景名胜区内禁止进行哪些活动?

3. 我国的自然保护区分为哪些区域?其相应的保护手段是什么?

4. 我国法律保护的人文旅游资源范围有哪些?

五、案例分析

(一)

　　某年4月中旬,在某省南部一个名为张谷英村的地方,有一个名叫张再发的村民,发现自己家房子的山墙由于年久失修,严重破损,于是就自己动手,拆除并维修了这面山墙。

如果不维修，山墙不知道哪天就会倒塌，说不定还会砸到人。

但是，早在 3 年前，张谷英村的古民居建筑群就以其严格按照封建伦理观念修建的整体建筑风格，被列为国家重点保护文物。鉴于张谷英村民居建筑的特点，文物部门规定，在修建时必须在文物部门的指导下，依照维持原貌的原则，保持整体的建筑风格。所以，张再发修墙之前便和村里打过招呼。可是，村委会告诉张再发，因为整个村子属于国家重点保护文物，所以，村委会并没有批准维修的权力，让其去找设在村里的张谷英村民俗文化建设指挥部。该建设指挥部是当地政府为开发保护张谷英村设立的综合办事机构，其主要职能之一就是监管张谷英村的修建工作。张再发提到既然房子是文物，修墙如果修成原样肯定会花较多的钱，于是就请求指挥部能给自己一些修缮补贴。对于张再发的请求，指挥部拒绝了。指挥部认为，文物处管辖的国家经费没有对个人房屋维修的计划，这笔经费主要是对环境整治、大面积公益设施的维修费用。对于指挥部不承担个人维修费用的答复，张再发自然不满意。他想，房子虽然是国宝，但毕竟还是自己的财产，为了安全，他自己动手，私自维修了墙体。结果，被张谷英村民俗文化建设指挥部告知：推倒重修，恢复原状。

请问：

1. 张再发私自拆除房子山墙的做法对不对？其法律依据是什么？

2. 本案例中指挥部不予资助的做法是否符合《中华人民共和国文物保护法》的规定？该房子的修缮费用应该由谁承担？

(二)

在我国，有关风景名胜区保护的案例中，最具代表性的可能要数湖南张家界国家森林公园一部备受社会各界关注的"世界第一户外观光电梯"了。这部吃掉 1.2 亿元人民币才建起来的庞然大物垂直高度达 326 米，游人乘坐"天梯"只需两分钟便可从山谷直达山顶，免去了攀登的辛苦。然而就是这部看上去既方便了游人又增加了一个新景观的"天梯"，自立项到建成一直备受各界的质疑和指责。在自然景区投巨资建这部直插云霄的电梯，究竟是对还是错，各方说法不一。张家界国家森林公园管理处一位姓曾的管理人员非常肯定地认为，修电梯是一件好事，并在很大程度上方便了游客，游客能以最快的速度十分省力地到达山顶目的地，此举为旅游开发创造了有利条件，并能带动当地的旅游发展。但不少专家认为，建造电梯破坏了张家界的自然景观，公园内很早就建设了两条观光索道，它们都为游客提供了很大方便。据电梯运营方某旅游公司的吴先生介绍，"天梯"是世界最高的观光电梯和最快的观光电梯，其底部的 157 米是埋在山体中的，只有上部的 170 多米裸露在山外，非但对自然景观没有破坏，而且看上去宏伟壮观，为景区增色不少。但是电梯位于武陵源风景区的中心地带，这里最重要的景观是石英砂岩峰林，既然景观是山本身，将观光电梯修在山腹上，肯定会给自然景观带来严重影响。张家界武陵源风景区是经联合国批准的世界自然遗产之一，但由于前些年的过度开发，这里的"城市化"倾向已非常严重，可以说已损害到这一地区的自然环境和原始风貌。

请问：此案例违反了《风景名胜区条例》中的哪些规定？对此你怎么看？

第 10 章

旅游者出境入境管理法规制度

内容提要

本章主要介绍了中国公民出境入境管理、外国人入境出境管理以及海关管理和边防检查等相关的法律、法规。

本章重点

(1) 中国公民出境入境管理。
(2) 外国人入境出境管理。
(3) 海关管理主要内容。
(4) 边防检查主要内容。

10.1 旅游者出境入境管理概述

10.1.1 出境入境管理法概述

所谓出境,是指由中国内地前往其他国家或者地区,由内地前往我国香港特别行政区、澳门特别行政区,由大陆前往我国台湾地区。入境是指由其他国家或者地区进入中国内地,由我国香港特别行政区、澳门特别行政区进入内地,由我国台湾地区进入大陆。

自 20 世纪 80 年代以来,我国旅游业经历了从单一入境旅游到入境旅游、国内旅游两个市场,再到入境旅游、国内旅游、出境旅游 3 个市场的发展过程,不但出境入境旅游一直持续快速增长,而且随着我国经济社会的发展和人民生活水平的提高,我国出境旅游的规模也稳步扩大。根据世界旅游组织的预测,到 2020 年我国公民出境旅游人数将达到世界第四位。

管理、规范中国旅游者出境入境的法律、法规主要有《中华人民共和国公民出境入境管理法》(1985 年 11 月 22 日第六届全国人大常委会第十三次会议通过,自 1986 年 2 月 1 日起施行);《中华人民共和国公民出境入境管理法实施细则》(1986 年 12 月

3 日国务院批准,1986 年 12 月 26 日公安部、外交部、交通部发布;1994 年 7 月 13 日国务院批准修订,1994 年 7 月 15 日公安部、外交部、交通部发布);《中国公民出国旅游管理办法》(2002 年 5 月 27 日,中华人民共和国国务院令第 354 号公布;根据 2017 年 3 月 1 日《国务院关于修改和废止部分行政法规的决定》修订);《大陆居民赴台湾地区旅游管理办法》(国家旅游局、公安部、国务院台湾事务办公室 2006 年 4 月发布);《边境旅游暂行管理办法》(国家旅游局等部门 1996 年 4 月发布实施)。

为保护外国人包括外国旅游者在华的合法权益,确保国家的主权和安全,我国制定了关于外国人出境入境管理的一系列法律、法规,主要有《中华人民共和国外国人入境出境管理法》(1986 年 2 月 1 日起施行)以及《中华人民共和国外国人入境出境管理法实施细则》(1986 年 12 月 3 日国务院批准、1986 年 12 月 27 日公安部、外交部发布;1994 年 7 月 13 日国务院批准修订;2010 年 4 月 24 日再次修订)。

为进一步规范出境入境管理,维护中华人民共和国的主权、安全和社会秩序,促进对外交往和对外开放,2012 年 6 月 30 日,第十一届全国人大常委会第二十七次会议通过了《中华人民共和国出境入境管理法》(以下简称《出境入境管理法》),该法自 2013 年 7 月 1 日起施行。《中华人民共和国外国人入境出境管理法》和《中华人民共和国公民出境入境管理法》同时废止。中国公民出境入境、外国人入境出境、外国人在中国境内停留居留的管理,以及交通运输工具出境入境的边防检查,均适用《出境入境管理法》。

其他适用于出境入境管理的相关法律、法规还有《中华人民共和国海关法》《中华人民共和国出境入境边防检查条例》等。

10.1.2　出境入境事务的管理

《出境入境管理法》规定:"公安部、外交部按照各自职责负责有关出境入境事务的管理。……公安部、外交部在出境入境事务管理中,应当加强沟通配合,并与国务院有关部门密切合作,按照各自职责分工,依法行使职权,承担责任。"

(1) 中华人民共和国驻外使馆、领馆或者外交部委托的其他驻外机构(以下简称驻外签证机关)负责在境外签发外国人入境签证。

(2) 国家在对外开放的口岸设立出境入境边防检查机关,负责实施出境入境边防检查。中国公民、外国人以及交通运输工具应当从对外开放的口岸出境入境,特殊情况下,可以从国务院或者国务院授权的部门批准的地点出境入境。出境入境人员和交通运输工具应当接受出境入境边防检查。出入境边防检查机关负责对口岸限定区域实施管理。根据维护国家安全和出境入境管理秩序的需要,出境入境边防检查机关可以对出境入境人员携带的物品实施边防检查。必要时,出境入境边防检查机关可以对出境入境交通运输工具载运的货物实施边防检查,但应当通知海关。

(3) 县级以上地方人民政府公安机关及其出境入境管理机构负责外国人停留居留管理。公安部、外交部可以在各自职责范围内委托县级以上地方人民政府公安机关出境入境管理机构、县级以上地方人民政府外事部门受理外国人入境、停留居留申请。

10.2   中国公民出境入境

10.2.1   中国公民出境入境的有效证件

1. 护照

自 2007 年 1 月 1 日起施行的《中华人民共和国护照法》规定,中华人民共和国护照是中华人民共和国公民进出国境和在国外证明国籍和身份的证件。

护照分为普通护照、外交护照和公务护照。普通护照即一般公民(平民百姓)使用的护照,分为因公普通护照和因私普通护照。

(1) 因公普通护照主要发给中国国有企业、事业单位出国从事经济、贸易、文化、体育、卫生、科学技术交流等公务活动的人员,公派留学、进修人员,公派访问学者及公派出国从事劳务的人员等。

(2) 因私普通护照发给定居、探亲、访友、继承遗产、自费留学、就业、旅游和其他因私人事务出国和定居国外的中国公民。

新颁发的因私普通护照有效期分为两种:未满 16 周岁的申请人颁发 5 年期护照;16 周岁(含 16 周岁)以上的申请人颁发 10 年期护照。

普通护照由公安部出境入境管理机构或者公安部委托的县级以上地方人民政府公安机关出境入境管理机构以及中华人民共和国驻外使馆、领馆和外交部委托的其他驻外机构签发。公民因前往外国定居、探亲、学习、就业、旅行、从事商务活动等非公务原因出国的,由本人向户籍所在地的县级以上地方人民政府公安机关出境入境管理机构申请普通护照。

外交护照的签发对象主要是党、政、军副部级以上高级官员,全国人大、全国政协和各民族党派的主要领导人,外交官员、领事官员及其随行配偶、未成年子女和外交信使。

公务护照由外交部、中华人民共和国驻外使馆、领馆或者外交部委托的其他驻外机构以及外交部委托的省、自治区、直辖市和设区的市人民政府外事部门签发。

2. 旅行证和出境入境通行证

旅行证是中国旅游者出境入境的主要证件,由中国驻外国的外交代表机关、领事机关或者外交部授权的其他驻外机关颁发。旅行证分 1 年 1 次有效和 2 年多次有效 2 种,由持证人保存、使用。如因情况变化,需加注或变更旅行证上的记载事项,应提交变更、加注事项的证明或说明材料,向颁证机关提出申请。

出境入境通行证是中国旅游者出入中国国(边)境的通行证件,由省、自治区、直辖市公安厅(局)及其授权的公安机关签发。该证件在有效期限内分多次出境入境有效和 1 次出境入境有效 2 种。多次出境入境有效的,在有效期限内可连续使用,1 次出境入境有效的,出境时由边防检查站收缴。

3. 签证

签证是指一国主管机关发给本国或外国公民准其出入该国国境或准许外国人在该国内停留、居住的许可证明。签证一般是做在本国或外国公民所持的护照或其他旅行证件上。未建交国一般将签证做在另纸上(称为"另纸签证"),与护照同时使用。

中国旅游者出境入境无须办理签证,只凭有效的护照或其证件即可,但中国旅游者如果前往、经过或停留某国,则须办妥去该国的签证。

申请出境旅游的我国旅游者,应持有效护照到所去国家的驻华使馆、领馆提出申请,交验有关证明,办理出境签证。按照国际惯例,一般是按照护照种类发给相应的外交、公务、普通签证,但也有的国家规定可发给高于或低于护照种类的相应签证。

到与我国订有互免签证协议的国家旅游,可以免办入境签证。即到这些国家旅游的中国旅游者不再需要到这些国家的驻华使馆、领馆申请签证。

到与我国订有落地签证协议的国家旅游,中国旅游者可以在前往国的入境口岸办理签证。如马来西亚有关部门规定,从 1999 年 7 月 1 日起,中国旅游者可以在马来西亚的 10 个入境处取得 14 天的落地签证。

4. 有效证件的吊销与作废

我国法律规定,护照及其他出境入境证件的持有人有下列情形之一的,原发证机关或其上级机关予以吊销或宣布作废。

(1) 持证人因非法进入前往国或者非法居留被送回国内的。

(2) 公民持护照、证件招摇撞骗的。

(3) 从事危害国家安全、荣誉或利益活动的、伪造、涂改、转让、冒用出境入境证件的或持用伪造、涂改的无效证件的,或编造情况、提供假证明、以行贿手段获取出境入境证件的,有关人员还将受到收缴证件、警告、拘留的处罚,情节严重,构成犯罪的,依法追究刑事责任。

10.2.2　中国公民出境入境管理

1. 办理证件

(1) 中国公民出境入境,应当依法申请办理护照或者其他旅行证件。中国公民前往其他国家或者地区,还需要取得前往国签证或者其他入境许可证明。但是,中国政府与其他国家政府签订互免签证协议或者公安部、外交部另有规定的除外。

(2) 中国公民以海员身份出境入境和在国外船舶上从事工作的,应当依法申请办理海员证。

(3) 中国公民往来内地与我国香港特别行政区、澳门特别行政区,中国公民往来大陆与我国台湾地区,应当依法申请办理通行证件,并遵守法律有关规定。具体管理办法由国务院规定。

2. 接受查验

中国公民出境入境,应当向出境入境边防检查机关交验本人的护照或者其他旅行证件等出境入境证件,履行规定的手续,经查验准许,方可出境入境。具备条件的口岸,出入境边防检查机关应当为中国公民出境入境提供专用通道等便利措施。

3. 不准出境

《出境入境管理法》第十二条规定,中国公民有下列情形之一的,不准出境。

（1）未持有效出境入境证件或者拒绝、逃避接受边防检查的。

（2）被判处刑罚尚未执行完毕或者属于刑事案件被告人、犯罪嫌疑人的。

（3）有未了结的民事案件，人民法院决定不准出境的。

（4）因妨害国（边）境管理受到刑事处罚或者因非法出境、非法居留、非法就业被其他国家或者地区遣返，未满不准出境规定年限的。

（5）可能危害国家安全和利益，国务院有关主管部门决定不准出境的。

（6）法律、行政法规规定不准出境的其他情形。

4. 回国定居

《出境入境管理法》规定，定居国外的中国公民要求回国定居的，应当在入境前向中华人民共和国驻外使馆、领馆或者外交部委托的其他驻外机构提出申请，也可以由本人或者经由国内亲属向拟定居地的县级以上地方人民政府侨务部门提出申请。

定居国外的中国公民在中国境内办理金融、教育、医疗、交通、电信、社会保险、财产登记等事务需要提供身份证明的，可以凭本人的护照证明其身份。

10.2.3　法律责任

有下列行为之一的，处 1000 元以上 5000 元以下罚款；情节严重的，处 5 日以上 10 日以下拘留，可以并处 2000 元以上 1 万元以下罚款。

（1）持用伪造、变造、骗取的出境入境证件出境入境的。

（2）冒用他人出境入境证件出境入境的。

（3）逃避出境入境边防检查的。

（4）以其他方式非法出境入境的。

协助他人非法出境入境的，处 2000 元以上 1 万元以下罚款；情节严重的，处 10 日以上 15 日以下拘留，并处 5000 元以上 2 万元以下罚款，有违法所得的，没收违法所得。单位有该行为的，处 1 万元以上 5 万元以下罚款，有违法所得的，没收违法所得，并对其直接负责的主管人员和其他直接责任人员依照前款规定予以处罚。

弄虚作假骗取签证、停留居留证件等出境入境证件的，处 2000 元以上 5000 元以下罚款；情节严重的，处 10 日以上 15 日以下拘留，并处 5000 元以上 2 万元以下罚款。单位有该行为的，处 1 万元以上 5 万元以下罚款，并对其直接负责的主管人员和其他直接责任人员依照前款规定予以处罚。

中国公民出境后非法前往其他国家或者地区被遣返的，出境入境边防检查机关应当收缴其出境入境证件，出境入境证件签发机关自其被遣返之日起 6 个月至 3 年以内不予签发出境入境证件。

以上行政处罚，除另有规定外，由县级以上地方人民政府公安机关或者出境入境边防检查机关决定；其中警告或者 5000 元以下罚款，可以由县级以上地方人民政府公安机关出境入境管理机构决定。

违反《出境入境管理法》规定，构成犯罪的，依法追究刑事责任。

10.3　外国人入境出境

根据《中华人民共和国国籍法》和《出境入境管理法》的规定,外国人是指不具有中国国籍的人。

从国际法角度看,一个国家是否准许外国人入境、居留、旅行、出境等是该国的国家主权问题,别的国家无权干涉。但是,随着国际的经济、文化、科学技术交流的不断增加,世界各国都根据本国的具体情况,在不同程度上规定了外国人可以入出本国国境和在本国境内居留、旅行等。

在中国境内的外国人的合法权益受法律保护。外国人的人身自由不受侵犯,非经人民检察院批准或者决定或者人民法院决定,并由公安机关或者国家安全机关执行,不受逮捕。在中国境内的外国人应当遵守中国法律,不得危害中国国家安全、损害社会公共利益、破坏社会公共秩序。

10.3.1　签　证

《出境入境管理法》第十五条规定,外国人入境,应当向驻外签证机关申请办理签证,但是本法另有规定的除外。

1. 签证及其种类

《出境入境管理法》规定,签证分为外交签证、礼遇签证、公务签证和普通签证。签证的登记项目包括签证种类,持有人姓名、性别、出生日期、入境次数、入境有效期限、停留期限,签发日期、地点,护照或者其他国际旅行证件号码等。

对因外交、公务事由入境的外国人,签发外交、公务签证;对因身份特殊需要给予礼遇的外国人,签发礼遇签证。外交签证、礼遇签证、公务签证的签发范围和签发办法由外交部规定。

对因工作、学习、探亲、旅游、商务活动、人才引进等非外交、公务事由入境的外国人,签发相应类别的普通签证。普通签证的类别和签发办法由国务院规定。

　补充阅读——我国签证的类型

　　我国签证分为外交签证、礼遇签证、公务签证和普通签证,根据外国人来中国的身份和所持护照的种类分别签发。普通签证又分为定居签证、职业签证、学习签证、访问签证、旅游签证、过境签证、乘务签证和记者签证,根据外国人申请来中国的事由签发,在签证上标明相应的汉语拼音字母来表示。

　　(1) D 字签证发给来中国定居的人员。

　　(2) Z 字签证发给来中国任职或者就业的人员及其随行家属。

　　(3) X 字签证发给来中国留学、进修、实习 6 个月以上的人员。

　　(4) F 字签证发给应邀来中国访问、考察、讲学、经商、进行科技文化交流及短期进修、实习等活动不超过 6 个月的人员。

（5）L字签证发给来中国旅游、探亲或者因其他私人事务入境的人员,其中9人以上组团来中国旅游的,可以发给团体签证。

（6）G字签证发给经中国过境的人员。

（7）C字签证发给执行乘务、航空、航运任务的国际列车乘务员、国际航空器机组人员及国际航行船舶的海员及其随行家属。

（8）J-1字签证发给来中国常驻的外国记者,J-2字签证发给临时来中国采访的外国记者。

2. 签证的申请

（1）外国人申请办理签证,应当向驻外签证机关提交本人的护照或者其他国际旅行证件,以及申请事由的相关材料,按照驻外签证机关的要求办理相关手续、接受面谈。

（2）外国人申请办理签证需要提供中国境内的单位或者个人出具的邀请函件的,申请人应当按照驻外签证机关的要求提供。出具邀请函件的单位或者个人应当对邀请内容的真实性负责。

（3）出于人道原因需要紧急入境,应邀入境从事紧急商务、工程抢修或者具有其他紧急入境需要并持有有关主管部门同意在口岸申办签证的证明材料的外国人,可以在国务院批准办理口岸签证业务的口岸,向公安部委托的口岸签证机关（以下简称口岸签证机关）申请办理口岸签证。

旅行社按照国家有关规定组织入境旅游的,可以向口岸签证机关申请办理团体旅游签证。

外国人向口岸签证机关申请办理签证,应当提交本人的护照或者其他国际旅行证件,以及申请事由的相关材料,按照口岸签证机关的要求办理相关手续,并从申请签证的口岸入境。

口岸签证机关签发的签证一次入境有效,签证注明的停留期限不得超过30日。

3. 不予签发签证的情形

《出境入境管理法》规定,外国人有下列情形之一的,不予签发签证。

（1）被处驱逐出境或者被决定遣送出境,未满不准入境规定年限的。

（2）患有严重精神障碍、传染性肺结核病或者有可能对公共卫生造成重大危害的其他传染病的。

（3）可能危害中国国家安全和利益、破坏社会公共秩序或者从事其他违法犯罪活动的。

（4）在申请签证过程中弄虚作假或者不能保障在中国境内期间所需费用的。

（5）不能提交签证机关要求提交的相关材料的。

（6）签证机关认为不宜签发签证的其他情形。

对不予签发签证的,签证机关可以不说明理由。

4. 免办签证

《出境入境管理法》规定,外国人有下列情形之一的,可以免办签证。

(1) 根据中国政府与其他国家政府签订的互免签证协议,属于免办签证人员的。

(2) 持有效的外国人居留证件的。

(3) 持联程客票搭乘国际航行的航空器、船舶、列车从中国过境前往第三国或者地区,在中国境内停留不超过 24 小时且不离开口岸,或者在国务院批准的特定区域内停留不超过规定时限的。

(4) 国务院规定的可以免办签证的其他情形。

5. 临时入境手续

《出境入境管理法》规定,有下列情形之一的外国人需要临时入境的,应当向出境入境边防检查机关申请办理临时入境手续。

(1) 外国船员及其随行家属登陆港口所在城市的。

(2) 本法第二十二条第三项规定的人员需要离开口岸的。

(3) 因不可抗力或者其他紧急原因需要临时入境的。

临时入境的期限不得超过 15 日。

对申请办理临时入境手续的外国人,出境入境边防检查机关可以要求外国人本人、载运其入境的交通运输工具的负责人或者交通运输工具出境入境业务代理单位提供必要的保证措施。

10.3.2　入境和出境

1. 入境管理

外国人入境,应当向出境入境边防检查机关交验本人的护照或者其他国际旅行证件、签证或者其他入境许可证明,履行规定的手续,经查验准许,方可入境。

外国人有下列情形之一的,不准入境。

(1) 未持有效出境入境证件或者拒绝、逃避接受边防检查的。

(2) 具有不予签发签证第一项至第四项规定情形的。

(3) 入境后可能从事与签证种类不符的活动的。

(4) 法律、行政法规规定不准入境的其他情形。

对不准入境的,出境入境边防检查机关可以不说明理由。

对未被准许入境的外国人,出境入境边防检查机关应当责令其返回;对拒不返回的,强制其返回。外国人等待返回期间,不得离开限定的区域。

2. 出境管理

外国人出境,应当向出境入境边防检查机关交验本人的护照或者其他国际旅行证件、签证或者其他出境许可证明,履行规定的手续,经查验准许,方可出境。

外国人有下列情形之一的，不准出境。

（1）被判处刑罚尚未执行完毕或者属于刑事案件被告人、犯罪嫌疑人的，但是按照中国与外国签订的有关协议，移管被判刑人的除外。

（2）有未了结的民事案件，人民法院决定不准出境的。

（3）拖欠劳动者的劳动报酬，经国务院有关部门或者省、自治区、直辖市人民政府决定不准出境的。

（4）法律、行政法规规定不准出境的其他情形。

3. 遣送出境

外国人有下列情形之一的，可以遣送出境。

（1）被处限期出境，未在规定期限内离境的。

（2）有不准入境情形的。

（3）非法居留、非法就业的。

（4）违反《出境入境管理法》或者其他法律、行政法规需要遣送出境的。

其他境外人员有前款所列情形之一的，可以依法遣送出境。

被遣送出境的人员，自被遣送出境之日起1～5年不准入境。

10.3.3　停留和居留

1. 停留

外国人所持签证注明的停留期限不超过180日的，持证人凭签证并按照签证注明的停留期限在中国境内停留。需要延长签证停留期限的，应当在签证注明的停留期限届满7日前向停留地县级以上地方人民政府公安机关出境入境管理机构申请，按照要求提交申请事由的相关材料。经审查，延期理由合理、充分的，准予延长停留期限；不予延长停留期限的，应当按期离境。延长签证停留期限，累计不得超过签证原注明的停留期限。

免办签证入境的外国人需要超过免签期限在中国境内停留的，外国船员及其随行家属在中国境内停留需要离开港口所在城市，或者具有需要办理外国人停留证件其他情形的，应当按照规定办理外国人停留证件。外国人停留证件的有效期限最长为180日。

2. 居留证件

外国人所持签证注明入境后需要办理居留证件的，应当自入境之日起30日内，向拟居留地县级以上地方人民政府公安机关出境入境管理机构申请办理外国人居留证件。外国人居留证件的登记项目包括持有人姓名、性别、出生日期、居留事由、居留期限、签发日期、地点、护照或者其他国际旅行证件号码等。外国人工作类居留证件的有效期限最短为90日，最长为5年；非工作类居留证件的有效期限最短为180日，最长为5年。

申请办理外国人居留证件，应当提交本人的护照或者其他国际旅行证件，以及申请事由的相关材料，并留存指纹等人体生物识别信息。公安机关出境入境管理机构应当自收到申请材料之日起15日内进行审查并作出审查决定，根据居留事由签发相应类别和期限的外国人居留证件。

《出境入境管理法》规定,外国人有下列情形之一的,不予签发外国人居留证件。

(1) 所持签证类别属于不应办理外国人居留证件的。

(2) 在申请过程中弄虚作假的。

(3) 不能按照规定提供相关证明材料的。

(4) 违反中国有关法律、行政法规,不适合在中国境内居留的。

(5) 签发机关认为不宜签发外国人居留证件的其他情形的。

3. 永久居留

对中国经济社会发展作出突出贡献或者符合其他在中国境内永久居留条件的外国人,经本人申请和公安部批准,取得永久居留资格。取得永久居留资格的外国人,凭永久居留证件在中国境内居留和工作,凭本人的护照和永久居留证件出境入境。外国人在中国境内永久居留的审批管理办法由公安部、外交部会同国务院有关部门规定。

《出境入境管理法》规定,外国人有下列情形之一的,由公安部决定取消其在中国境内的永久居留资格。

(1) 对中国国家安全和利益造成危害的。

(2) 被处驱逐出境的。

(3) 弄虚作假骗取在中国境内永久居留资格的。

(4) 在中国境内居留未达到规定时限的。

(5) 不适宜在中国境内永久居留的其他情形的。

4. 停留和居留的其他情况

(1) 符合国家规定的专门人才、投资者或者出于人道等原因确需由停留变更为居留的外国人,经设区的市级以上地方人民政府公安机关出境入境管理机构批准,可以办理外国人居留证件。

(2) 在中国境内居留的外国人申请延长居留期限的,应当在居留证件有效期限届满30 日前向居留地县级以上地方人民政府公安机关出境入境管理机构提出申请,按照要求提交申请事由的相关材料。经审查,延期理由合理、充分的,准予延长居留期限;不予延长居留期限的,应当按期离境。

(3) 外国人居留证件登记事项发生变更的,持证件人应当自登记事项发生变更之日起 10 日内向居留地县级以上地方人民政府公安机关出境入境管理机构申请办理变更。

(4) 外国人入境后,所持的普通签证、停留居留证件损毁、遗失、被盗抢或者有符合国家规定的事由需要换发、补发的,应当按照规定向停留居留地县级以上地方人民政府公安机关出境入境管理机构提出申请。

(5) 公安机关出境入境管理机构做出的不予办理普通签证延期、换发、补发,不予办理外国人停留居留证件、不予延长居留期限的决定为最终决定。

(6) 外国人在中国境内停留居留,不得从事与停留居留事由不相符的活动,并应当在规定的停留居留期限届满前离境。

(7) 年满16周岁的外国人在中国境内停留居留,应当随身携带本人的护照或者其他国际旅行证件,或者外国人停留居留证件,接受公安机关的查验。在中国境内居留的外国人,应当在规定的时间内到居留地县级以上地方人民政府公安机关交验外国人居留证件。

(8) 外国人在中国境内旅馆住宿的,旅馆应当按照旅馆业治安管理的有关规定为其办理住宿登记,并向所在地公安机关报送外国人住宿登记信息。外国人在旅馆以外的其他住所居住或者住宿的,应当在入住后24小时内由本人或者留宿人,向居住地的公安机关办理登记。

(9) 在中国境内出生的外国婴儿,其父母或者代理人应当在婴儿出生60日内,持该婴儿的出生证明到父母停留居留地县级以上地方人民政府公安机关出境入境管理机构为其办理停留或者居留登记。

(10) 外国人在中国境内死亡的,其家属、监护人或者代理人,应当按照规定,持该外国人的死亡证明向县级以上地方人民政府公安机关出境入境管理机构申报,注销外国人停留居留证件。

(11) 外国人在中国境内工作,应当按照规定取得工作许可和工作类居留证件。任何单位和个人不得聘用未取得工作许可和工作类居留证件的外国人。外国人有下列行为之一的,属于非法就业:①未按照规定取得工作许可和工作类居留证件在中国境内工作的;②超出工作许可限定范围在中国境内工作的;③外国留学生违反勤工助学管理规定,超出规定的岗位范围或者时限在中国境内工作的。

(12) 根据维护国家安全、公共安全的需要,公安机关、国家安全机关可以限制外国人、外国机构在某些地区设立居住或者办公场所;对已经设立的,可以限期迁离。未经批准,外国人不得进入限制外国人进入的区域。

(13) 聘用外国人工作或者招收外国留学生的单位,应当按照规定向所在地公安机关报告有关信息。公民、法人或者其他组织发现外国人有非法入境、非法居留、非法就业情形的,应当及时向所在地公安机关报告。

(14) 申请难民地位的外国人,在难民地位甄别期间,可以凭公安机关签发的临时身份证明在中国境内停留;被认定为难民的外国人,可以凭公安机关签发的难民身份证件在中国境内停留居留。

10.3.4　法律责任

有下列情形之一的,给予警告,可以并处2000元以下罚款。

(1) 外国人拒不接受公安机关查验其出境入境证件的。

(2) 外国人拒不交验居留证件的。

(3) 未按照规定办理外国人出生登记、死亡申报的。

(4) 外国人居留证件登记事项发生变更,未按照规定办理变更的。

(5) 在中国境内的外国人冒用他人出境入境证件的。

(6) 外国人在旅馆以外的其他住所居住或者住宿,本人或者留宿人未在入住后24小时内向居住地的公安机关办理登记的。

旅馆未按照规定办理外国人住宿登记的,依照《中华人民共和国治安管理处罚法》的有关规定予以处罚;未按照规定向公安机关报送外国人住宿登记信息的,给予警告;情节严重的,处 1000 元以上 5000 元以下罚款。

外国人未经批准,擅自进入限制外国人进入的区域,责令立即离开;情节严重的,处 5 日以上 10 日以下拘留。对外国人非法获取的文字记录、影像资料、电子数据和其他物品,予以收缴或者销毁,所用工具予以收缴。外国人、外国机构违反《出境入境管理法》规定,拒不执行公安机关、国家安全机关限期迁离决定的,给予警告并强制迁离;情节严重的,对有关责任人员处 5 日以上 15 日以下拘留。

外国人非法居留的,给予警告;情节严重的,处每非法居留 1 日 500 元,总额不超过 1 万元罚款或者 5 日以上 15 日以下拘留。因监护人或者其他负有监护责任的人未尽到监护义务,致使未满 16 周岁的外国人非法居留的,对监护人或者其他负有监护责任的人给予警告,可以并处 1000 元以下罚款。

容留、藏匿非法入境、非法居留的外国人,协助非法入境、非法居留的外国人逃避检查,或者为非法居留的外国人违法提供出境入境证件的,处 2000 元以上 1 万元以下罚款;情节严重的,处 5 日以上 15 日以下拘留,并处 5000 元以上 2 万元以下罚款,有违法所得的,没收违法所得。单位有前款行为的,处 1 万元以上 5 万元以下罚款,有违法所得的,没收违法所得,并对其直接负责的主管人员和其他直接责任人员依照前款规定予以处罚。

外国人非法就业的,处 5000 元以上 2 万元以下罚款;情节严重的,处 5 日以上 15 日以下拘留,并处 5000 元以上 2 万元以下罚款。介绍外国人非法就业的,对个人处每非法介绍 1 人 5000 元,总额不超过 5 万元罚款;对单位处每非法介绍 1 人 5000 元,总额不超过 10 万元罚款;有违法所得的,没收违法所得。非法聘用外国人的,处每非法聘用 1 人 1 万元,总额不超过 10 万元罚款;有违法所得的,没收违法所得。

外国人从事与停留居留事由不相符的活动,或者有其他违反中国法律、法规规定,不适宜在中国境内继续停留居留情形的,可以处限期出境。外国人违反《出境入境管理法》规定,情节严重,尚不构成犯罪的,公安部可以处驱逐出境。公安部的处罚决定为最终决定。被驱逐出境的外国人,自被驱逐出境之日起 10 年内不准入境。

有下列情形之一的,给予警告,可以并处 2000 元以下罚款。

(1) 扰乱口岸限定区域管理秩序的。

(2) 外国船员及其随行家属未办理临时入境手续登陆的。

(3) 未办理登轮证件上下外国船舶的。

违反前款第一项规定,情节严重的,可以并处 5 日以上 10 日以下拘留。

以上行政处罚,除另有规定外,由县级以上地方人民政府公安机关或者出境入境边防检查机关决定;其中,警告或者 5000 元以下罚款,可以由县级以上地方人民政府公安机关出境入境管理机构决定。

违反《出境入境管理法》规定,构成犯罪的,依法追究刑事责任。

10.4　出境入境检查制度

我国出境入境检查实行"一关四检"制度。"一关"是指海关检查,"四检"是指边防检查、安全检查、卫生检疫与监测和对出境入境动植物的检疫。

10.4.1　海关检查

海关是国家的门户,是国家入出境管理机构。海关检查是指海关在国境口岸依法对进出国境的货物、运输工具、行李物品、邮递物品和其他物品执行监督管理、代收关税和查禁走私等任务时所进行的检查。我国海关在执行任务时贯彻既严格又方便的原则,既保卫国家的政治、经济利益,维护国家主权,又便于正常往来。

外国旅游者来中国,主要接受海关对其入境运输工具和行李物品的检查。在现代旅游实践中,旅游者不但搭乘飞机、船舶或列车,而且在邻近国家之间,往往驾驶车辆、船舶等旅游,因此,各国都制定了对外国旅游者运输工具的监督和检查制度。进出中国国境的旅游者应将携带的符合规定的行李物品交海关检查。

(1) 旅游者应填写"旅客行李申报表"一式两份,经海关查验行李物品后签章,双方各执一份,在旅游者回程时交海关验核。

(2) 进出境旅游者向海关的申报,应在海关对有关物品实施查验(包括检查设备查验)之前完成;海关开始检查后,旅游者对其所携带物品以任何方式做出的申明,均不视为申报。

(3) 来我国居留不超过 6 个月的旅游者,携带海关认为必须复运出境的物品,由海关登记后放行,旅游者出境时必须将原物带出;旅游者携带的金银、珠宝、钻石等饰物,如准备携带出境,应向海关登记,由海关发给证明书,以便出境时海关凭证核放。

(4) 进出国境的旅游者携带的行李物品符合纳税规定的,应照章纳税。

10.4.2　边防检查

各国为维护国家主权和安全,禁止非法出境入境,便利进出国境人员和交通运输畅通,都在对外开放的港口、机场、国境车站和边防通道以及特许的进出口岸设立了边防检查站,对进出国境的人和物进行检查。出境、入境的人员和交通运输工具,必须经对外开放的口岸或者主管机关特许的地点通行,接受边防检查、监护和管理。

出境、入境的人员,必须遵守中华人民共和国的法律、行政法规。任何组织和个人不得妨碍边防检查人员依法执行公务。

1. 出境入境验证

出境入境人员抵达中国口岸后,必须按照规定填写出境、入境登记卡,向边防检查站交验本人的有效护照或其他出境、入境证件,经查验核准后方可出境、入境。上下外国船舰的人员,必须向边防检查人员交验出境、入境证件或者其他规定的证件,经许可后方可上船、下船。

《中华人民共和国出境入境边防检查条例》第八条规定,出境、入境的人员有下列情形之一的,边防检查站有权阻止其出境、入境。

(1) 未持出境、入境证件的。

(2) 持用无效出境、入境证件的。

(3) 持用他人出境、入境证件的。

(4) 持用伪造或者涂改的出境、入境证件的。

(5) 拒绝边防检查的。

(6) 未在限定口岸通行的。

(7) 国务院公安部门、国家安全部门通知不准出境、入境的。

(8) 法律、行政法规规定不准出境、入境的。

2. 运输工具的检查

出境、入境交通运输工具离开、抵达口岸时,应当接受边防检查。对交通运输工具的入境边防检查,在其最先抵达的口岸进行;对交通运输工具的出境边防检查,在其最后离开的口岸进行。特殊情况下,可以在有关主管机关指定的地点进行。出境的交通运输工具自出境检查后至出境前,入境的交通运输工具自入境后至入境检查前,未经出境入境边防检查机关按照规定程序许可,不得上下人员、装卸货物或者物品。

交通运输工具负责人或者交通运输工具出境、入境业务代理单位应当按照规定提前向出境入境边防检查机关报告入境、出境的交通运输工具抵达、离开口岸的时间和停留地点,如实申报员工、旅客、货物或者物品等信息。

交通运输工具负责人、交通运输工具出境、入境业务代理单位应当配合出境、入境边防检查,发现违反本法规定行为的,应当立即报告并协助调查处理。

入境交通运输工具载运不准入境人员的,交通运输工具负责人应当负责载离。

交通运输工具有下列情形之一的,不准出境、入境;已经驶离口岸的,可以责令返回。

(1) 离开、抵达口岸时,未经查验准许擅自出境、入境的。

(2) 未经批准擅自改变出境、入境口岸的。

(3) 涉嫌载有不准出境、入境人员,需要查验核实的。

(4) 涉嫌载有危害国家安全、利益和社会公共秩序的物品,需要查验核实的。

(5) 拒绝接受出境入境边防检查机关管理的其他情形。

上述情形消失后,出境入境边防检查机关对有关交通运输工具应当立即放行。

3. 行李物品的检查

根据《中华人民共和国出境入境边防检查条例》的有关规定,边防检查站为维护国家安全和社会秩序,可以对出境、入境人员携带的行李物品和交通运输工具载运的货物进行重点检查。

(1) 对违禁物品的检查。出境、入境的人员和交通运输工具不得携带、载运法律和行政法规规定的危害国家安全和社会秩序的违禁物品;携带、载运违禁物品的,边防检查站除了将其扣留外,还要对携带人、载运违禁物品的交通工具的负责人依照有关法律、法规的规定进行处理。

（2）对秘密文件、资料的检查。任何人不得非法携带属于国家秘密的文件、资料和其他物品出境；非法携带属于国家秘密的文件、资料和其他物品的，边防检查站除了依法收缴外，还将对携带人依法处理。

（3）对武器的检查。出境、入境的人员携带或者托运枪支、弹药，必须遵守有关法律、行政法规的规定，向边防检查站办理携带或者托运手续；未经许可，不得携带、托运枪支、弹药出境、入境。

10.4.3　安全检查

为保障出境、入境人员的生命和财产安全，中国海关和边防检查部门禁止出境、入境人员携带武器、凶器和爆炸物品，采用通过安全门，使用磁性探测检查、红外线透视、搜身开箱检查等方法，对其进行安全检查。

10.4.4　卫生检疫与监测

卫生检疫是为了防止疫病由国外传入和由国内传出，对出境入境的运输工具、人员及其行李货物，实施医学检查、卫生检查和必要的卫生处理。

为防止传染病由国外传入或由国内传出，保护人体健康，各国政府都制定了卫生检疫法。我国于1986年12月颁发了《中华人民共和国国境卫生检疫法》(1986年12月2日第六届全国人民代表大会常务委员会第十八次会议通过，根据2007年12月29日第十届全国人民代表大会常务委员会第三十一次会议《关于修改〈中华人民共和国国境卫生检疫法〉的决定》第一次修正，根据2009年8月27日第十一届全国人民代表大会常务委员会第十次会议《关于修改部分法律的决定》第二次修正，根据2018年4月27日第十三届全国人民代表大会常务委员会第二次会议《关于修改〈中华人民共和国国境卫生检疫法〉等六部法律的决定》第三次修正)，并于1989年3月由卫生部发布了《中华人民共和国国境卫生检疫法实施细则》(1989年2月10日国务院批准，1989年3月6日卫生部发布施行，根据2010年4月24日《国务院关于修改中华人民共和国国境卫生检疫法实施细则的决定》第一次修订，根据2016年2月6日《国务院关于修改部分行政法规的决定》第二次修订，根据2019年3月2日《国务院关于修改部分行政法规的决定》第三次修订)等一系列法规。

《中华人民共和国国境卫生检疫法》规定，在中华人民共和国国际通航的港口、机场以及陆地边境和国界江河的口岸设立国境卫生检疫机关，依照本法规定实施传染病检疫、监测和卫生监督。本法所指的传染病是指检疫传染病和监测传染病。监测传染病是指鼠疫、霍乱、黄热病以及国务院确定和公布的其他传染病；监测传染病由国务院卫生行政管理部门确定和公布。

入境、出境的人员、交通工具、运输设备以及可能传染检疫传染病的行李、货物、邮包等物品都应当接受检疫，经国务院卫生检疫机关许可方准入境或出境。在国内或者国外检疫传染病大流行时，国务院卫生行政管理部门应当立即报请国务院决定采取下列检疫措施的一项或者全部。

（1）下令封锁陆地边境、国界江河的有关区域。

（2）指定某些物品必须经过消毒、除虫，方准由国外运进或者由国内运出。

（3）禁止某些物品由国外运进或者由国内运出。

（4）指定第一入境港口、降落机场。对来自国外疫区的船舶、航空器，除因遇险或者其他特殊原因外，未经第一入境港口、机场检疫的，不准进入其他港口和机场。

1. 对旅游者入境出境检疫的规定

《中华人民共和国国境卫生检疫法》对旅游者入境出境检疫作了具体规定。

（1）入境的旅游者和交通工具，必须在最先到达的国境口岸的指定地点接受检疫。除引航员外，未经国境卫生检疫机关许可，任何人不准上下交通工具，不准装卸行李、货物、邮包等物品。

（2）出境的旅游者和交通工具，必须在最后离开的国境口岸接受检疫。

（3）来自外国的船舶、航空器因故停泊、降落在中国境内非口岸地点时，船舶、航空器的负责人应当立即向就近的国境卫生检疫机关或者当地卫生行政管理部门报告。除紧急情况外，未经国境卫生检疫机关或者当地卫生行政管理部门的许可，包括旅游者在内的任何人不准上下船舶、航空器，不准装卸行李、货物、邮包等。

（4）在国境口岸发现检疫传染病、疑似检疫传染病，或者有人非因意外伤害而死亡并死因不明的，国境口岸有关单位和交通工具的负责人，应当立即向国境卫生检疫机关报告，并申请临时检疫。

（5）国境卫生检疫机关根据检疫医师的检疫结果，对未染有传染病的旅游者、交通工具或已实施卫生处理的交通工具，签发入境检疫证或出境检疫证。

（6）国境卫生检疫机关对检疫传染病的传疫人必须立即采取隔离措施。隔离期限根据医学检查结果确定；对检疫传染病染疫嫌疑人应当将其留验，留验期限根据该传染病的潜伏期决定。因患检疫传染而死亡的尸体，必须就近火化。

（7）接受入境检疫的旅游者的交通工具具有下列情形之一的，应当实施消毒、除鼠、除虫或其他卫生处理：①来自检疫传染病疫区的；②被检疫传染病污染的；③发现有与人类健康有关的啮齿动物或病媒昆虫的。如果旅游者拒绝对其交通工具进行卫生处理，除有特殊情况外，准许该交通工具在国境卫生检疫机关的监督下，立即离开我国国境。

（8）国境卫生检疫机关对来自疫区的、被检疫传染病污染的或者可能成为检疫传染病传播媒介的行李、货物、邮包等物品，应当进行卫生检查，实施消毒、除鼠、除虫或者其他卫生处理。入境、出境的尸体、骸骨的托运人或者其代理人，必须向国境卫生检疫机关申报，经卫生检查合格后，方准运进或者运出。

2. 对旅游者入境出境卫生监测的规定

（1）国境卫生检疫机关对入境出境人员实施传染病监测，并采取必要的预防、控制措施。

（2）国境卫生检疫机关有权要求入境出境的人员填写健康证明卡，出示某种传染病的预防接种证书、健康证明或其他有关证明。

（3）对患有监测传染病的人，来自国外传染病流行区的人或与监测传染病密切接触的人，国境卫生检疫机关应当区别情况，发给就诊方便卡，实施留验或采取其他方法预防、控制措施，并及时通知当地卫生行政管理部门。各地医疗单位对持有就诊方便卡的人员，应当优先诊治。

10.4.5　对出境入境动植物的检疫

为防止动物传染病、寄生虫病和植物危险性病、虫、杂草以及其他有害生物传入、传出国境，保护农、林、牧、渔业生产和人体健康，促进对外经济贸易的发展，我国和世界其他国家一样，制定了动植物检疫的法律，如《中华人民共和国进出境动植物检疫法》和《中华人民共和国进出境动植物检疫法实施条例》。

国务院设立动植物检疫机关，统一管理全国进出境动植物检疫工作。国家动植物检疫机关在对外开放的口岸和进出境动植物检疫业务集中的地点设立的口岸动植物检疫机关，依照《中华人民共和国进出境动植物检疫法》规定实施进出境动植物检疫。

国务院农业行政主管部门主管全国进出境动植物检疫工作。

小结

1. 中国公民出境、入境，外国人入境、出境，外国人在中国境内停留居留的管理，以及交通运输工具出境、入境的边防检查，适用《出境入境管理法》。

2. 中华人民共和国驻外使馆、领馆或者外交部委托的其他驻外机构（以下简称驻外签证机关）负责在境外签发外国人入境签证。出境入境边防检查机关负责实施出境、入境边防检查。县级以上地方人民政府公安机关及其出境入境管理机构负责外国人停留居留管理。

3. 中国公民出境入境的有效证件主要有护照、旅行证和出境入境通行证、签证。

4. 在中国境内的外国人的合法权益受法律保护。在中国境内的外国人应当遵守中国法律，不得危害中国国家安全、损害社会公共利益、破坏社会公共秩序。

5. 进出中国国境的旅游者应将携带的符合规定的行李物品交海关检查。海关检查是指海关在国境口岸依法对进出国境的货物、运输工具、行李物品、邮递物品和其他物品执行监督管理、代收关税和查禁走私等任务时所进行的检查。

6. 出境、入境的人员和交通运输工具、行李物品，必须经对外开放的口岸或者主管机关特许的地点通行，接受边防检查、监护和管理。

思考与练习

一、单项选择题

1. 申请 L 签证的旅游者，如人数在（　　）人以上组团来华的，可发给团队签证。

　　A. 3　　　　　　　　B. 5　　　　　　　　C. 9　　　　　　　　D. 10

2. 中国公民持有护照或者其他有效证件出入我国国境，（　　）。

　　A. 应当办理签证　　　　　　　　　　B. 入境必须办理签证

　　C. 出境必须办理签证　　　　　　　　D. 无须办理签证

　　3. 护照由持证人保存、使用,我国法律规定年满 16 周岁的公民持有的护照有效期限为(　　)年。

　　A. 3　　　　　　　B. 5　　　　　　　C. 8　　　　　　　D. 10

　　4. 旅行证分为 1 年 1 次有效和(　　)年多次有效 2 种。

　　A. 2　　　　　　　B. 3　　　　　　　C. 4　　　　　　　D. 5

二、多项选择题

　　1.《出境入境管理法》第十二条规定,有下列(　　)情形的中国公民不准出境。

　　A. 未持有效出境、入境证件或者拒绝、逃避接受边防检查的

　　B. 被判处刑罚尚未执行完毕或者属于刑事案件被告人、犯罪嫌疑人的

　　C. 有未了结的民事案件,人民法院决定不准出境的

　　D. 因妨害国(边)境管理受到刑事处罚或者因非法出境、非法居留、非法就业被其他国家或者地区遣返,未满不准出境规定年限的

　　2.《出境入境管理法》规定,外国人入境,应当向驻外签证机关申请办理签证。签证的种类有(　　)。

　　A. 外交签证　　　　B. 礼遇签证　　　　C. 公务签证　　　　D. 普通签证

　　3.《出境入境管理法》规定,以下(　　)情形的外国人不准入境。

　　A. 未持有效出境、入境证件或者拒绝、逃避接受边防检查的

　　B. 具有不予签发签证第一项至第四项规定情形的

　　C. 入境后可能从事与签证种类不符的活动的

　　D. 法律、行政法规规定不准入境的其他情形

　　4.《出境入境管理法》规定,以下(　　)情形的外国人不准出境。

　　A. 被判处刑罚尚未执行完毕或者属于刑事案件被告人、犯罪嫌疑人的

　　B. 有未了结的民事案件,人民法院决定不准出境的

　　C. 拖欠劳动者的劳动报酬,经国务院有关部门或者省、自治区、直辖市人民政府决定不准出境的

　　D. 法律、行政法规规定不准出境的

　　5.《出境入境管理法》规定,外国人所持签证注明入境后需要办理居留证件的,应当自入境之日起(　　)日内,向拟居留地县级以上地方人民政府公安机关出境入境管理机构申请办理外国人居留证件。

　　A. 10　　　　　　　B. 7　　　　　　　C. 15　　　　　　　D. 30

　　6. 目前,我国护照的种类主要有(　　)。

　　A. 外交护照　　　　B. 公务护照　　　　C. 普通护照　　　　D. 因私护照

　　7. 旅行证的颁发机关为中国驻外的(　　)。

　　A. 外交代表机关　　　　　　　　　　B. 领事机关

　　C. 公安机关　　　　　　　　　　　　D. 外交部授权的其他驻外机关

8. 中华人民共和国边境出入证件主要有(　　　)。

 A. 护照　　　　　　B. 旅行证　　　　　C. 签证　　　　　　D. 出境入境通行证

9. 中国在国外受理外国人入境、过境申请的机关是中国的(　　　)。

 A. 公安机关　　　　　　　　　　B. 外交代表机关

 C. 领事机关　　　　　　　　　　D. 外交部授权的其他驻外机关

三、名词解释

1. 护照
2. 签证
3. 旅行证
4. 海关检查
5. 边防检查

四、简答题

1. 在我国,主管出境入境的管理机关有哪些?
2. 外国旅游者如何向我国申请签证?
3.《出境入境管理法》规定的中国公民不准出境的情形有哪些?
4. 中国旅游者出境入境应当履行哪些手续?
5. 中国海关规定的禁止进境出境物品有哪些?

第 11 章

旅游消费者权益保护法律制度

内容提要

　　本章主要运用《中华人民共和国消费者权益保护法》(以下简称《消费者权益保护法》)来规范旅游产业中的经营者和服务者的行为、保护旅游者的合法权益、解决旅游消费中权益争议的途径以及经营者侵犯消费者权益时应承担的法律责任。

本章重点

　　(1) 旅游消费者的权利和经营者的义务。
　　(2) 国家和消费者协会对旅游消费者合法权益的保护。
　　(3) 旅游消费者权益争议的解决途径。
　　(4) 旅游经营者侵犯旅游者权益时应承担的责任。

　　随着旅游业的发展,旅游活动中存在的问题日益突出,尤其是旅游者合法权益保护问题,已成为广大旅游者越来越关注的问题。解决好这一问题,既是保障我国旅游业持续、健康发展的需要,又是我国旅游法制建设面临的重要课题。目前,我国尚未制定专门的旅游者合法权益保护法,前几章中介绍的《旅行社条例》《旅游投诉处理办法》等法规为保护旅游者的合法权益,及时、公正地处理旅游纠纷提供了一定的依据。但是,旅游者作为消费者的特殊群体,其具体的权利、义务与其他消费者又有许多相同之处,在旅游者合法权益保护问题上,也适用一般消费者合法权益保护法规。因此,我国《消费者权益保护法》在保护旅游者合法权益、维护旅游市场秩序、促进旅游业健康发展的过程中同样起着非常重要的作用。

11.1　概述

11.1.1　旅游消费者合法权益的含义

1. 消费者与旅游消费者

　　按照我国《消费者权益保护法》的规定,消费者是指为生活消费需要而购买、使用商品或者接受服务的自然人、社会团体和单位。

　　根据国家旅游局、国家工商行政管理总局《关于印发新版〈团队出境旅游合同〉示范文本、〈大陆居民赴台湾地区旅游合同〉示范文本和〈团队国内旅游合同〉示范文本的通知》(旅发〔2010〕25号)的规定,旅游者是指与旅行社签订旅游合同,参加旅游活动的居民或团体。由于旅行社是经营旅游业务、提供有偿服务、实现经营利润的社会组织,因此,在旅游活动中,旅游者自然而然就是为生活需要而购买、使用旅行社等旅游经营者提供的旅游产品或接受旅游服务的消费者,即旅游消费者。另外,《旅游法》第二条规定:"在中华人民共和国境内的和在中华人民共和国境内组织到境外的游览、度假、休闲等形式的旅游活动以及为旅游活动提供相关服务的经营活动,适用本法。"这就采用扩大解释的方式界定了旅游者,隐含着旅游法所指的旅游者不局限于参与旅行社团体旅游的消费者。

　　从《消费者权益保护法》对消费者的界定可知,旅游者本质上属于消费者,具备消费者的一般共性。旅游消费即旅游者通过购买旅游产品,满足自身旅游需求的过程。因此,《消费者权益保护法》所规定的消费者权利也适用于旅游者。

　　然而,由于旅游活动的特点以及旅游服务提供方式的独特性,决定了旅游消费活动与一般的消费活动又有所不同。比如,参加旅游活动的目的是获得精神上的愉悦,旅游活动的空间具有移动性,旅游活动具有一定的时间性,旅游消费具有复杂性和专业性,特别是先付费再旅游的特点使旅游者对旅游经营者的依赖性更加明显。为此《旅游法》第一条、第三条明确规定,保障旅游者的合法权益为该法的立法宗旨,同时专设"旅游者"一章,从法律层面确认旅游者的权利。

2. 经营者和旅游经营者

　　经营者是指从事商品生产、经营或者提供服务的自然人、法人和其他组织。旅游经营者是指从事旅游产品的销售和营业性服务,为旅游者提供旅游服务的单位和个人。旅游经营者主要是指旅行社,从广义上讲,还包括旅游景区(点)、旅游饭店、旅游商店等。

3. 旅游消费者的权益

　　要保护旅游消费者的合法权益,就有必要先弄清楚什么是旅游消费者的合法权益。消费者权益是指消费者依法享有的权利和应得利益。因此,旅游消费者的合法权益就是指旅游者在旅游活动中依照旅游法律、法规和制度享有的权利和应得利益。

11.1.2　保护旅游消费者的合法权益的重要性

1. 既是旅游者的迫切愿望和要求,也是推动旅游业发展的源泉和动力

　　一方面,从旅游者的角度看,旅游消费者享受旅游经营者提供的旅游服务的目的是满足个人的精神生活需要。如果在享受旅游服务的过程中,旅游者的合法权益受到损害,那么,旅游者满足个人的精神生活需要的目的就无法实现。因而,保护自己的合法权益不受侵犯,当然成为旅游者的迫切愿望和要求。

　　另一方面,从旅游业的角度看,向消费者提供高效、优质的旅游服务,并在旅游服务的提供过程中保护旅游者的合法权益,是永恒的主题。要实现这个目标,就要求旅游业无论是从经营上还是从管理上都应自我完善、自我发展。从这个意义上讲,旅游者的愿望和要求在激励和推动着旅游业的发展。

2. 旅游经营者的重要法律义务

以旅行社为例,旅游者和旅行社双方根据自愿、平等、等价有偿及协商一致的原则,缔结旅游合同。旅行社有收取服务费用的权利,当然也承担保护旅游者的合法权益、向旅游者提供各种合同规定的旅游服务的义务。旅行社不履行、不完全履行、不适当履行旅游合同,都将对旅游者的合法权益构成损害,进而违反合同义务,应承担法律责任。

3. 能为旅游经营者创造更多的利润

旅游经营者只有从旅游者的利益和要求出发,以一切可能的手段满足其愿望和要求,才能赢得旅游者的信任和光顾,从而保证其经济效益。反之,如果旅游经营者企图通过欺诈、不公平交易等手段来赚取不义之财,虽然在短期内可以获得一些经济利益,但是可能长远地失去商业信誉,失去顾客,从而断送自己的业务生命。

11.1.3 《消费者权益保护法》概述

1. 消费者权益保护法规的概念

消费者权益保护法规是指调整国家机关、经营者、消费者相互之间因保护消费者利益而产生的社会关系的法律规范的总称。可见,消费者权益保护法规的调整对象,一是国家机关与经营者之间的监督管理关系;二是国家机关与消费者之间的指导与被指导、保护与被保护的关系;三是经营者与消费者之间的商品交换关系。

消费者权益保护已成为世界性的潮流,各国都十分重视对消费者权益的立法保护。保护消费者合法权益的法律可分为狭义和广义两种。狭义的保护消费者合法权益的法律,一般特指《消费者权益保护法》;广义的保护消费者合法权益的法律,通常泛指与保护消费者合法权益有关的法律、法规的总称,其内容包括物价、质量、标准、计量、安全、商标、广告以及化工、食品、药物等方面的法律、法规中有关保护消费者合法权益的规定。通常所说的消费者权益保护法规,是狭义上的提法,具体是指 1993 年 10 月 31 日由第八届全国人民代表大会常务委员会第四次会议通过,并于 1994 年 1 月 1 日起施行的《消费者权益保护法》。该法于 2009 年 8 月 27 日根据第十一届全国人民代表大会常务委员会第十次会议《关于修改部分法律的决定》第一次修正,2013 年 10 月 25 日根据第十二届全国人民代表大会常务委员会第五次会议《关于修改〈中华人民共和国消费者权益保护法〉的决定》第二次修正,2014 年 3 月 15 日起施行。这是我国第一部以保护消费者权益为核心,对消费领域的经济关系进行全面、有效调整的法律文件。该法是我国保护消费者权益方面的基本法、特别法,在法律适用上优于其他法律、法规的规定,即本法及其他法律、法规就同一问题规定不一致时,优先适用本法的规定。

2.《消费者权益保护法》的立法宗旨

《消费者权益保护法》的立法宗旨是保护消费者的合法权益,维护社会经济秩序,促进社会主义市场经济的健康发展。

1) 保护消费者的合法权益

在社会生活中,损害消费者权益的问题时有发生。如在现实生活中的"假、冒、伪、劣"商品横行、服务领域管理混乱、服务质量差、收费随意等,严重损害了消费者的利益。《消费者权益保护法》明确规定了消费者的权利、经营者的义务,国家有关机关和社会各方面为保护消费者权益采取的有效措施,把对消费者权益的维护纳入有法可依、有法必依、执法必严、违法必究的社会主义法制轨道,使消费者的合法权益切实得到保障。

2) 维护社会经济秩序

在市场经济条件下,由于追求利润的最大化,有些经营者置法纪于不顾,损害消费者的权益。同时,为获得更多消费者的支持、拥有更大的市场,经营者之间又充满着激烈的竞争。总之,围绕社会生产、交换、消费等一系列活动,经营者与消费者之间、经营者与经营者之间的行为关系,直接影响社会经济秩序。《消费者权益保护法》通过立法手段规范经营者的交易行为,不但是保护消费者合法权益的需要,而且是维护社会经济秩序的需要。

3) 促进社会主义市场经济的健康发展

社会主义市场经济是以公有制和按劳分配为主体,以共同富裕为原则,以国家宏观调控为指导的一种现代市场经济。同时,社会主义市场经济也是法制经济。完善消费者权益的保护,进一步规范经营者的交易行为,既是对社会主义市场经济秩序的维护,又是对经济发展的促进和保护。完善消费者权益保护制度,是建设和巩固社会主义市场经济的重要内容,并为社会主义市场经济的健康发展提供法律依据。

3. 《消费者权益保护法》的适用范围

根据《消费者权益保护法》的有关规定,该法的适用范围可从以下3个方面理解。

(1) 消费者为生活消费需要购买、使用商品和接受服务时,适用《消费者权益保护法》。社会团体或个体成员只有在为个人生活目的进行消费活动时,才被视为《消费者权益保护法》所保护的消费者。

(2) 农民购买、使用直接用于农业生产的生产资料时,参照《消费者权益保护法》执行。《消费者权益保护法》的宗旨在于保护作为经营者对立面的特殊群体——消费者的合法权益。农民购买直接用于农业生产的生产资料,虽然不是用于个人生活消费,但作为经营者的相对方,其弱者地位是不言而喻的。我国现阶段坑农、害农事件时有发生,农业生产资料市场假货、劣货为数不少,对此必须采取有效的法律手段加以扭转。

(3) 经营者为消费者提供其生产、销售的商品或者提供服务时,适用《消费者权益保护法》。《消费者权益保护法》以保护消费者利益为核心,在处理经营者与消费者的关系时,经营者首先应当遵守《消费者权益保护法》的有关规定;《消费者权益保护法》未做规定的,应遵守其他有关法律和行政法规的规定。

4. 《消费者权益保护法》的基本原则

1) 经营者与消费者交易的基本原则

经营者与消费者进行交易应遵循的基本原则,既是对经营者行为的原则规范,也是对市场交易基本规律的抽象和概括。根据《消费者权益保护法》的规定,经营者与消费者进行交易,应当遵循自愿、平等、公平、诚实信用原则,该基本原则包括以下内容。

(1) 自愿原则。经营者与消费者进行交易时,要尊重消费者的意愿,建立交易关系也应真正出于消费者意愿,不得强买强卖。

(2) 平等原则。交易双方法律地位平等,不得恃强凌弱。

(3) 公平原则。双方交易符合等价交换这一商品经济的本质要求和社会商业道德规范精神,不得哄抬物价。

(4) 诚实信用原则。双方在交易中应友好合作、实事求是、恪守信用,不得弄虚作假。

2) 国家保护消费者合法权益不受侵犯的原则

《消费者权益保护法》规定,国家保护消费者合法权益不受侵害。国家采取措施,保障消费者依法行使权利,维护消费者的合法权益。旅游消费者作为消费者的一种类型,其合法权益也必然受到国家保护。

(1) 国家要制定保护消费者权益的政策、法律、法规,明确消费者在社会经济生活中特别是在与生产经营者的关系中所处的特殊法律地位,采取措施,切实保障消费者合法权益,帮助、指导和教育消费者提高自我保护意识,加强对经营者的监督管理;当消费者合法权益受到侵害时,提供必要的法律帮助。

(2) 有关国家机关对实际生活中发生的侵犯消费者合法权益的行为进行监督、查处。

(3) 国家司法机关迅速、便捷地解决消费者与经营者之间发生的消费纠纷,维护消费者的利益。

(4) 国家设立专门的保护消费者的组织机构,专门从事保护消费者合法权益的活动。

3) 全社会共同保护消费者合法权益的原则

《消费者权益保护法》规定,保护消费者合法权益是全社会的共同责任。

(1) 国家鼓励、支持一切组织和个人对损害消费者合法权益的行为进行社会监督。

(2) 消费者协会和其他消费者组织有权对商品和服务进行社会监督,保护消费者合法权益。

(3) 行业协会应当加强行业自律,规范行业行为,督促和引导经营者依法经营;行业协会制定行业规范、行业标准、合同文本等,应当听取消费者和消费者组织的意见,体现对消费者合法权益的保护。

(4) 大众传播媒介应当做好维护消费者合法权益的宣传,对损害消费者合法权益的行为进行舆论监督。

(5) 消费者应当学习消费者合法权益保护的法律、法规和商品与服务消费知识,提高自我保护意识和维护合法权益的能力。

11.2　旅游消费者的权利和旅游经营者的义务

11.2.1　旅游消费者的权利

旅游消费者的权利是指旅游消费者依法享有的作为或不作为或者要求别人作为或不作为的一种资格。我国《消费者权益保护法》明确规定了消费者享有下列 9 个方面的权利。

1. 安全保障权

旅游消费者的安全保障权是指旅游消费者在购买、使用商品和接受服务时,享有人身、财产安全不受损害的权利。旅游消费者有权要求经营者提供的商品和服务,以及经营场所、服务设施符合保障人身、财产安全的要求。《消费者权益保护法》第七条规定,消费者在购买、使用商品和接受服务时享有人身、财产安全不受损害的权利。消费者有权要求经营者提供的商品和服务符合保障人身、财产安全的要求。

安全保障权是旅游消费者最基本、最重要的权利,旅游者的安全问题不仅关系旅游经营者的经济利益,更是与国家旅游业的发展息息相关。

安全保障权包括人身安全权和财产安全权。它特指旅游者在购买、使用旅游产品以及接受旅游服务的特定环境下产生的权利,在内容上具有广泛性,贯穿于旅游活动的全过程,包括参加旅游活动、就餐、住宿、娱乐、购物和乘坐交通工具等方方面面。当人身安全权、财产安全权受到损害时,旅游者有权主张法律救济,还有权主动要求经营者提供的旅游产品和服务安全可靠。

2. 知情权

旅游消费者的知情权是指旅游者在购买、使用旅游产品或接受旅游服务时,享有知悉其所购买、使用的旅游产品或接受的旅游服务的真实、准确、完整信息的权利。《消费者权益保护法》第八条规定,消费者享有知悉其购买、使用的商品或者接受的服务的真实情况的权利。消费者有权根据商品或者服务的不同情况,要求经营者提供商品的价格、产地、生产者、用途、性能、规格、等级、主要成分、生产日期、有效期限、检验合格证明、使用方法说明书、售后服务,或者服务的内容、规格、费用等有关情况。

在旅游活动中,旅游者有权根据旅游产品和旅游服务的不同情况,要求旅游经营者提供与旅游有关的必要知识,包括服务内容以及其他相关知识和真实信息,诸如旅游广告的内容与提供服务内容相一致,景区、景点的基本情况及线路安排,旅游行程时间表和赴有关国家(地区)的旅行须知,提供旅行服务的服务价格、住宿标准、餐饮标准、交通标准等旅游服务标准等。特别是随着经济的发展,商品日益丰富,旅游活动领域中也在不断开发新项目,如海底潜水、蹦极、生存训练、漂流等,旅游者必须对旅游项目或服务做必要的了解,否则,无法做出比较合理的消费选择。旅游者在不能知悉真实信息的情况下进行消费,就达不到真实的消费目的,甚至上当受骗。

3. 自主选择权

旅游消费者的自主选择权是指旅游者在购买旅游产品或者接受旅游服务时,享有自主选择商品或者接受服务的权利。《消费者权益保护法》第九条规定,消费者享有自主选择商品或者服务的权利。消费者有权自主选择提供商品或者服务的经营者,自主选择商品品种或者服务方式,自主决定购买或者不购买任何一种商品、接受或者不接受任何一项服务。消费者在自主选择商品或者服务时,有权进行比较、鉴别和挑选。

(1)有权自主选择提供旅游服务产品或者服务的经营者。如旅游者外出可以选择 A

社,也可以选择 B 社为其服务。

(2) 有权自主选择旅游服务产品的品种或者服务的方式。如旅游者有权根据自己的经济水平、兴趣爱好对旅游商品、旅游线路、旅游项目进行自主选择,旅游经营者不得干涉,不得强加于人。

(3) 有权自主决定是否购买任何一种商品或者是否接受任何一项服务。旅游者的消费行为和消费范围不受来自任何方面的影响,由自己决定,旅游经营者不得强迫旅游者购买其旅游产品,更不能强迫旅游者购买其旅游商品中的某一特定商品。

(4) 在选择旅游服务产品或者接受服务时,有权进行比较和鉴别、挑选。如旅游者对几家旅行社推出的欧洲游做价格、线路、住宿标准、天数、餐标等方面的对比和鉴别,选择最满意的旅游产品。

必须说明的是,自主选择权是一种相对权,也就是说消费者自主选择商品或者服务的行为,必须是符合法律、法规,遵守社会公德,不侵害国家、集体、他人合法权益的合法行为。

4. 公平交易权

旅游消费者的公平交易权是指旅游者在购买旅游产品或者接受旅游服务时享有获得质量保障、价格合理、计量正确等公平交易条件的权利,有权拒绝旅游经营者的强制交易行为。《消费者权益保护法》第十条规定,消费者享有公平交易的权利。消费者在购买商品或者接受服务时,有权获得质量保障、价格合理、计量正确等公平交易条件,有权拒绝经营者的强制交易行为。其具体要求如下。

(1) 旅游者与经营者的交易行为的发生不存在强迫或歧视。

(2) 交易双方以诚相待。交易的结果,一方面,能够使旅游者参加旅游活动的预期目的得以实现,且物有所值,即所付出的费用和得到的产品质量、服务质量相匹配;另一方面,旅游经营者的交易目的也能够得到实现。

(3) 公平交易的实现条件是保障质量、价格合理、计量正确以及拒绝强制交易。具体是指旅游者有权要求旅游经营者提供的旅游产品、服务不存在不合理的危险,符合国家相关规定和标准;价格应与相应的产品和服务价值大体相当;旅游者对违背其意愿的交易行为可予以拒绝。这些条件符合平等、自愿、等价有偿、公平、诚实守信等市场交易的基本原则,是对旅游者合法权益的有效保障。

(4) 旅游经营者与旅游者签订合同时应遵循市场交易的基本原则,旅游者有权享受合同约定的服务。

5. 求偿权

旅游消费者的求偿权是指旅游者因购买和使用旅游产品或者接受旅游服务受到人身伤害或者财产损害时,享有依照法律规定或者合同约定获得赔偿的权利。《消费者权益保护法》第十一条规定,消费者因购买、使用商品或者接受服务受到人身、财产损害的,享有依法获得赔偿的权利。如在旅游活动过程中,旅行社未经旅游者同意,擅自变更、取消、减少或增加旅游项目,使消费者合法权益受到损害的,旅游者有权依法获得赔偿,如果旅游者获得赔偿的要求得不到满足,有权在当地寻求可行的法律援助。

享有求偿权的主体是因为购买、使用商品或接受服务而受到人身财产损害的人,具体是指:①商品的购买者;②商品的使用者;③接受服务者;④第三人(在别人购买、使用旅游服务产品或接受服务过程中受到人身或财产损害的其他人)。受害人可以要求财产损害赔偿和精神赔偿。

求偿权的范围包括以下3个方面。

(1)人身权受到侵害。人身权既包括消费者的生命健康权,也包括消费者的其他人格权。

(2)财产权受到损害,即消费者在财产上遭受的损失,包括直接损失和间接损失。

(3)消费者因人身权受到侵害造成精神痛苦的,经营者也要根据不同情况予以赔偿。

求偿权的实现方式:对消费者因人身、财产损失而获得的经济赔偿,是赔偿最基本、最常见的方式。此外,还包括恢复原状、赔礼道歉、重做、更换、消除影响、恢复名誉等民事责任的承担方式。

求偿权的限制:通常消费者只要因购买、使用商品或接受服务而受到人身、财产的损害,就可依法获得赔偿,并不需要商品生产者、销售者、服务的提供者具有过错,但如果是受害者自己的过错造成损害,则商品的制造者、销售者、服务的提供者不承担责任。

求偿权实现的基础:一是法律的保护,即旅游者的人身、财产权利不受非法侵害;二是合同的约定。

6. 结社权

旅游消费者的结社权是指旅游者依法享有的、依照我国有关法律的规定,按照法定程序成立维护自身合法权益的社会组织的权利。《消费者权益保护法》第十二条规定,消费者享有依法成立维护自身合法权益的社会组织的权利。它是《消费者权益保护法》根据《中华人民共和国宪法》规定公民享有结社的基本权利而赋予消费者实现自我保护的一项权利。消费者协会和其他消费者组织就是维护消费者自身合法权益的社会团体。

消费者行使结社权的必要性:首先,是宪法规定的公民享有结社权的具体化;其次,是客观实践的需要。在消费领域,虽然经营者与消费者关系平等,但双方的经济地位在实践中是不平等的,分散的消费者在议价力量、承受能力等方面处于相对弱势,只有组织起来,才能与拥有雄厚的经济实力的经营者相抗衡;最后,体现了国家鼓励全社会共同保护消费者合法权益的精神。

7. 获得相关知识权

旅游消费者的获得相关知识权是指旅游者在购买旅游产品和接受旅游服务中,享有获得与旅游有关的消费知识的权利,享有旅游者合法权益受到保护的权利。《消费者权益保护法》第十三条规定,消费者享有获得有关消费和消费者权益保护方面的知识的权利。消费者应当努力掌握所需商品或者服务的知识和使用技能,正确使用商品,提高自我保护意识。

如在旅游活动中,旅游者享有获得诸如服务的内容、接受服务的相关信息、实施的方法等必要的知识,旅游景区应有必要的景点介绍、旅游线路说明等;在危险地方有安全提示、安全须知等告示牌。

8. 人格尊严、民族风俗习惯受尊重权

旅游消费者的人格尊严、民族风俗习惯受尊重权是指旅游者在购买、使用旅游产品和享受旅游服务时,享有其人格尊严、民族风俗习惯得到尊重的权利,享有个人信息受到保护的权利。《消费者权益保护法》第十四条规定,消费者在购买、使用商品和接受服务时,享有人格尊严、民族风俗习惯得到尊重的权利,享有个人信息依法受到保护的权利。

(1)人格尊严得到尊重的权利。人格尊严是人身权的组成部分。人身权及人格尊严是旅游者在旅游活动中所享有的名誉权及尊严权不受侵犯的一种民事权利。人格尊严是指人的自尊心和自爱心,包括生命健康权、姓名权、名誉权、荣誉权和肖像权等,上述权利是旅游者参加旅游活动时最基本的权利。

(2)民族风俗习惯得到尊重的权利。我国是一个有着 56 个民族的大家庭,少数民族的风俗习惯大量地表现在饮食、服饰、婚丧、节庆、禁忌等方面,在不同程度上反映了各民族的历史传统和心理素质。尊重少数民族风俗习惯,对保护消费者的合法权益、贯彻党和国家的民族政策、维护各民族团结具有重要意义。

(3)个人信息依法得到保护的权利。个人信息包括旅游者的姓名、性别、年龄、职业、联系方式、健康状况、家庭状况、财产状况、消费记录等与旅游者个人及其家庭密切相关的信息。

9. 监督权

旅游消费者的监督权是指旅游消费者享有对旅游产品和旅游服务以及保护旅游者权益工作进行监督的权利。《消费者权益保护法》第十五条规定,消费者享有对商品和服务以及保护消费者权益工作进行监督的权利。消费者有权检举、控告侵害消费者权益的行为和国家机关及其工作人员在保护消费者权益工作中的违法失职行为,有权对保护消费者权益工作提出批评、建议。

旅游消费者有权检举、控告侵害旅游者权益的行为和国家机关及其工作人员在保护旅游者权益工作中的违法失职行为,有权对保护旅游消费者权益工作提出批评、建议。

旅游者监督的范围包括旅游经营者提供的旅游产品和旅游服务的质量及数量、价格;旅游经营者的服务态度、服务作风;旅游者保护工作,如对国家进行相关权益保护法立法的建议,对实施相关保护旅游者合法权益法律、法规的监督。

必须说明的是,旅游者在依法享受权利时,必须遵守国家法律、政策和社会公德原则,不得损害国家利益、集体利益和他人合法权益的原则,坚持权利和义务相一致的原则。

> **补充阅读——《旅游法》关于旅游者的权利和义务的条款**
>
> 第九条　旅游者有权自主选择旅游产品和服务,有权拒绝旅游经营者的强制交易行为。
>
> 旅游者有权知悉其购买的旅游产品和服务的真实情况。

　　旅游者有权要求旅游经营者按照约定提供产品和服务。

　　第十条　旅游者的人格尊严、民族风俗习惯和宗教信仰应当得到尊重。

　　第十一条　残疾人、老年人、未成年人等旅游者在旅游活动中依照法律、法规和有关规定享受便利和优惠。

　　第十二条　旅游者在人身、财产安全遇有危险时,有请求救助和保护的权利。

　　旅游者人身、财产受到侵害的,有依法获得赔偿的权利。

　　第十三条　旅游者在旅游活动中应当遵守社会公共秩序和社会公德,尊重当地的风俗习惯、文化传统和宗教信仰,爱护旅游资源,保护生态环境,遵守旅游文明行为规范。

　　第十四条　旅游者在旅游活动中或者在解决纠纷时,不得损害当地居民的合法权益,不得干扰他人的旅游活动,不得损害旅游经营者和旅游从业人员的合法权益。

　　第十五条　旅游者购买、接受旅游服务时,应当向旅游经营者如实告知与旅游活动相关的个人健康信息,遵守旅游活动中的安全警示规定。

　　旅游者对国家应对重大突发事件暂时限制旅游活动的措施以及有关部门、机构或者旅游经营者采取的安全防范和应急处置措施,应当予以配合。

　　旅游者违反安全警示规定,或者对国家应对重大突发事件暂时限制旅游活动的措施、安全防范和应急处置措施不予配合的,依法承担相应责任。

　　第十六条　出境旅游者不得在境外非法滞留,随团出境的旅游者不得擅自分团、脱团。

　　入境旅游者不得在境内非法滞留,随团入境的旅游者不得擅自分团、脱团。

11.2.2　旅游经营者的义务

　　经营者是与消费者相对立的主体,消费者权利的实现在很大程度上依赖于经营者。因此,《消费者权益保护法》在规定消费者权利的同时,也规定了经营者的义务。其目的是更好地保护消费者的权利,同时也要求经营者本着对消费者负责,坚持公平、诚实信用、文明服务的原则从事经营活动,遵守职业道德,努力提高服务质量。

　　经营者的义务是指经营者在经营活动中依法应为一定行为或不为一定行为的一种责任。根据《消费者权益保护法》的规定,经营者的义务如下。

1. 依照法定或者约定履行义务

　　《消费者权益保护法》第十六条规定,经营者向消费者提供商品或者服务,应当依照本法和其他有关法律、法规的规定履行义务。经营者和消费者有约定的,应当按照约定履行义务,但双方的约定不得违背法律、法规的规定。经营者向消费者提供商品或者服务,应当恪守社会公德,诚信经营,保障消费者的合法权益;不得设定不公平、不合理的交易条件,不得强制交易。

　　这是一项总括性的义务。经营者向消费者提供商品或者服务,应当依照《中华人民共和国产品质量法》《中华人民共和国食品安全法》《中华人民共和国广告法》《中华人民共和国商标法》等的规定履行义务。旅游经营者和旅游消费者有约定或者经营者向旅游者做出承诺的,应当按照约定和承诺履行;但约定或者承诺的内容不得违背法律、法规的禁止性规定或者侵害国家、社会公共利益。

2. 接受监督的义务

《消费者权益保护法》第十七条规定,经营者应当听取消费者对其提供的商品或者服务的意见,接受消费者的监督。

经营者应尊重消费者的权益,要通过有效途径和方式听取消费者对其提供的商品或者服务的意见,接受消费者的监督。如设立专门机构、配置专职人员,收集、听取消费者的批评和建议,与消费者对话等,把对消费者提供的商品或服务的活动置于消费者有效监督之下。此义务与消费者监督权相对应,这样才有利于经营者在竞争中改进工作,提高产品质量和信誉,从而扩大市场。

3. 保障旅游者人身和财产安全的义务

《消费者权益保护法》第十八条规定,经营者应当保证其提供的商品或者服务符合保障人身、财产安全的要求。对可能危及人身、财产安全的商品和服务,应当向消费者做出真实的说明和明确的警示,并说明和标明正确使用商品或者接受服务的方法以及防止危害发生的方法。宾馆、商场、餐馆、银行、机场、车站、港口、影剧院等经营场所的经营者,应当对消费者尽到安全保障义务。第十九条规定,经营者发现其提供的商品或者服务存在缺陷,有危及人身、财产安全危险的,应当立即向有关行政部门报告和告知消费者,并采取停止销售、警示、召回、无害化处理、销毁、停止生产或者服务等措施。采取召回措施的,经营者应当承担消费者因商品被召回支出的必要费用。

为保障旅游者安全权的实现,旅游经营者应当做到以下几点。

(1) 提供的旅游产品和服务应当符合国家标准或者行业标准。

(2) 提供的旅游产品和服务在指定用途或者通常可能预见到的用途方面应当安全可靠。

(3) 对可能危及旅游者人身、财产安全的旅游产品或服务,旅游经营者要事先向旅游者做出真实的说明和明确的警示,并标明或说明正确使用旅游产品和接受服务的方法以及防止危害发生的方法,采取相应的防护措施。

(4) 发现提供的旅游产品和服务存在严重缺陷,应当向有关行政管理部门报告和告知旅游者,并采取防止危害发生的措施。

4. 提供真实信息的义务

此义务与消费者的知情权相对应。

《消费者权益保护法》第二十条规定,经营者向消费者提供有关商品或者服务的质量、性能、用途、有效期限等信息,应当真实、全面,不得作虚假或者引人误解的宣传。经营者对消费者就其提供的商品或者服务的质量和使用方法等问题提出的询问,应当做出真实、明确的答复。经营者提供商品或者服务应当明码标价。

《消费者权益保护法》第二十八条规定,采用网络、电视、电话、邮购等方式提供商品或者服务的经营者,以及提供证券、保险、银行等金融服务的经营者,应当向消费者提供经营地址、联系方式、商品或者服务的数量和质量、价款或者费用、履行期限和方式、安全注意事项和风险警示、售后服务、民事责任等信息。

5. 标明真实名称和标记的义务

根据《消费者权益保护法》第二十一条的相关规定,旅游经营者应当标明真实名称和标记。旅游经营者只能使用自己真实的企业名称或营业标记,不得使用未经核准登记的企业名称;不准擅自改动、使用经核准登记的企业名称;不准假冒他人企业名称或营业标记登记;不准仿冒或使用他人企业名称或营业标记相似、足以造成消费者误认的企业名称或营业标记。

6. 出具凭证、单据的义务

《消费者权益保护法》第二十二条规定,经营者提供商品或者服务,应当按照国家有关规定或者商业惯例向消费者出具发票等购货凭证或者服务单据;消费者索要发票等购货凭证或者服务单据的,经营者必须出具。

7. 保证质量的义务

此义务与消费者的公平交易权相对应。

《消费者权益保护法》第二十三条规定,经营者应当保证在正常使用商品或者接受服务的情况下其提供的商品或者服务应当具有的质量、性能、用途和有效期限;但消费者在购买该商品或者接受该服务前已经知道其存在瑕疵,且存在该瑕疵不违反法律强制性规定的除外。经营者以广告、产品说明、实物样品或者其他方式表明商品或者服务的质量状况的,应当保证其提供的商品或者服务的实际质量与表明的质量状况相符。经营者提供的机动车、计算机、电视机、电冰箱、空调器、洗衣机等耐用商品或者装饰装修等服务,消费者自接受商品或者服务之日起 6 个月内发现瑕疵,发生争议的,由经营者承担有关瑕疵的举证责任。

《消费者权益保护法》第二十四条规定,经营者提供的商品或者服务不符合质量要求的,消费者可以依照国家规定、当事人约定退货,或者要求经营者履行更换、修理等义务。没有国家规定和当事人约定的,消费者可以自收到商品之日起 7 日内退货;7 日后符合法定解除合同条件的,消费者可以及时退货;不符合法定解除合同条件的,可以要求经营者履行更换、修理等义务。依照前款规定进行退货、更换、修理的,经营者应当承担运输等必要费用。

《消费者权益保护法》第二十五条规定,经营者采用网络、电视、电话、邮购等方式销售商品,消费者有权自收到商品之日起 7 日内退货,且无须说明理由,但下列商品除外:消费者定做的;鲜活易腐的;在线下载或者消费者拆封的音像制品、计算机软件等数字化商品;交付的报纸、期刊。除前款所列商品外,其他根据商品性质并经消费者在购买时确认不宜退货的商品,不适用无理由退货。消费者退货的商品应当完好。经营者应当自收到退回商品之日起 7 日内返还消费者支付的商品价款。退回商品的运费由消费者承担;经营者和消费者另有约定的,按照约定。

8. 不得有不公平、不合理的规定

《消费者权益保护法》第二十六条规定,经营者在经营活动中使用格式条款的,应当以显著方式提请消费者注意商品或者服务的数量和质量、价款或者费用、履行期限和方式、安全注意事项和风险警示、售后服务、民事责任等与消费者有重大利害关系的内容,并按照消费者的要求予以说明。经营者不得以格式条款、通知、声明、店堂告示等方式,做出排除或者限制消费者权利、减轻或者免除经营者责任、加重消费者责任等对消费者不公平、不合理的规定,不得利用格式条款并借助技术手段强制交易。格式条款、通知、声明、店堂告示等含有前款所列内容的,其内容无效。

如旅行社的《旅游标准合同范本》,旅游者只有接受合同的自由,无参与决定合同内容的机会,一经制定,可以在相当长的期限内使用,因此,《消费者权益保护法》规定,经营者不能利用单方制定合同的权利,做出对消费者不公平的规定。通知、店堂告示、声明等其他方式是指经营者采取明示的方式,向消费者告知有关经营情况。但是,经营者不得通过此类方式做出不利于消费者的规定,如商场告示"打折商品,概不退换""本店商品,一经售出,概不退换",都是对消费者不合理、不公平的规定,它们是无效的。

9. 不得侵犯消费者的人格权

《消费者权益保护法》第二十七条规定,经营者不得对消费者进行侮辱、诽谤,不得搜查消费者的身体及其携带的物品,不得侵犯消费者的人身自由。因此,在旅游活动中,旅游经营者和导游人员应当尊重旅游者的人格尊严、民族风俗习惯,不得对旅游者进行侮辱、诽谤,不得搜查旅游者的身体及其携带的物品,不得侵犯旅游者的人身自由。

《消费者权益保护法》第二十九条规定,经营者收集、使用消费者个人信息,应当遵循合法、正当、必要的原则,明示收集、使用信息的目的、方式和范围,并经消费者同意。经营者收集、使用消费者个人信息,应当公开其收集、使用规则,不得违反法律、法规的规定和双方的约定收集、使用信息。经营者及其工作人员对收集的消费者个人信息必须严格保密,不得泄露、出售或者非法向他人提供。经营者应当采取技术措施和其他必要措施,确保信息安全,防止消费者个人信息泄露、丢失。在发生或者可能发生信息泄露、丢失的情况时,应当立即采取补救措施。经营者未经消费者同意或者请求,或者消费者明确表示拒绝的,不得向其发送商业性信息。

11.3　旅游消费者权益的保护

11.3.1　国家对旅游消费者合法权益的保护

《消费者权益保护法》规定,国家保护消费者的合法权益不受侵害。国家采取措施,保障消费者依法行使权利,维护消费者的合法权益。国家倡导文明、健康、节约资源和保护环境的消费方式,反对浪费。

(1)国家制定有关消费者合法权益的法律、法规、规章和强制性标准,应当听取消费

者和消费者协会等组织的意见。

（2）各级人民政府应当加强领导,组织、协调、督促有关行政部门做好保护消费者合法权益的工作,落实保护消费者合法权益的职责。各级人民政府应当加强监督,预防危害消费者人身、财产安全行为的发生,及时制止危害消费者人身、财产安全的行为。

（3）各级人民政府工商行政管理部门和其他有关行政部门应当依照法律、法规的规定,在各自的职责范围内,采取措施,保护消费者合法权益。有关行政部门应当听取消费者和消费者协会等组织对经营者交易行为、商品和服务质量问题的意见,及时调查处理。

（4）有关行政部门在各自的职责范围内,应当定期或者不定期对经营者提供的商品和服务进行抽查检验,并及时向社会公布抽查检验结果。有关行政部门发现并认定经营者提供的商品或者服务存在缺陷,有危及人身、财产安全危险的,应当立即责令经营者采取停止销售、警示、召回、无害化处理、销毁、停止生产或者服务等措施。

（5）有关国家机关应当依照法律、法规的规定,惩处经营者在提供商品和服务中侵害消费者合法权益的违法犯罪行为。

（6）人民法院应当采取措施,方便消费者提起诉讼。对符合《中华人民共和国民事诉讼法》起诉条件的消费者权益争议,必须受理,及时审理。

不难发现,国家对消费者合法权益的保护,由司法机关、行政机关、立法机关通过采取措施实现。

11.3.2　消费者组织对消费者合法权益的保护

消费者协会和其他消费者组织是依法成立的对商品和服务进行社会监督的保护消费者合法权益的社会组织。

消费者协会履行下列公益性职责。

（1）向消费者提供消费信息和咨询服务,提高消费者维护自身合法权益的能力,引导文明、健康、节约资源和保护环境的消费方式。

（2）参与制定有关消费者合法权益的法律、法规、规章和强制性标准。

（3）参与有关行政部门对商品和服务的监督、检查。

（4）就有关消费者合法权益的问题,向有关部门反映、查询,提出建议。

（5）受理消费者的投诉,并对投诉事项进行调查、调解。

（6）投诉事项涉及商品和服务质量问题的,可以委托具备资格的鉴定人鉴定,鉴定人应当告知鉴定意见。

（7）就损害消费者合法权益的行为,支持受损害的消费者提起诉讼或者依照本法提起诉讼。

（8）对损害消费者合法权益的行为,通过大众传播媒介予以揭露、批评。

消费者组织不得从事商品经营和营利性服务,不得以收取费用或者其他谋取利益的方式向消费者推荐商品和服务。各级人民政府对消费者协会履行职责应当予以必要的经费等支持。消费者协会应当认真履行保护消费者合法权益的职责,听取消费者的意见和建议,接受社会监督。依法成立的其他消费者组织依照法律、法规及其章程的规定,开展保护消费者合法权益的活动。

11.4　旅游消费者权益争议的解决及法律责任

11.4.1　争议的解决

消费者权益争议是指消费者与经营者在购买、使用商品或接受服务和提供商品或服务的过程中,双方在权利义务上发生的纠纷。《消费者权益保护法》规定,消费者和经营者发生消费者权益争议的,可以通过下列途径解决。

1. 与经营者协商解决

协商解决是指争议的双方当事人依据事实,在平等的基础上互谅互让,使纠纷得到自行解决。当事人协商解决旅游争议应当遵循以下原则。

(1) 自愿原则。当事人是受自己的意愿支配而进行的协商,并非是在受到胁迫的情况下不得已而为之的。

(2) 地位平等原则。当事人双方必须在法律地位平等的基础上进行协商。

(3) 依法协商原则。当事人的协商也是有依据的,其依据就是有关法律、法规的规定。通过协商达成的解决方案,只有在合法的情况下才能得到法律的保护。

2. 请求消费者协会或者依法成立的其他调解组织调解

调解是指在消费者协会的主持下,争议的双方当事人互相协商、互谅互让,依法自愿达成协议,使纠纷得以解决的一种活动。

当事人通过调解解决争议,应遵循以下原则。

(1) 自愿原则。自愿原则包括自愿接受调解、自愿接受调解方案以及自愿选择参与调解的第三方。

(2) 合法原则。调解必须以现行的法律、法规为依据。调解人应当依法调解,不能久调不决。任何违反法律、法规的调解协议,即使是出于双方当事人自愿,也是无效的。

(3) 公正原则。作为调解人,应当站在完全公正的立场上进行调解,应当保证当事人利益的基本平衡,不得偏袒任何一方,做出不公正的调解。

通过调解解决争议,对于公平地解决纠纷、维持争议双方的良好关系,不失为一个较好的选择。但是,调解并非解决争议的必经程序。

3. 向有关行政部门投诉

消费者与经营者发生争议后,如果与经营者协商得不到解决时可以直接向有关行政部门申诉。投诉是指消费者因经营者损害其合法权益,请求有关行政部门对双方发生的民事争议进行处理的行为。这是采用行政手段解决消费者权益争议,具有高效、快捷、力度强等特点。保护消费者的行政部门主要有工商、物价、技术监督、商检、医药卫生、食品监督等部门。消费者在向有关行政部门申诉时,应依照商品和服务的性质向有相关职能部门投诉,不能向其他行政机关申诉。有关行政部门在接到材料后,应当自收到投诉之日起 7 个工作日内予以处理并告知消费者。对经营者的违法行为,除责令其赔偿消费者损失外,还要对其违法行为给予相应的行政处罚。

关于旅游投诉,详见本书第 8 章"旅游投诉管理法规制度",此处不再赘述。

需要指出的是,消费者组织、有关行政部门在处理消费者申诉、投诉时,应依法进行调解。双方自愿达成调解协议的,消费者组织、相关行政部门应当制作调解书。调解书应当写明申诉、投诉请求、事实和调解结果。调解书经双方当事人签字盖章后,即具有法律效力。一方当事人拒不履行的,另一方当事人可以申请人民法院强制执行。

4. 根据与经营者达成的仲裁协议提请仲裁机构仲裁

仲裁是指发生争议的双方当事人根据(在争议发生之前或者争议发生之后)已达成的协议,自愿交由中立的第三方——仲裁委员会以解决争议的方式。

仲裁是解决民事纠纷的重要方式之一。《中华人民共和国仲裁法》规定,平等主体的公民、法人和其他组织之间发生的合同纠纷和其他权益纠纷可以仲裁。

仲裁应遵循以下基本原则。

(1) 自愿原则。当事人采用仲裁方式解决纠纷,应当双方自愿,达成仲裁协议,没有仲裁协议,一方申请仲裁的,仲裁委员会不予受理。

(2) 合法、公平原则。根据事实、条例、法律规定,公平合理地解决纠纷原则。

(3) 独立仲裁原则。依法独立,不受行政机关、社会团体和个人的干涉。

5. 向人民法院提起诉讼

诉讼是指法院在消费者权益争议的当事人和其他诉讼参与人的参加下,以审理、判决、执行等方式解决消费者权益争议的活动,以及由这些活动产生的各种诉讼关系的总和。这是解决消费者权益争议的终极方式,也是消费者权益争议当事人依法保护自身合法权益的行之有效的手段。这是一种民事诉讼。《消费者权益保护法》第四十七条还规定,对侵害众多消费者合法权益的行为,中国消费者协会以及在省、自治区、直辖市设立的消费者协会,可以向人民法院提起诉讼。

11.4.2　损害赔偿的主体及顺序

(1) 消费者在购买、使用商品,其合法权益受到损害时,可以向销售者要求赔偿。销售者赔偿后,属于生产者的责任或者属于向销售者提供商品的其他销售者的责任的,销售者有权向生产者或者其他销售者追偿;因商品缺陷造成消费者或者其他受害人人身、财产损害的,可以向销售者要求赔偿,也可以向生产者要求赔偿。属于生产者责任的,销售者赔偿后,有权向生产者追偿。属于销售者责任的,生产者赔偿后,有权向销售者追偿。

　　✪ **案例再现——弄清对象再索赔**

某旅游团在导游的介绍下到一家定点旅游商店购物,其中一位游客购买了当地的土特产品——烧鸡。待游客把烧鸡带回家与家人一起享用(在保质期内)后,导致全家人上吐下泻,发生严重的食物中毒,经抢救脱离危险。该游客投诉导游,要求导游承担赔偿责任。此游客的做法是不合理的,因为根据《消费者权益保护法》的规定,他可以要求旅游商店给予赔偿,也可以向生产烧鸡的厂家要求赔偿,而不应该要求导游赔偿。

另外,消费者在接受服务时,其合法权益受到损害的可以向服务者要求赔偿。

(2)消费者在购买、使用商品或者接受服务时,其合法权益受到损害,因原企业分立、合并的,可以向变更后承受其权利义务的企业要求赔偿。

(3)使用他人营业执照的违法经营者提供商品或者服务,损害消费者合法权益的,消费者可以向其要求赔偿,也可以向营业执照的持有人要求赔偿。

(4)消费者在展销会、租赁柜台购买商品或者接受服务,其合法权益受到损害的,可以向销售者或者服务者要求赔偿。展销会结束或者柜台期满后,也可以向展销会的举办者、柜台的租赁者要求赔偿。展销会的举办者、柜台的租赁者赔偿后,有权向销售者或者服务者追偿。

(5)消费者通过网络交易平台购买商品或者接受服务,其合法权益受到损害的,可以向销售者或者服务者要求赔偿。网络交易平台提供者不能提供销售者或者服务者的真实名称、地址和有效联系方式的,消费者也可以向网络交易平台提供者要求赔偿;网络交易平台提供者做出更有利于消费者的承诺的,应当履行承诺。网络交易平台提供者赔偿后,有权向销售者或者服务者追偿。网络交易平台提供者明知或者应知销售者或者服务者利用其平台侵害消费者合法权益,未采取必要措施的,依法与该销售者或者服务者承担连带责任。

(6)消费者因经营者利用虚假广告或者其他虚假宣传方式提供商品或者服务,其合法权益受到损害的,可以向经营者要求赔偿。广告经营者、发布者发布虚假广告的,消费者可以请求行政主管部门予以惩处。广告经营者、发布者不能提供经营者的真实名称、地址和有效联系方式的,应当承担赔偿责任。广告经营者、发布者设计、制作、发布关系消费者生命健康商品或者服务的虚假广告,造成消费者损害的,应当与提供该商品或者服务的经营者承担连带责任。社会团体或者其他组织、个人在关系消费者生命健康商品或者服务的虚假广告或者其他虚假宣传中向消费者推荐商品或者服务,造成消费者损害的,应当与提供该商品或者服务的经营者承担连带责任。

✥ 案例再现——广告公司做广告需谨慎

某广告公司做的一个旅游广告称,参加某旅行社组织的"长江三峡三日游",每人只收1200元。李某按广告中的汇款地址汇钱后,一直等到广告所定的出发日期时,也没有收到旅行社的回函,于是,李某找到该广告公司要求赔偿。广告公司得知此事后,立即调查,发现该旅行社已经人去楼空。原来该广告公司业务员张某为了完成任务,在没有弄清楚旅行社的真实名称、地址的情况下,就收了广告费,并为其在报纸上做了广告,现在张某也找不到该旅行社了。面对李某的索赔,广告公司也觉得委屈,认为自己也是被骗者,因此,不能赔偿李某的损失,即使要赔偿,也应由其业务员来承担。本案例中,广告公司在事发之后不能提供该旅行社的真实名称、地址,而广告公司业务员张某所履行的职责代表的是广告公司,因此,赔偿责任应由广告公司来承担。至于广告公司赔偿后能否对张某追偿,或对张某进行处罚,则是该公司内部的管理行为。

11.4.3　旅游经营者的法律责任

《消费者权益保护法》规定的经营者应承担的法律责任如下。

（1）经营者提供商品或者服务有下列情形之一的,除《消费者权益保护法》另有规定外,应当依照《中华人民共和国产品质量法》《中华人民共和国食品安全法》《中华人民共和国广告法》《中华人民共和国商标法》等有关法律、法规的规定,承担民事责任：①商品或服务存在缺陷的；②不具备商品应当具备的使用性能而出售时未做说明的；③不符合在商品或者其包装上注明采用的商品标准的；④不符合商品说明、实物样品等方式表明的质量状况的；⑤生产国家明令淘汰的商品或者销售失效、变质的商品的；⑥销售的商品数量不足的；⑦服务的内容和费用违反约定的；⑧对消费者提出的修理、重做、更换、退货、补足商品数量、退还货款和服务费用或者赔偿损失的要求,故意拖延或者无理拒绝的；⑨法律、法规规定的其他损害消费者权益的情形。《消费者权益保护法》第四十八条还规定："经营者对消费者未尽到安全保障义务,造成消费者损害的,应当承担侵权责任。"

由于《消费者权益保护法》与《产品质量法》等其他法律、法规中有关消费者合法权益保护的规定有着紧密的联系,因此,《消费者权益保护法》规定,经营者有上述9种行为之一的,受侵害的消费者可以依据上述法律、法规,要求经营者承担相应的民事责任。如果《消费者权益保护法》对此也有规定的,消费者也可以依据《消费者权益保护法》,向经营者要求赔偿。

（2）经营者提供商品或者服务,造成消费者或者其他受害人人身伤害的,应当赔偿医疗费、护理费、交通费等为治疗和康复支出的合理费用,以及因误工减少的收入。造成残疾的,还应当赔偿残疾生活辅助器具费和残疾赔偿金。造成死亡的,还应当赔偿丧葬费和死亡赔偿金。

（3）经营者侵害消费者的人格尊严、侵犯消费者人身自由或者侵害消费者个人信息依法得到保护的权利的,应当停止侵害、恢复名誉、消除影响、赔礼道歉,并赔偿损失。经营者有侮辱诽谤、搜查身体、侵犯人身自由等侵害消费者或者其他受害人人身权益的行为,造成严重精神损害的,受害人可以要求精神损害赔偿。值得一提的是,消费者作为一名公民,其人身权受到国家宪法、法律的保护,任何经营者均不得以任何理由,自行决定搜查消费者的身体及其携带的物品。如果经营者发现其商品失窃,应当按照法定程序,由有关机关依法对嫌疑人的身体及其物品进行必要的搜查。

（4）经营者提供商品或者服务,造成消费者财产损害的,应当依照法律规定或者当事人约定承担修理、重做、更换、退货、补足商品数量、退还货款和服务费用或者赔偿损失等民事责任。

（5）经营者以预收款方式提供商品或者服务的,应当按照约定提供。未按照约定提供的,应当按照消费者的要求履行约定或者退回预付款,并应当承担预付款的利息、消费者必须支付的合理费用。

（6）依法经有关行政部门认定为不合格的商品,消费者要求退货的,经营者应当负责退货。

（7）经营者提供商品或者服务有欺诈行为的,应当按照消费者的要求增加赔偿其受到的损失,增加赔偿的金额为消费者购买商品的价款或者接受服务的费用的 3 倍;增加赔偿的金额不足 500 元的,为 500 元。法律另有规定的,依照其规定。经营者明知商品或者服务存在缺陷,仍然向消费者提供,造成消费者或者其他受害人死亡或者健康严重损害的,受害人有权要求经营者依照《消费者权益保护法》第四十九条、第五十一条等法律规定赔偿损失,并有权要求所受损失 2 倍以下的惩罚性赔偿。

(8) 经营者有下列情形之一的,除承担相应的民事责任外,其他有关法律、法规对处罚机关和处罚方式有规定的,依照法律、法规的规定执行;法律、法规未作规定的,由工商行政管理部门或者其他有关行政部门责令改正,可以根据情节单处或者并处警告、没收违法所得、处以违法所得 1 倍以上 10 倍以下的罚款,没有违法所得的,处以 50 万元以下的罚款;情节严重的,责令停业整顿、吊销营业执照:①提供的商品或者服务不符合保障人身、财产安全要求的;②在商品中掺杂、掺假,以假充真,以次充好,或者以不合格商品冒充合格商品的;③生产国家明令淘汰的商品或者销售失效、变质的商品的;④伪造商品的产地,伪造或者冒用他人的厂名、厂址,篡改生产日期,伪造或者冒用认证标志等质量标志的;⑤销售的商品应当检验、检疫而未检验、检疫或者伪造检验、检疫结果的;⑥对商品或者服务做虚假或者引人误解的宣传的;⑦拒绝或者拖延有关行政部门责令对缺陷商品或者服务采取停止销售、警示、召回、无害化处理、销毁、停止生产或者服务等措施的;⑧对消费者提出的修理、重做、更换、退货、补足商品数量、退还货款和服务费用或者赔偿损失的要求,故意拖延或者无理拒绝的;⑨侵害消费者人格尊严、侵犯消费者人身自由或者侵害消费者个人信息依法得到保护的权利的;⑩法律、法规规定的对损害消费者权益应当予以处罚的其他情形。经营者有上述情形的,除依照法律、法规规定予以处罚外,处罚机关应当记入信用档案,向社会公布。

(9) 经营者违反本法规定提供商品或者服务,侵害消费者合法权益,构成犯罪的,依法追究刑事责任。

(10) 经营者违反本法规定,应当承担民事赔偿责任和缴纳罚款、罚金,其财产不足以同时支付的,先承担民事赔偿责任。

(11) 经营者对行政处罚决定不服的,可以依法申请行政复议或者提起行政诉讼。

(12) 以暴力、威胁等方法阻碍有关行政部门工作人员依法执行职务的,依法追究刑事责任;拒绝、阻碍有关行政部门工作人员依法执行职务,未使用暴力、威胁方法的,由公安机关依照《中华人民共和国治安管理处罚法》的规定处罚。

(13) 国家机关工作人员玩忽职守或者包庇经营者侵害消费者合法权益的行为的,由其所在单位或者上级机关给予行政处分;情节严重,构成犯罪的,依法追究刑事责任。

小结

1. 旅游消费者的合法权益就是指旅游者在旅游活动中依照旅游法律、法规和制度享有的权利和应得利益。

2. 消费者权益保护法是指调整国家、经营者、消费者相互之间在保护消费者权益过程中发生的社会关系的法律规范的总称。其立法宗旨是保护消费者合法权益,维护社会主义经济秩序,促进社会主义市场经济的健康发展。

3.《消费者权益保护法》适用于下列3种情形:①消费者为生活消费需要购买、使用商品和接受服务时;②农民购买、使用直接用于农业生产的生产资料时;③经营者为消费者提供其生产、销售的商品或者提供服务时。

4.《消费者权益保护法》规定,经营者与消费者进行交易,应当遵循自愿、平等、公平、诚实信用原则。国家保护消费者合法权益不受侵害。保护消费者合法权益是全社会的共同责任。国家倡导文明、健康、节约资源和保护环境的消费方式,反对浪费。

5.《消费者权益保护法》明确规定了消费者享有9个方面的权利:安全保障权;知情权;自主选择权;公平交易权;求偿权;结社权;获得相关知识权;人格尊严、民族风俗习惯受尊重权;监督权。

6.根据《消费者权益保护法》的规定,经营者的义务如下:依照法定或者约定履行义务;接受监督;保障旅游者人身和财产安全;提供真实信息;标明真实名称和标记;出具凭证、单据;保证质量;不得有不公平、不合理的规定;不得侵犯消费者的人格权。

7.消费者和经营者发生消费者权益争议的,可以通过下列途径解决:与经营者协商和解;请求消费者协会或者依法成立的其他调解组织调解;向有关行政部门投诉;根据与经营者达成的仲裁协议提请仲裁机构仲裁;向人民法院提起诉讼。

8.《消费者权益保护法》规定,在相应的情况下,经营者侵犯消费者权益时应承担相应的民事、行政或刑事责任。

思考与练习

一、单项选择题

1.《消费者权益保护法》是调整(　　)三者之间在保护消费者合法权益过程中发生的社会关系的法律规范的总称。

　　A. 国家、生产者、消费者　　　　　　B. 国家、经营者、消费者

　　C. 管理者、经营者、消费者　　　　　D. 管理者、生产者、消费者

2.消费者协会是国家依照《消费者权益保护法》设立的对商品和服务进行社会监督的、保护消费者合法权益的、具有公共事务管理职能的(　　)。

　　A. 社会组织　　　　B. 事业单位　　　　C. 行政机关　　　　D. 仲裁机构

3.甲游客参加某旅行社组织的旅游活动,支付旅游服务费200元。由于旅行社提供的服务属于欺诈,依据《消费者权益保护法》规定,旅行社应向旅游者赔偿(　　)元。

　　A. 200　　　　　　B. 400　　　　　　C. 600　　　　　　D. 800

4.经营者对消费者提出的商品或服务质量、使用方法等问题,应当(　　)。

　　A. 保守商业秘密　　　　　　　　　　B. 回答简明扼要

　　C. 做出真实、明确的答复　　　　　　D. 选择机会答复

5.旅游消费者向旅游经营者索要服务单据,旅游经营者(　　)。

　　A. 可根据情况出具　　　　　　　　　B. 必须出具

　　C. 应尽量满足　　　　　　　　　　　D. 根据单据不同用途出具

6. 因商品缺陷造成人身、财产损害的,消费者(　　　)。

　　A. 可以向为销售者提供商品的其他销售者要求赔偿

　　B. 可以向销售者要求赔偿

　　C. 可以向生产者要求赔偿

　　D. 可以向销售者要求赔偿,也可以向生产者要求赔偿

7. 使用他人营业执照的违法经营者提供商品或服务,损害消费者合法权益的,消费者(　　　)。

　　A. 可以向违法经营者要求赔偿,也可以向营业执照的持有人要求赔偿

　　B. 可以向违法经营者要求赔偿

　　C. 可以向营业执照的持有人要求赔偿

　　D. 可以要求违法经营者和营业执照的持有人同时赔偿

8.《消费者权益保护法》列举的损害消费者权益的行为,在其他有关法律、法规中也有规定的,并且其他有关法律、法规对处罚机关和处罚方式有明确规定,而《消费者权益保护法》未做规定,则适用(　　　)的规定处罚。

　　A.《消费者权益保护法》　　　　　　B.《中华人民共和国治安处罚法》
　　C.《中华人民共和国合同法》　　　　D. 其他有关法律、法规

9. 旅游消费者最基本、最重要的权利是(　　　)。

　　A. 安全保障权　　　B. 知情权　　　　C. 受尊重权　　　　D. 求偿权

10.《消费者权益保护法》保护的核心内容是(　　　)。

　　A. 消费者利益　　　　　　　　　　　B. 经营者利益
　　C. 国家机关利益　　　　　　　　　　D. 市场经济秩序

二、多项选择题

1. 消费者和经营者发生消费者权益争议的,可以通过(　　　)方式解决。

　　A. 与经营者协商和解或请求消费者协会调解

　　B. 向有关行政部门申诉

　　C. 根据与经营者达成的仲裁协议提请仲裁机构仲裁

　　D. 向人民法院提起诉讼

2.《消费者权益保护法》的基本原则包括(　　　)。

　　A. 消费者保护自身合法权益的原则

　　B. 经营者与消费者交易的基本原则

　　C. 国家保护消费者的合法权益不受侵犯的原则

　　D. 全社会共同保护消费者合法权益的原则

3.《消费者权益保护法》规定,经营者以预收款方式提供商品或者服务的,应当按照约定提供。未按照约定提供,应当按照消费者的要求(　　　)。

　　A. 履行约定或退回预付款

　　B. 退回预付款的双倍

C. 承担预付款的利息

D. 承担消费者必须支付的合理费用

4. 公平交易的实现条件必须符合( )等市场交易的基本原则。

A. 消费者至上　　　　　　　　　B. 平等、自愿、公平

C. 等价有偿　　　　　　　　　　D. 诚实信用

5. 公平交易的实现条件是( )。

A. 保障质量　　　　　　　　　　B. 价格合理

C. 计量正确　　　　　　　　　　D. 拒绝强制交易

6. 求偿权的范围包括( )。

A. 生命健康权侵害赔偿　　　　　B. 人格权损害赔偿

C. 财产损害赔偿　　　　　　　　D. 精神损害赔偿

7. 享有求偿权的主体是因购买、使用商品或者接受服务而受到人身、财产损害的人，即受害人，具体包括( )。

A. 商品购买者　　　　　　　　　B. 商品使用者

C. 接受服务者　　　　　　　　　D. 第三人

8. 求偿权的实现方式包括( )。

A. 赔偿损失　　　　　　　　　　B. 恢复原状、重做

C. 赔礼道歉　　　　　　　　　　D. 消除影响、恢复名誉

9. 为保障旅游者受尊重权的实现,旅游经营者不得( )。

A. 对旅游消费者进行侮辱、诽谤

B. 以不文明、不礼貌的语言,贬低、诋毁旅游消费者的人格尊严

C. 搜查旅游消费者的身体及其携带的物品

D. 侵犯旅游消费者的人身自由

10. 国家对消费者合法权益保护采取的主要措施有( )。

A. 立法保护　　　B. 行政保护　　　C. 社会保护　　　D. 司法保护

11. 我国《消费者权益保护法》通过规定( )来实现对消费者权益的保障。

A. 经营者的义务

B. 消费者权益争议解决的途径

C. 承担损害赔偿责任主体及程序的确定

D. 损害行为应承担法律责任的确定

12. 对消费者侮辱、诽谤,搜查消费者的身体及其携带的物品和侵犯消费者人身自由的,应当( )。

A. 停止侵害　　　　　　　　　　B. 恢复名誉、消除影响

C. 主动自首　　　　　　　　　　D. 赔礼道歉,并赔偿损失

13. 工商行政管理机关、质量监督机关、旅游行政管理机关等是对旅游经营者行使管理权的行政机关,根据法律规定,对经营者的违法经营行为可予以( )的行政处罚。

A. 责令改正、警告　　　　　　　B. 没收违法所得、罚款

C. 责令停业整顿　　　　　　　　D. 吊销经营许可证及营业执照

三、名词解释

1. 旅游消费者
2. 旅游经营者

四、简答题

1. 什么是旅游消费者的安全保障权？为保障旅游消费者安全保障权的实现，旅游经营者必须做到哪些要求？

2. 什么是旅游消费者的公平交易权？为保障旅游消费者公平交易权的实现，旅游经营者必须做到哪些要求？

3. 简述消费者权益争议的解决途径。

4.《消费者权益保护法》根据不同情况规定的赔偿主体及顺序是什么？

五、案例分析

（一）

导游员小王带一旅游团去某珠宝商店购物。11 时，当小王带该团从珠宝商店出来时，服务员陈小姐挡住了其中一游客许先生的去路。陈小姐说："我们怀疑你顺手牵羊拿了本店的一串珍珠。"许先生听后勃然大怒。陈小姐说："看你贼眉鼠眼的样子，就知道不是好人，做贼心虚了吧！"说完陈小姐就叫商场的保安人员将许先生强拉到办公室，对其进行了全身搜查，时间长达半小时，在没有发现首饰后，才放了许先生。珠宝商店的行为激起了全团游客的愤慨。更令人气愤的是，在事情发生过程中，导游员小王始终保持沉默，事后也没有安慰游客。于是，许先生等游客便向旅游局质检所投诉，要求讨回公道，赔偿其精神损失。

请问：对陈小姐的行为，该珠宝商店应该承担什么责任？

（二）

某旅行社在电视上发布了一则广告，称其组织的草原五日游条件优越、服务周到，吸引了许多人前来报名。成团后，旅行社即委托本社导游冯某全程陪同。在旅游过程中，游客并未得到广告中所称的服务条件，引起游客投诉。经查，该旅行社根本没有能力提供广告上所称的服务。

请问：

1. 什么是知悉真情权？《旅行社条例》对与上述案例有关的内容是如何规定的？

2. 根据《消费者权益保护法》，本案例中旅游者的利益应如何得到保障？

第 12 章

合同法律制度

内容提要

本章以《中华人民共和国合同法》(以下简称《合同法》)为主要依据,对合同的订立、效力、履行、变更、转让与终止、违约责任以及合同争议的解决等内容进行了阐述。

本章重点

(1) 合同与旅游服务合同。
(2)《合同法》的基本原则。
(3) 合同的订立程序、合同的形式与内容。
(4) 无效合同与可撤销和可变更合同。
(5) 合同的变更、转让与终止。

12.1 概述

12.1.1 合同及旅游服务合同

1. 合同

合同又称契约,是民商法中使用十分广泛且极为重要的概念。依据《合同法》第二条的规定,合同是平等主体的自然人、法人及其他组织之间设立、变更、终止民事权利义务关系的协议。

合同法是调整平等主体的自然人、法人及其他组织之间设立、变更、终止民事权利义务关系的法律规范的总称。

2. 旅游服务合同

旅游活动的内容十分丰富,通常包括吃、住、行、游、购、娱六大要素。旅游者在旅游活动中,必然要和他人达成关于吃、住、行、游、购、娱等内容的协议。这种协议可能形式极其简单,可能是以口头形式达成,也可能是以书面形式达成,但不管是以何种形式,合同无疑普遍存在于整个旅游活动过程中。在旅游活动中,合同关系无处不在。旅游服务合同是外出旅游必须履行的一项重要手续,可以维护和保障旅游者及旅游企业双方的合法权利和义务。

《旅游法》第五章专门规定了旅游服务合同。其中第五十七条规定:"旅行社组织和安排旅游活动应当与旅游者签订合同。"这一规定为保护旅游者、旅游经营者合法权益,规范旅游市场提供了法律依据。

1) 旅游服务合同的概念

旅游服务合同是指旅游经营者与旅游者约定旅游活动过程中旅行社和旅游者之间权利义务关系的协议。旅游服务合同属于典型的合同,具有合同的法律属性,又因为旅游服务的特殊性,使旅游服务合同成为典型合同的一种。与旅游服务合同相关的当事人之间确立合同关系、明确权利义务,首先适用《旅游法》的规定;《旅游法》没有规定的,适用《合同法》总则的规定。

2) 旅游服务合同的法律特征

旅游服务合同作为一种独立的合同类型,除一般合同的特征外,与其他合同相比,还具有以下特征。

(1) 旅游服务合同主体即旅行社的特定性。旅行社有其特定含义和范围,应当是依法经批准登记专门从事旅游服务业的企业法人。

(2) 旅游服务合同的标的是旅行社提供的旅游服务。旅行社所经营的旅游业务包括为旅游者代办出境、入境和签证手续,招待、接待旅游者,为旅游者安排食宿等有偿服务的经营活动。

(3) 旅游服务合同为双务、有偿合同。旅游服务合同的当事人双方均负有义务,旅行社应向旅游者提供适宜的旅游服务;旅游者则应向旅行社支付一定费用。双方的权利义务具有对价性,故旅游服务合同属双务、有偿合同。

(4) 旅游服务合同为诺成、不要式合同。旅游服务合同书是否现实交付并不影响旅游服务合同的成立,只要双方达成合意,旅游服务合同即告成立,并不以一方的实际交付或履行行为为成立要件,因此,旅游服务合同为诺成、不要式合同。

(5) 旅游服务合同多为格式合同。在现实生活中,绝大多数旅游服务合同是旅行社为重复使用而预先拟定好的格式合同,由于格式合同的本身特点——对合同自由原则相对限制,因此,旅游者往往只能概括地表示接受或不接受。

(6) 旅游服务合同的内容规范了旅行社为旅游者提供旅游服务和旅游关系,涉及面广,对象复杂。旅游服务本身就是一种无样品、无试用方法、无库存的无形商品,相对简明的旅游服务合同只是对复杂旅游关系的一种替代,其掩盖下的复杂旅游关系不仅是旅游服务合同纠纷的源泉,也是旅游服务合同需要立法规范的原因。

目前,我国尚未制定和颁布专门的旅游服务合同法。1999 年 10 月 1 日正式实施的《合同法》作为规范市场经济秩序的基本法律,对旅游业的各种交易活动有同样的调整作用。

⊕ 案例再现——张先生与旅行社之间的旅游服务合同

十一前夕,张先生所在单位 20 人和某旅行社签订了旅游服务合同,张先生等共支付旅游费用 1.4 万元。9 月月底,旅行社业务人员告诉张先生,旅行社未能购得合同约定的船票,旅游行程难以完成。旅行社的方案之一是由旅行社按约定承担支付总价款 10% 的违约金;方案之二是张先生等能够选择同年的 11—12 月完成原定旅游行程。旅行社同时承诺提前在出团前一周通知张先生,假如没有提前一周通知张先生,旅行社将承担全额旅游费用 1 倍的违约金。张先生等同意旅行社第二个方案,并签订了书面协议。12 月 5 日,旅行社通知张先生,行程安排在 12 月 6 日;张先生等以没有时间准备为由,拒绝参加旅游,要求旅行社支付违约金。最后,张先生等向旅游管理部门投诉,要求旅行社承担违约责任。

3) 旅游服务合同的类型

《旅游法》规定的旅游服务合同主要有包价旅游服务合同、旅游代订合同和旅游设计、咨询合同等。

(1) 包价旅游服务合同。按照《旅游法》第一百一十一条第三项的界定,包价旅游服务合同是指旅行社预先安排行程,提供或者通过履行辅助人提供交通、住宿、餐饮、游览、导游或者领队等两项以上旅游服务,旅游者以总价支付旅游费用的合同。包价旅游服务合同具有以下 3 个特征:一是合同内容预先安排。不论是旅行社自主设计还是根据旅游者具体要求安排的线路和日程,都需要旅行社预先确定行程和安排吃住,并通过向交通、食宿、游览等经营者订购相关服务,使旅游行程及完成行程所必需的相关服务共同组成一个完整的旅行社服务;二是服务的数量符合法律规定。交通、住宿、餐饮、游览、导游或者领队服务中任意两项或以上服务的组合,是包价旅游服务合同服务要素的构成要件,不论其中的服务是由旅行社直接提供,还是由旅行社向相关经营者订购后间接提供,旅行社所提供的服务都应当包括其中两项或两项以上;三是合同价款以总价方式一揽子支付。包价旅游服务合同的价款中既包括旅行社向交通、住宿、餐饮、游览经营者订购服务的成本,也包括旅行社自身的经营成本,如运营费用、人员工资等,还包括其合理利润。由于旅行社向其他经营者的采购批量大,能获得一定的折扣,即使加上其经营成本和利润,旅游者以总价支付购买一个完整的旅游线路产品较旅游者个人逐项支出的总额还要低,这也是旅行社的市场优势所在。

(2) 旅游代订合同。《旅游法》第七十四条第一款规定:"旅行社接受旅游者的委托,为其代订交通、住宿、餐饮、游览、娱乐等旅游服务,收取代办费用的,应当亲自处理委托事务。因旅行社的过错给旅游者造成损失的,旅行社应当承担赔偿责任。"因此,旅游代订合同是指旅行社接受旅游者的委托,为其代订交通、住宿、餐饮、游览、娱乐等旅游服务,旅游者支付代办费用的合同。旅游代订合同是《合同法》规定的委托合同的一种类型,建立在旅游者(委托人)与旅行社(受托人)相互信任的基础上。根据《合同法》的规定,受托人应当亲自处理受托的事务,不经委托人同意,不能转托他人处理受托之事。旅游者的行为后果由旅游者承担,旅行社作为旅游者的受托人,仅对其代订行为承担责任。对旅行社而言,为旅游者提供代订相关服务是其经营活动,可以收取代办费用,二者之间成立的旅游代订合同属于有偿合同。

(3) 旅游设计、咨询合同。旅游设计、咨询合同是指旅行社接受旅游者的委托,为旅游者提供旅游行程设计、旅游信息咨询等服务,旅游者为此支付相应服务费用的合同。《旅游法》第七十四条第二款规定:"旅行社接受旅游者的委托,为其提供旅游行程设计、旅游信息咨询等服务的,应当保证设计合理、可行,信息及时、准确。"

12.1.2　《合同法》的基本原则

《合同法》的基本原则既是当事人在合同活动中应当遵守的基本准则,也是人民法院、仲裁机构在审理、仲裁合同纠纷时应当遵循的原则,是贯穿合同法始终的根本规则。《合同法》所规定的基本原则主要包括以下几方面。

1. 平等原则

《合同法》第三条规定,合同当事人的法律地位平等,一方不得将自己的意志强加给另一方。

平等原则是指在合同法律关系中,当事人之间在合同的订立、履行和承担违约责任等方面都处于平等的法律地位。

在旅游服务合同法律关系中,旅游者与旅游经营者相互之间是平等的民事主体,不存在高低贵贱之分,受法律的平等保护。任何一方不得无偿占有另一方的财产或侵犯他人权益。

2. 自愿原则

《合同法》第四条规定,当事人依法享有自愿订立合同的权利,任何单位和个人不得非法干预。

自愿原则是《合同法》最重要的基本原则,是民事法律关系区别于其他法律关系的特有的原则。其基本含义是:①当事人有是否订立和与谁订立合同的自由,任何人、任何组织不得强迫对方与之签订合同。②在不违反法律规定的前提下,当事人对合同的内容、形式、合同的履行等均应遵循自愿原则,任何组织和个人都不得非法干预。

自愿原则保证了合同当事人在交易活动中的主动性,便于合同当事人通过协商,自愿决定相互之间的权利义务关系。

当然,合同法中的自愿原则也不是绝对的。合同自愿只有在遵守法律法规、尊重社会公德的前提下才能得以实现,不得扰乱社会经济秩序,损害社会公共利益。

3. 公平原则

《合同法》第五条规定,当事人应当遵循公平原则确定各方的权利和义务。

依据公平原则,合同当事人应该根据公平正义的理念确定各方的权利和义务。具体含义为:①订立合同时的公平。根据公平原则确定各方的权利和义务,并合理分配相互的风险和责任。任何一方不得滥用权力,侵害他人合法权益,权利义务要大体平衡;显失公平的合同可以撤销。②处理合同纠纷时的公平。处理合同纠纷时,既要切实保护守约方的合法利益,也不能使违约方因为较小的过失承担过重的责任。

公平原则是一项法律适用的原则,体现了社会公德和商业道德的要求。在法律没有规定或合同没有规定时,可以运用公平原则来确定当事人的权利义务。

4. 诚实信用原则

《合同法》第六条规定,当事人行使权利、履行义务应遵循诚实信用原则。

诚实信用原则要求当事人在合同订立、履行及终止整个合同活动中应讲诚实、讲信用,相互协作,以善意的方式履行自己的义务,不得规避法律和合同义务。主要包括以下3方面含义:①诚实,要表里如一,因欺诈订立的合同无效或者可以撤销。②守信,要言行一致,不能反复无常,也不能口惠而实不至。③从当事人协商合同条款时起,就处于特殊的合作关系中,当事人应当恪守商业道德,履行相互协助、通知、保密等义务。

诚实信用原则的确立,有利于保护合同当事人的合法权益,促使当事人更好地履行合同义务。

5. 遵守法律和维护道德原则

《合同法》第七条规定,当事人订立、履行合同,应当遵守法律、尊重社会公德,不得扰乱社会经济秩序,损害社会公共利益。

社会公德是人们在社会公共生活中应当遵循的基本准则。社会公共利益即全体社会成员的共同利益。遵守法律是法治国家对每一个社会成员的基本要求。

这一原则是对合同自愿原则的限制和补充,是一项合同有效的前提。也就是说,合同自愿只有在遵守法律法规、尊重社会公德的前提下才能得以实现,不得扰乱社会经济秩序,损害社会公共利益。它保证了交易在遵守公共秩序和善良风俗的前提下进行,使市场经济有健康、正常的道德秩序和法律秩序。

6. 对当事人具有法律约束力原则

《合同法》第八条规定,依法成立的合同,对当事人具有法律约束力。当事人应当按照约定履行自己的义务,不得擅自变更或者解除合同。依法成立的合同,受法律保护。

上述原则是指合同一旦依法成立,即对当事人产生约束力。合同当事人应当严格按照合同要求履行合同义务,非依法律规定或者经当事人同意,不得随意变更或撤销合同。依法成立的合同受国家法律保护,同样,当事人依法成立的合同约定行使权利、履行义务的行为,任何单位和个人不得非法干涉。

12.2 合同的订立

12.2.1 合同订立的主体及其资格

合同应当"依法订立"。依法订立的合同是合同生效并受法律保护的前提。

根据《合同法》第二条的规定,法人、自然人或者其他组织可以成为合同主体,但是必须具备合同主体的资格。《合同法》第九条规定:"当事人订立合同,应当具有相应的民事权利能力和民事行为能力。当事人依法可以委托代理人订立合同。"

1. 法人

法人是具有民事权利能力和民事行为能力、依法独立享有民事权利和民事义务的组织。《中华人民共和国民法通则》(以下简称《民法通则》)规定,法人的成立应具备 4 项要件:依法成立;有必要的财产或者经费;有自己的名称、组织机构和场所;能够独立承担民事责任。《民法通则》规定:"法人的民事权利能力和民事行为能力,从法人成立时产生,到法人终止时消灭。"因此,法人一经依法成立,就可以订立合同,依法享有合同权利,承担合同责任。

按照功能、设立方法以及财产来源的不同,法人可以分为企业法人、机关法人、事业单位法人和社会团体法人。

2. 自然人

自然人(公民)是依自然规律出生而取得民事主体资格的人。自然人依法享有民事权利、承担民事义务。自然人的权利能力和行为能力,与法人有所不同。权利能力是指能够参与一定的法律关系,依法享有一定权利和承担一定义务的法律资格。《民法通则》规定,"公民从出生时起到死亡时止,具有民事权利能力,依法享有民事权利,承担民事义务。"

行为能力是指法律关系主体能够通过自己的行为实际取得权利和履行义务的能力或资格。民事行为能力是民事主体独立实施民事法律行为的资格。《民法通则》以自然人的认知能力和判断能力为依据,以年龄、智力和精神状态为条件,将自然人的民事行为能力分为完全民事行为能力人、无民事行为能力人和限制民事行为能力人 3 类。

(1) 完全民事行为能力人。主要是指 18 周岁以上、可以独立进行民事活动的成年人。此外,16~18 周岁的公民,若以自己的劳动收入为主要生活来源的,可视为完全民事行为能力人。完全民事行为能力人可作为合同主体与他方订立合同,依法享受合同权利、承担合同义务。

(2) 无民事行为能力人。10 周岁以下或不能辨别自己行为的精神病患者。

(3) 限制民事行为能力人。10~16 周岁或不能完全辨别自己行为的精神病患者。

无民事行为能力人和限制民事行为能力人都不能作为合同主体单独与他方订立合同。

3. 其他组织

其他组织是指不具有法人资格,但可以自己的名义进行民事活动的组织。如合伙企业、个人独资企业、个体工商户、农村承包经营户等,一经领取营业执照或办理设立登记手续,即取得了民事权利能力和民事行为能力,即可作为合同主体与他方订立合同。

12.2.2　合同订立的程序

《合同法》第十三条规定:"当事人订立合同采取要约、承诺方式。"依据这一规定,当事人订立合同要经过要约、承诺这一过程。

1. 要约

根据《合同法》第十四条的规定,要约就是希望与他人订立合同的意思表示。要约又称为订约提议,通常称为发价、报价和发盘。当事人可以通过发信、发电报、传真、电子邮件等方式提出要约。旅游服务合同的订立是指旅游活动当事人依法对旅游服务合同的主要条款经过平等协商,达成一致并签订协议的法律行为。任何一种旅游服务合同的订立,首先都要有一方提出订立合同的意思表示,提出要约的人称为要约人,接受要约的人称为受要约人。

(1) 要约规定。根据《合同法》第十四条的规定,有效的要约必须具备以下条件:①内容具体明确。要约作为希望与他人订立合同的意思表示,其目的在于希望受要约人对要约做出承诺,从而双方签订合同。因此,要约的内容必须具体明确,包含要约人所希望的合同的主要条款,如标的、数量、质量等。②要约应当标明一经受要约人承诺,要约人即受该意思表示的约束。如果要约人并未表明愿意受自己希望与他人订立合同的意思表示的约束,则该意思表示不能称为要约。因此,要约人必须表明自己一经受要约人承诺,即受意思表示的约束,同时还应当明确受要约人做出承诺的期限。商业广告的内容符合要约规定的,视为要约。

(2) 要约的形式。要约可以采用口头形式,也可以采用书面形式。

(3) 要约邀请。有时合同主体并不直接向他方发出订立合同的意思表示,而是以行为表示希望他人向自己发出要约的意思。这种希望他人向自己发出要约的意思表示称为要约邀请,又叫要约引诱,如寄送价目表、商业广告等。要约邀请在法律上没有任何意义,不可能产生合同成立与否的法律后果,因而对要约邀请任何相对人都没有约束力。

(4) 要约的生效时间。《合同法》规定,要约在到达受要约人时才开始发生效力。不同形式的要约,判定到达的标准也有所不同。①采用当面递交或电话口头对话方式的要约,在要约到达受要约人时开始生效。②以邮件、电报、电传、传真等方式发出的要约,在要约送达受要约人时开始生效。③采用数据电文形式订立合同的,受要约人指定特定系统接收数据电文的,该数据电文进入特定系统的时间,视为要约到达时间;未指定特定系统的,该数据电文到达收件人的任何系统的首次时间,视为到达时间,要约开始生效。

(5) 要约的撤回与撤销。《合同法》规定,要约可以撤回和撤销。撤回要约的通知应当在要约到达受要约人之前或者与要约同时到达受要约人。撤销要约的通知应当在受要约人发出承诺通知之前到达受要约人。但是,在要约人确定了承诺期限或者以其他形式明示要约不可撤销以及受要约人有理由认为要约是不可撤销的,并已经为履行合同做了准备工作这两种情形中,要约不得撤销。

(6) 要约的失效。要约的失效又称要约的消灭,是指要约丧失了法律约束力,不再对要约人和受要约人产生法律约束力。根据《合同法》第二十条的规定,有下列情形之一的,要约失效:①拒绝要约的通知到达要约人;②要约人依法撤销要约;③承诺期限届满,受要约人未做出承诺;④受要约人对要约的内容做出实质性变更。

只要出现以上情形之一的,要约就失效。其结果是解除了要约人受要约约束的效力或者义务,而受要约人则丧失了做出承诺的资格、权利或者该项订约的机会。

2. 承诺

承诺是受要约人同意要约的意思表示。《合同法》规定,承诺一旦生效,合同即成立。承诺是合同订立的一个重要环节,关系合同的订立与否。

对旅游服务合同的要约的承诺,必须由受要约方表示。

(1) 承诺的条件。根据《合同法》的规定,有效的承诺必须具备以下条件:①承诺必须由受要约人做出。要约是要约人向特定的受要约人发出的,受要约人进行承诺的权利是要约人赋予的,任何第三人不享有承诺的权利。②承诺必须向要约人做出。承诺是对要约的同意,表示希望与要约人订立合同,当然应向要约人做出,若向任何第三人做出承诺,都达不到与要约人订立合同的目的。③承诺的内容必须与要约的内容一致。要约必须是要约完全的、单纯的同意,没有实质性改变要约的内容,唯有这样,双方才有可能在意思表示一致的基础上订立合同。如果受要约人在承诺中对要约内容加以扩展、限制或者变更,就不构成承诺,而是对要约的拒绝或称为反要约。④承诺必须在要约的有效期限内做出。要约中表明了承诺期限的,受要约人应在期限内做出承诺的意思表示。超过期限不承诺的,要约自动失效,要约人不受要约的约束。

根据《合同法》的规定,承诺应当在要约确定的期限内到达要约人。要约中没有确定承诺期限的,则当要约是以对话方式做出的,除非当事人另有约定外,承诺应当即时做出;当要约是以非对话方式做出的,承诺应在合适的期限内到达要约人。如果受要约人超过承诺期限发出承诺,除非要约人通知受要约人该承诺有效外,该承诺仅为一项新的要约。关于承诺期限,《合同法》规定,要约以信件或者电报做出的,承诺期限自信件载明的日期或者电报交发之日开始计算;信件未载明日期的,自投寄该信件的邮戳日期开始计算;要约以电话、传真等快速通信方式做出的,承诺期限自要约到达受要约人时开始计算。

(2) 承诺的生效。《合同法》规定,承诺于承诺通知到达要约人时开始生效。若承诺无须通知的,则在做出承诺的行为时,承诺生效。如果是采用数据电文形式订立合同的,承诺到达的时间仍依第十六条第二款的规定。根据《合同法》的规定,承诺生效的直接法律后果是双方当事人之间的合同成立,任何一方都有权享受合同权利,同时有责任履行合同义务。

(3) 承诺对要约内容的变更及其法律后果。承诺对要约内容的变更,有实质性变更与非实质性变更之别。根据《合同法》的规定,受要约人在承诺中对要约中关于合同标的的数量、质量、价款或者报酬、履行期限、地点和方式、违约责任和解决争议方法等的变更即为实质性变更。承诺如果对要约内容做出了实质性变更的,则该承诺就不称为承诺,而是一项新的要约。承诺对要约内容上述项目以外的内容进行变更的,是非实质性变更。根据《合同法》的规定,承诺对要约内容做出了非实质性变更的,其法律后果有两种:①当要约人及时表示反对该变更或者已经在要约中明确表明承诺不得对内容做出任何变更,则该承诺无效;②当要约人并未及时对该变更表示反对,并且在要约中也未曾表明承诺不得对内容做出任何变更,则该承诺有效,合同的内容以已经对要约内容做出了非实质性变更的承诺的内容为准。

12.2.3　合同的形式

合同的形式是指体现合同内容、明确当事人权利义务的方式,是当事人意思表示一致的外在表现。《合同法》规定,当事人在订立合同时,可以采用口头、书面或者其他形式。无论采用哪种形式的合同,只要依法成立即为有效。实践中常见的合同形式是书面形式和口头形式。

1. 书面形式

书面形式是指以文字的方式表达合同内容的合同形式。《合同法》第十一条规定:"书面形式是指合同书、信件和数据电文(包括电报、电传、传真、电子数据交换和电子邮件)等可以有形地表现所载内容的形式。"

《合同法》规定:"法律、行政法规规定采用书面形式的,应当采用书面形式。当事人约定采用书面形式的,应当采用书面形式。"根据以上规定,凡是法律规定或者当事人约定应采用书面形式的,订立合同当事人就应当采用书面形式。关于合同的形式,《合同法》又做了比较灵活的规定。依照该规定,法律、行政法规规定或当事人约定采用书面形式订立合同,当事人未采用书面形式但一方已经履行主要义务,对方接受的,该合同成立。

采用书面形式订立合同的优点在于内容明确、便于履行、便于保存,发生纠纷时方便举证。因此,对于关系较复杂的合同、价款或者报酬数额较大的合同,当事人应采用书面形式。

2. 口头形式

口头形式是指当事人双方以谈话的方式订立合同,如当面交谈、电话联系等。口头形式具有简单方便、直接迅速的优点,但合同内容难以进行有形的复制,发生纠纷时难以取证和举证,不利于分清责任。因此,口头形式订立合同,只适宜于即时清结的合同。

3. 其他形式

其他形式是指采用除书面形式、口头形式以外的方式表现合同内容的形式,一般包括推定形式和默示形式。推定形式是指当事人并不直接用书面或者口头形式进行意思表示,而是通过实施某种行为进行意思表示。默示形式是指当事人采用沉默不语的方式进行意思表示。

12.2.4　合同的内容

合同的内容就是当事人之间就设立、变更或者终止权利义务关系表示一致的意思。其主体部分是明确当事人合同权利和合同义务的各项条款。旅游服务合同的条款的表述必须具体、明确。根据《合同法》的规定,合同的内容由当事人约定,一般包括以下条款。

1. 当事人的名称或者姓名和住所

姓名和住所是公民身份证或者户籍登记簿上的正式称谓和长久居住的场所。法人或其他组织的住所是指在登记机关登记的主要办事机构所在地。

2. 标的

旅游服务合同的标的是指旅游服务合同当事人之间权利义务所指向的对象。它表现着当事人订立旅游服务合同的目的和要求。合同标的既可以是物,也可以是行为或者智力成果。

3. 数量

旅游服务合同的数量是旅游服务合同标的的具体化,是指以数字形式和计量单位方式对合同标的进行具体的确定。数量是确定合同当事人之间权利义务范围和大小的一个标准。旅游服务合同的数量要准确,计量单位也要明确规定。

4. 质量

质量与数量一样,也是旅游服务合同标的的具体化,是指以成分、含量、纯度、尺寸、精密度、性能等表示的合同标的内在素质和外观形象的优劣状况。质量也是确定当事人之间权利义务范围和大小的标准之一。当事人订立合同约定质量时,如果有国家或行业强制性标准的,不得低于规定标准。没有规定标准的,当事人可以自由协商确定。

5. 价款或报酬

价款或报酬通常也称价金,是接受旅游服务、取得旅游产品的一方向对方当事人支付的酬金,一般以货币的数量形式表示,表现着旅游商品、旅游服务货币交换关系的客观要求。价款或报酬是有偿合同的主要条款,在无偿合同中,则没有价款或报酬的内容。

6. 履行期限、地点和方式

合同的履行期限、地点和方式是检验旅游服务合同是否全面正确履行的重要依据。

合同的履行期限是指当事人履行旅游服务合同义务的起止时间,即合同当事人各自完成规定义务的时间界限。履行期限既是一方当事人请求对方当事人履行合同义务的一个依据,也是判断合同是否已经得到履行的一个标准。

合同的履行地点是指当事人在什么地方履行旅游服务合同义务和接受合同义务。履行地点也是一方请求对方当事人履行合同义务和判断合同是否已经得到履行的一个标准。发生纠纷时,履行地点还是确定管辖的依据之一。

合同的履行方式是指当事人履行旅游服务合同义务的方法,如转移财产、提供服务等。履行方式与合同标的有密切的关系。

7. 违约责任

违约责任是指旅游服务合同当事人不履行合同义务或者履行合同义务不符合约定时,依法产生的法律责任,是维护旅游服务合同的重要法律手段。在合同中确定违约责任,一方面,可以促使当事人按时、按约履行义务;另一方面,又可以弥补守约一方因对方违约而受到的损失。

8. 解决争议的方法

解决争议的方法是指旅游服务合同当事人之间在合同的履行过程中发生了争议时，通过什么方式解决争议。解决争议的方法主要有4种：协商、调解、仲裁和诉讼。

12.2.5　旅游服务合同范本

为了提高旅游服务质量，确保旅游者和旅游经营者的合法权益，2010年4月，国家旅游局会同国家工商行政管理总局联合修订了《团队出境旅游服务合同》示范文本、《大陆居民赴台湾地区旅游服务合同》示范文本，联合制定了《团队国内旅游服务合同》示范文本（以下简称示范文本）。

示范文本是依据《合同法》《民法通则》《消费者权益保护法》《旅行社条例》《旅行社条例实施细则》等法律、法规而制定的，充分体现了法律、法规的要求。示范文本规范了旅游业务中的通行概念，明确了旅游者和旅行社双方当事人的权利义务，将法律、法规和行业要求贯穿其中，具有指导性、规范性、公平性和可操作性的特点。

 补充阅读——《旅游法》关于包价旅游合同内容的有关条款

第五十八条　包价旅游合同应当采用书面形式，包括下列内容。

（一）旅行社、旅游者的基本信息。

（二）旅游行程安排。

（三）旅游团成团的最低人数。

（四）交通、住宿、餐饮等旅游服务安排和标准。

（五）游览、娱乐等项目的具体内容和时间。

（六）自由活动时间安排。

（七）旅游费用及其交纳的期限和方式。

（八）违约责任和解决纠纷的方式。

（九）法律、法规规定和双方约定的其他事项。

订立包价旅游合同时，旅行社应当向旅游者详细说明前款第（二）项至第（八）项所载内容。

第五十九条　旅行社应当在旅游行程开始前向旅游者提供旅游行程单。旅游行程单是包价旅游合同的组成部分。

第六十条　旅行社委托其他旅行社代理销售包价旅游产品并与旅游者订立包价旅游合同的，应当在包价旅游合同中载明委托社和代理社的基本信息。

旅行社依照本法规定将包价旅游合同中的接待业务委托给地接社履行的，应当在包价旅游合同中载明地接社的基本信息。

安排导游为旅游者提供服务的，应当在包价旅游合同中载明导游服务费用。

第六十一条　旅行社应当提示参加团队旅游的旅游者按照规定投保人身意外伤害保险。

第六十二条　订立包价旅游合同时,旅行社应当向旅游者告知下列事项。

(一)旅游者不适合参加旅游活动的情形。

(二)旅游活动中的安全注意事项。

(三)旅行社依法可以减免责任的信息。

(四)旅游者应当注意的旅游目的地相关法律、法规和风俗习惯、宗教禁忌,依照中国法律不宜参加的活动等。

(五)法律、法规规定的其他应当告知的事项。

在包价旅游合同履行中,遇有前款规定事项的,旅行社也应当告知旅游者。

12.3　合同的效力

合同的效力是指已成立的合同对合同当事人乃至第三人产生的法律后果,或者说法律约束力。

12.3.1　合同生效

合同生效是法律对于某一已经成立的合同做出的具有法律约束力的评价。

1. 合同生效的条件

根据《民法通则》第五十五条关于民事法律行为应当具备的条件的规定,合同生效应当具备以下条件。

(1)订立合同的当事人具有相应的民事行为能力。

(2)双方的意思表示要真实。

(3)合同内容不违反法律和社会公共利益。

2. 合同生效的时间

根据《合同法》规定,合同生效的时间可以有两种。

(1)只要是依法成立的合同,成立时即发生法律效力。

(2)凡是法律、行政法规规定必须办理批准、登记等手续生效的,则合同在签订并办理了相关手续时才发生法律效力。

3. 合同生效的特殊情况

(1)附条件的合同。《合同法》第四十五条规定:"当事人对合同的效力可以约定附条件。附生效条件的合同,自条件成就时生效。附解除条件的合同,自条件成就时失效。"

(2)附期限的合同。《合同法》第四十六条规定:"当事人对合同的效力可以约定附期限。附生效期限的合同,自期限届至时生效。附终止期限的合同,自期限届满时失效。"

12.3.2　无效合同

1. 概念和特征

无效合同是指当事人之间已经形成的合同,由于违反法定事由而导致法律不予认可其约束力的情形。无效合同,国家不予确认,从订立时就不具有法律效力。无效合同具有以下特性。

(1) 无效合同具有违法性。如果当事人所订立合同的意志违反了法律的强制性规范或者社会公共利益,则该合同就要被坚决否决,归于无效。

(2) 无效合同是自始无效的。自始无效就是合同从订立时起,就不具有法律效力。由于无效合同不符合国家意志和立法的目的,从本质上违反了法律,因此,国家不承认此类合同的效力。对于已履行的,应当通过返还财产、赔偿损失等方式使当事人的财产恢复到合同订立以前的状态。

2. 无效合同的种类

《合同法》第五十二条规定,有下列情形之一的,合同无效。

(1) 一方以欺诈、胁迫的手段订立合同,损害国家利益。欺诈是指一方当事人故意告知对方虚假情况,或者故意隐瞒真实情况,诱使对方做出错误意思表示的行为。胁迫是指一方当事人以给对方及其亲友的生命健康、荣誉、名誉、财产等造成损害为要挟,迫使对方做出违背真实意思表示的行为。采取欺诈、胁迫的手段订立的旅游服务合同,违背了合同法的自愿、平等和诚实信用原则,损害了国家利益,因此,属于无效旅游服务合同。

(2) 恶意串通,损害国家、集体或者第三人利益。这是指当事人或其代理人在订立旅游服务合同时一起以非法的合意(恶意同谋)损害国家、集体或者第三人利益。由于此种行为违反了诚实信用原则和合法原则,因此,法律认定恶意串通的合同属于无效合同。

(3) 以合法形式掩盖非法目的。这是指订立的旅游服务合同表面上看是合法的,是自愿平等订立的,但其内容却违反了法律,意图通过合法的形式达到非法的目的。

(4) 损害社会公共利益。这是指订立旅游服务合同当事人的行为损害了法律所保护的社会公共利益。这类旅游服务合同也是无效的。

(5) 违反法律、行政法规的强制性规定。法律、法规对旅游服务合同效力有强制性规定的,应遵循该规定,否则合同无效。

3. 免责条款的无效

免责条款是指双方当事人在合同中约定的,免除或者限制一方或双方当事人未来责任的条款。根据《合同法》第五十三条的规定,合同中的下列免责条款无效。

(1) 造成对方人身伤害的。

(2) 因故意或者重大过失造成对方财产损失的。

法律对免责条款无效的有关规定,限制了合同当事人利用其欺骗对方当事人,损害对方当事人的合同利益。

12.3.3　可变更及可撤销合同

可变更及可撤销合同是指合同成立后,因存在法定事由,人民法院或者仲裁机构根据一方的申请,变更合同的有关内容或者将合同撤销。

《合同法》第五十四条规定:"下列合同,当事人一方有权请求人民法院或者仲裁机构变更或者撤销:①因重大误解订立的;②在订立合同时显失公平的。一方以欺诈、胁迫的手段或者乘人之危,使对方在违背真实意思的情况下订立的合同,受损害方有权请求人民法院或者仲裁机构变更或者撤销。当事人请求变更的,人民法院或者仲裁机构不得撤销。"

可变更及可撤销合同的变更和撤销必须具备以下要件。

(1) 必须具有法定事由。法定事由即法律明文规定的具体事由。主要的事由有以下几种:①因重大误解而订立合同;②因显失公平而订立合同;③一方以欺诈、胁迫的手段订立合同(见前述合同无效的原因);④乘人之危订立合同。只有以上任何一种事由存在,一方当事人才有权请求变更或者撤销合同。

(2) 必须有一方当事人申请。如果没有一方当事人的请求,人民法院或者仲裁机构不得变更或者撤销合同,并且当事人仅仅要求变更合同的,人民法院或者仲裁机构不得撤销合同。关于当事人行使撤销权的期限,依照《合同法》第五十五条的规定执行。

(3) 必须是由法院或者仲裁机构行使变更权或者撤销权。任何一方当事人都无权单方面变更或者撤销合同,即使存在法定事由,也只能向人民法院或者仲裁机构提出变更或者撤销的请求。

12.3.4　无效合同、被撤销合同的法律后果

《合同法》第五十六条的规定:"无效的合同或者被撤销的合同自始没有法律约束力。合同部分无效,不影响其他部分效力的,其他部分仍然有效。"

《合同法》第五十七条规定:"合同无效、被撤销或者终止的,不影响合同中独立存在的有关解决争议方法的条款的效力。"

《合同法》第五十八条还规定:"合同无效或者被撤销后,因该合同取得的财产,应当予以返还或者折价补偿。有过错的一方应当赔偿对方因此所受到的损失,双方都有过错的,应当各自承担相应的责任。"

12.4　合同的履行

12.4.1　合同履行的概念

合同履行是指当事人按照合同约定,全面完成自己的义务,实现合同权利。合同履行实质上是对合同义务的履行。

合同履行以合同有效为前提。合同生效后,当事人应当按照约定全面履行自己的义务,遵循诚实信用原则,根据合同的性质、目的和交易习惯履行通知、协助、保密等义务。

12.4.2　合同履行的原则

合同履行的原则是指合同履行过程中所应遵循的基本准则。根据《合同法》第六十条的规定,合同当事人在履行合同的过程中应遵循以下原则。

1. 全面履行原则

全面履行原则又称适当履行原则,是指当事人按照合同约定的主体、标的、数量、质量、价款或者报酬等,在适当的履行期限、地点,以适当的方式,全面完成合同义务的履行。《合同法》第六十条第一款规定:"当事人应当按照约定全面履行自己的义务。"全面履行原则是判定合同当事人是否存在违约事实以及应否承担违约责任的重要准则。

2. 诚实信用履行原则

诚实信用履行原则是指当事人在履行合同义务时,应当诚实、守信、善意、不滥用权利或者规避义务的原则。《合同法》第六十条第二款规定:"当事人应当遵循诚实信用的原则,根据合同的性质、目的及交易习惯履行通知、协助、保密等义务。"诚实信用履行原则确保当事人合同利益的平衡。

12.4.3　合同履行的规则

合同履行的具体规则是指法律规定的适用于某类合同或某种场合,当事人履行合同时必须共同遵守的具体规范。

1. 合同条款存在缺陷时的履行规则

有时由于某些主客观因素的影响,致使合同欠缺某些必要条款,或者某些条款约定不明确,合同难以履行。《合同法》本着尊重当事人订约自愿的精神,规定了两种方式解决合同条款的缺陷,以利于当事人顺利履行合同义务。

1)协议补缺

协议补缺即合同当事人根据"平等、自愿、公平、诚信"的原则对合同中没有约定或者约定不明确的条款通过协商达成补充协议。

《合同法》第六十一条规定:"合同生效后,当事人就质量、价款或者报酬、履行地点等内容没有约定或者约定不明确的,可以协议补充;不能达成补充协议的,按照合同有关条款或者交易习惯确定。"

2)规则补缺

规则补缺即在合同条款没有约定或者约定不明确,而且当事人无法就此缺陷进行协议补充的情况下,根据"平等、自愿、公平、诚信"的原则,法律对当事人欠缺或者没有明确意思的条款进行补充,使合同能够得以顺利履行。

《合同法》第六十二条规定,当事人就有关合同内容约定不明确,依照本法第六十一条的规定仍不能确定的,适用下列规定。

（1）质量要求不明确的,按照国家标准、行业标准履行;没有国家标准、行业标准的,按照通常标准或者符合合同目的的特定标准履行。

（2）价款或者报酬不明确的,按照订立合同时履行地的市场价格履行;依法应当执行政府定价或者政府指导价的,按照规定履行。

（3）履行地点不明确,给付货币的,在接受货币一方所在地履行;交付不动产的,在不动产所在地履行;其他标的,在履行义务一方所在地履行。

（4）履行期限不明确的,债务人可以随时履行,债权人也可以随时要求履行,但应当给对方必要的准备时间。

（5）履行方式不明确的,按照有利于实现合同目的的方式履行。

（6）履行费用的负担不明确的,由履行义务一方负担。

2. 履行过程中发生价格变动时的履行规则

合同履行过程中发生价格变动是普遍存在的情况。当价格发生变动时,如何履行合同,《合同法》第六十三条做了明确的规定:"执行政府定价或者政府指导价的,在合同约定的交付期限内政府价格调整时,按照交付时的价格计价。逾期交付标的物的,遇价格上涨时,按照原价格执行;价格下降时,按照新价格执行。逾期提取标的物或者逾期付款的,遇价格上涨时,按照新价格执行;价格下降时,按照原价格执行。"

3. 向第三人履行和第三人代为履行的规则

一般情况下,合同履行应遵循亲自履行的原则,但并不排斥在一定的条件下,由债务人向债权人以外的第三人履行债务或由债务人以外的第三人向债权人履行债务。

《合同法》第六十四条规定:"当事人约定由债务人向第三人履行债务的,债务人未向第三人履行债务或者履行债务不符合约定,应当向债权人承担违约责任。"

《合同法》第六十五条规定:"当事人约定由第三人向债权人履行债务的,第三人不履行债务或者履行债务不符合约定,债务人应当向债权人承担违约责任。"

12.5　合同的变更、转让与终止

12.5.1　合同的变更

1. 合同变更的含义和形式

合同变更是指依法成立的合同于其尚未履行或者尚未完全履行完毕之前,由当事人达成协议而对其内容进行修改和补充。合同变更的形式有协议变更和依法变更两种。

1）协议变更

协议变更是指在合同当事人协商一致的基础上对原合同内容所做的修改。《合同法》第七十七条规定:"当事人协商一致,可以变更合同。法律、行政法规规定变更合同应当办理批准、登记等手续的,依照其规定。"

2）依法变更

依法变更是指依照法律规定，当出现某些情形时，当事人有权请求人民法院或者仲裁机构变更合同的内容。如前所述，《合同法》第五十四条规定了合同依法变更的情形，或者仲裁机构变更合同。

2. 合同变更的限制

《合同法》第七十八条规定："当事人对合同变更的内容约定不明确的，推定为未变更。"这是合同法对合同变更的限制性规定。变更合同应当和订立合同一样，内容明确，否则推定为未变更，当事人仍应当依照原合同的约定履行各自的义务。

12.5.2　合同的转让

合同的转让即合同主体的变更，是指合同的一方当事人在不改变合同条款的情况下，依法将自己所享有的合同的全部或者部分权利义务转让给他人的法律行为。合同的转让必须以合同有效为前提。合同的转让分为权利的转让、义务的转让和权利义务全部转让3 种。

1. 合同权利的转让

合同权利的转让是指合同中享有权利的一方当事人（即债权人），通过协议依法将自己的债权，全部或者部分转让给另一方当事人之外的第三人的法律行为。

合同权利的转让并不是任意进行的，在一定情况下要受到一定的限制。依据《合同法》第七十九条的规定，下列情形之一者不得转让合同权利：①根据合同性质不得转让的；②按照当事人约定不得转让的；③依照法律规定不得转让的。

上述 3 个方面的限制实际上是法律禁止的行为，违反法律禁止性规定而转让合同权利的，该转让行为无效。此外，《合同法》第八十条规定："债权人转让权利的，应当通知债务人。未经通知，该转让对债务人不发生效力。债权人转让权利的通知不得撤销，但经受让人同意的除外。"

2. 合同义务的转让

合同义务的转让是指合同的债务人将自己应履行的义务转让给第三人的法律行为。《合同法》第八十四条规定："债务人将合同的义务全部或者部分转移给第三人的，应当经债权人同意。"

3. 合同权利义务的全部转让

《合同法》第八十八条规定："当事人一方经对方同意，可以将自己在合同中的权利和义务一并转让给第三人。"

合同权利义务一并转让是真正意义上的合同主体的变更。根据《合同法》的规定，权利和义务一并转让的，适用本法中关于权利转让和义务转让的相关规定。当事人订立合同后合并的，由合并后的法人或者其他组织行使合同权利，履行合同义务。当事人订立合同后分立的,除债权人和债务人另有约定的以外,由分立的法人或者其他组织对合同的权利和义务享有连带债权,承担连带债务。

12.5.3　合同的终止

《旅游法》第六十九条规定:"旅行社应当按照包价旅游服务合同的约定履行义务,不得擅自变更旅游行程安排。经旅游者同意,旅行社将包价旅游服务合同中的接待业务委托给其他具有相应资质的地接社履行的,应当与地接社订立书面委托合同,约定双方的权利和义务,向地接社提供与旅游者订立的包价旅游服务合同的副本,并向地接社支付不低于接待和服务成本的费用。地接社应当按照包价旅游服务合同和委托合同提供服务。"

合同的权利义务终止,也就是合同的终止,是指合同确立的当事人之间权利义务关系的消灭。

《合同法》第九十一条规定,合同的权利义务可以因以下法定原因而终止。

(1) 债务已经按照约定履行。合同当事人依照合同约定履行了自己的合同债务,订立合同的目的已经实现,合同自然消灭。

(2) 合同解除。

(3) 债务相互抵消。《合同法》第九十九条规定:"当事人互负到期债务,该债务的标的物种类、品质相同的,任何一方可以将自己的债务与对方的债务抵消,但依照法律规定或者按照合同性质不得抵消的除外。"第一百条规定:"当事人互负债务,标的物种类、品质不相同的,经双方协商一致,也可以抵消。"

(4) 债务人依法将标的物提存。根据《合同法》第一百零一条的规定,当出现债权人无正当理由拒绝受领,债权人下落不明,债权人死亡未确定继承人或者丧失民事行为能力未确定监护人以及法律规定的其他情形,导致债务人难以履行债务时,债务人依法可以拍卖或者变卖标的物,提存所得的价款。

(5) 债权人免除债务。

(6) 债权债务同归于一人。《合同法》第一百零六条规定:"债权和债务同归于一人的,合同的权利义务终止,但涉及第三人利益的除外。"

(7) 法律规定或者当事人约定终止的其他情形。

 补充阅读——《旅游法》关于解除旅游服务合同的有关条款

第六十三条　旅行社招徕旅游者组团旅游,因未达到约定人数不能出团的,组团社可以解除合同。但是,境内旅游应当至少提前七日通知旅游者,出境旅游应当至少提前三十日通知旅游者。

因未达到约定人数不能出团的,组团社经征得旅游者书面同意,可以委托其他旅行社履行合同。组团社对旅游者承担责任,受委托的旅行社对组团社承担责任。旅游者不同意的,可以解除合同。

因未达到约定的成团人数解除合同的,组团社应当向旅游者退还已收取的全部费用。

第六十四条　旅游行程开始前,旅游者可以将包价旅游服务合同中自身的权利义务转让给第三人,旅行社没有正当理由的不得拒绝,因此增加的费用由旅游者和第三人承担。

第六十五条   旅游行程结束前,旅游者解除合同的,组团社应当在扣除必要的费用后,将余款退还旅游者。

第六十六条   旅游者有下列情形之一的,旅行社可以解除合同。

(一)患有传染病等疾病,可能危害其他旅游者健康和安全的。

(二)携带危害公共安全的物品且不同意交有关部门处理的。

(三)从事违法或者违反社会公德的活动的。

(四)从事严重影响其他旅游者权益的活动,且不听劝阻、不能制止的。

(五)法律规定的其他情形。

因前款规定情形解除合同的,组团社应当在扣除必要的费用后,将余款退还旅游者;给旅行社造成损失的,旅游者应当依法承担赔偿责任。

第六十七条   因不可抗力或者旅行社、履行辅助人已尽合理注意义务仍不能避免的事件,影响旅游行程的,按照下列情形处理。

(一)合同不能继续履行的,旅行社和旅游者均可以解除合同。合同不能完全履行的,旅行社经向旅游者做出说明,可以在合理范围内变更合同;旅游者不同意变更的,可以解除合同。

(二)合同解除的,组团社应当在扣除已向地接社或者履行辅助人支付且不可退还的费用后,将余款退还旅游者;合同变更的,因此增加的费用由旅游者承担,减少的费用退还旅游者。

(三)危及旅游者人身、财产安全的,旅行社应当采取相应的安全措施,因此支出的费用,由旅行社与旅游者分担。

(四)造成旅游者滞留的,旅行社应当采取相应的安置措施。因此增加的食宿费用,由旅游者承担;增加的返程费用,由旅行社与旅游者分担。

第六十八条   旅游行程中解除合同的,旅行社应当协助旅游者返回出发地或者旅游者指定的合理地点。由于旅行社或者履行辅助人的原因导致合同解除的,返程费用由旅行社承担。

12.6 违约责任

12.6.1 违约责任的概念、法律特征与分类

1. 违约责任的概念

违约责任是指合同当事人不履行合同义务或者履行合同义务不符合约定时,依法应当承担的民事法律后果。违约责任的规定,是为促使当事人履行合同义务,维护市场交易秩序,补偿因违约而给对方造成的损失。

2. 违约责任的法律特征

（1）违约责任是合同当事人不履行合同义务或者履行合同义务不符合约定所产生的民事责任。首先，违约责任的成立是以有效合同债务的存在为前提的；其次，违约责任的产生须有当事人没有全面履行合同的事实存在，即有违约事实的存在。

（2）违约责任原则上是违约方向守约方承担的财产责任。合同的特定性和相对性决定了违约责任承担主体的特定性和相对性。违约责任的承担者只能是没有履行合同义务的违约方，违约责任的承受者也只能是履行合同义务的守约方。

3. 违约责任的分类

1）过错责任与无过错责任

过错责任与无过错责任是以违约责任的成立是否以过错为要件作为划分标准所进行的分类。

过错责任是指由于行为人的过错故意或者过失致使其违反合同义务而需承担的责任。

无过错责任又称严格责任，是指无论合同当事人行为上是否有过错，只要有违约行为，就要承担法律责任。

2）单独责任与共同责任

单独责任与共同责任是以承担责任者是一方还是多方作为划分标准所进行的分类。

单独责任是指违约方为一人时所应承担的违约责任。

共同责任是指违约方为两人以上时所应承担的违约责任。共同责任又有按份责任和连带责任之分。

3）单方责任与混合责任

单方责任与混合责任是以承担违约责任的是一方还是双方为标准所进行的分类。

单方责任是指违约一方向守约一方所应承担的违约责任。

混合责任是指当事人双方均违反合同义务，各自依其违约情形承担相应的违约责任。

12.6.2　归责原则

归责原则是指基于一定归责事由而确定行为人是否应当承担责任的法律规则。《合同法》第一百零七条规定：“当事人一方不履行合同义务或者履行合同义务不符合约定的，应当承担继续履行、采取补救措施或者赔偿损失等违约责任。”从这一规定可以看出，我国《合同法》在违约责任归责原则上采取了严格责任原则，即除非存在法定或者约定的免责事由，违约方有无故意或者过错，只要有违约行为，都必须对其违约行为承担违约责任。

12.6.3　承担方式

根据《合同法》有关规定，承担违约责任的方式有以下几种。

1. 继续履行

继续履行又称强制履行,是指在违约方不履行合同义务或履行义务不符合约定时,另一方当事人可要求其在合同履行期限届满后,继续按照原合同约定的主要条件完成合同义务的行为。

1)金钱债务违约的继续履行

金钱债务即当事人所负的债务直接表现为支付货币的义务。这是继续履行适用较多的情形。

2)非金钱债务违约的继续履行

非金钱债务是指除货币支付以外的债务,如提供劳务、提供货物等。《合同法》第一百一十条规定:"当事人一方不履行非金钱债务或者履行非金钱债务不符合约定的,对方可以要求履行,但有下列情形之一的除外:①法律上或者事实上不能履行;②债务的标的不适于强制履行或者履行费用过高;③债权人在合理期限内未要求履行。"

2. 采取补救措施

采取补救措施是指违约方所采取的旨在消除违约后果的除继续履行、支付赔偿金、违约金以及定金以外的其他措施。《合同法》第一百一十一条规定:"质量不符合约定的,应当按照当事人的约定承担违约责任。对违约责任没有约定或者约定不明确,依照本法第六十条的规定仍不能确定的,受损害方根据标的的性质以及损失的大小,可以合理选择要求对方承担修理、更换、重做、退货、减少价款或者报酬等违约责任。"

3. 赔偿损失

赔偿损失是指违约方因不履行或者不完全履行合同义务给对方造成损失时,依法或者根据合同约定应赔偿债权人所受损失的行为。《合同法》第一百一十二条规定:"当事人一方不履行合同义务或者履行合同义务不符合约定的,在履行义务或者采取补救措施后,对方还有其他损失的,应当赔偿损失。"

4. 违约金

违约金又称违约罚款,是指当事人在合同中约定的或法律直接规定的,在一方当事人违约时向另一方当事人支付一定数额的货币,也可以表现为一定价值的财物。支付违约金也是当事人承担违约责任的一种方式。

违约金的主要功能在于补偿而不是惩罚。正因为如此,法律规定,当约定的违约金与所致的损失相差太大时,当事人可以请求人民法院或者仲裁机构适当增加或者减少。

《合同法》第一百一十四条规定:"当事人可以约定一方违约时应当根据违约情况向对方支付一定数额的违约金,也可以约定因违约产生的损失赔偿额的计算方法。约定的违约金低于造成的损失的,当事人可以请求人民法院或者仲裁机构予以增加;约定的违约金过分高于造成的损失的,当事人可以请求人民法院或者仲裁机构予以适当减少。当事人就迟延履行约定违约金的,违约方支付违约金后,还应当履行债务。"此外,《合同法》第一百一十六条规定:"当事人既约定违约金,又约定定金的,一方违约时,对方可以选择适用违约金或者定金条款。"定金与违约金不能同时适用。

5. 定金

定金是指合同当事人为了确保合同的履行,依据双方约定由当事人一方在订立合同时或者在订立合同后履行合同前,依据合同金额的一定比例,预付给对方当事人的金钱或者有价证券。

《合同法》第一百一十五条规定:"当事人可以依照《中华人民共和国担保法》约定一方向对方给付定金作为债权的担保。债务人履行债务后,定金应当抵作价款或者收回。给付定金的一方不履行约定的债务的,无权要求返还定金;收受定金的一方不履行约定的债务的,应当双倍返还定金。"

根据《中华人民共和国担保法》的规定,定金的数额可以由当事人约定,但不得超过主合同标的额的 20%。定金在合同中的运用既是合同履行的担保方式,又是违约责任的承担方式,具有惩罚性。

 补充阅读——定金与订金

定金是指为保证合同的履行,买方预先向卖方交纳一定数额的钱款。合同上标明定金的,根据《合同法》相关规定,一方违约时,双方有约定的按照约定执行;如果无约定,卖方违约时定金双倍返还,买方违约时定金不返还。

而对订金,目前法律上没有明确规定,一般可视为预付款。订金的效力取决于双方当事人的约定。双方当事人如果没有约定,订金的性质主要是预付款,卖方违约时,应无条件退款;买方违约时,可以与卖方协商解决并要求对方退款。如果双方当事人另有约定,则按照约定执行。

定金与订金的区别主要表现在:①交付定金的协议是从合同,依约定应交付定金而未交付的,不构成对主合同的违反;而交付订金的协议是主合同的一部分,依约定应交付订金而未交付的,即构成对主合同的违反。②交付和收受订金的当事人一方不履行合同债务时,不发生丧失或者双倍返还预付款的后果,订金仅可作损害赔偿金。③定金的数额在法律规定上有一定限制,例如《中华人民共和国担保法》就规定定金数额不超过主合同标的额的 20%;而订金的数额依当事人之间自由约定,法律一般不作限制。④定金具有担保性质,而订金只是单方行为,不具有担保性质。

工商部门借此提醒,定金与订金一字之差,意思大不同,法律效应也不一样。消费者和商家订立合同时应明确是定金还是订金,在预付款时,要注意看商家开出的票据上是订金还是定金,如开的是预付定金,则应要求其加注"不满意定金全退"字样,以免给双方带来不必要的麻烦和损失。

12.6.4　赔偿损失原则

我国合同法上的赔偿损失是指金钱赔偿,即使包括实物赔偿,也限于以合同标的物以外的物品予以赔偿。

在适用严格责任原则的条件下,支付损失赔偿的构成要件与主观过错无关,其构成要件如下:①违约行为;②损害事实;③违约行为与损害事实之间有因果关系;④违约一方没有免责事由。

只要具备了上述4个条件,违约者就应当承担损失赔偿的责任。

1. 完全赔偿原则

完全赔偿是指因违约方的违约行为使受害人遭受的全部损失,都应由违约方负赔偿责任。根据《合同法》第一百一十三条的规定,损失赔偿额应相当于因违约所造成的损失,包括合同履行后可以获得的利益。这里的损失仅指财产损失。也就是说,违约方不但应赔偿受害人遭受的全部实际损失,而且应赔偿可得利益损失,即包括合同履行后可以获得的利益损失。这是对受害人利益实行全面、充分保护的有效措施。

2. 合理预见原则

完全赔偿原则是对非违约方的有力保护,但从民法的基本原则出发,应将这种损害赔偿限制在合理的范围内。《合同法》第一百一十三条规定:"赔偿损失不得超过违反合同一方订立合同时预见到或者应当预见到的因违反合同可能造成的损失。"

3. 减轻损害原则

减轻损害原则也叫采取适当措施避免损失扩大原则,是指在一方违约并造成损害后,受害人必须采取合理措施以防止损害的扩大,否则,受害人应对扩大部分的损害负责,违约方此时也有权请求从损害赔偿金额中扣除本可避免的损害部分。也就是将减轻损害作为受害人的一项义务看待,并以此限制违约方的赔偿责任。《合同法》第一百一十九条对此做出了明确规定:"当事人一方违约后,对方应当采取适当措施防止损失的扩大;没有采取适当措施致使损失扩大的,不得就扩大的损失要求赔偿。当事人因防止损失扩大支出的合理费用,由违约方承担。"

4. 责任相抵原则

责任相抵是指按照债权人与债务人各自应负的责任确定责任范围。《合同法》第一百二十条规定:"当事人双方都违反合同的,应当各自承担相应的责任。"这就是责任相抵原则。同时应明确,在我国《合同法》理论上,责任相抵是一种形象的说法,不是指当事人的责任抵消,是在确定各自应负的责任基础上确定赔偿责任。

5. 经营欺诈惩罚性赔偿原则

针对交易中各种严重的欺诈行为,特别是出售假冒伪劣商品产生的欺诈行为的严重存在,《消费者权益保护法》第四十九条明确规定:"经营者提供商品或者服务有欺诈行为的,应当按照消费者的要求增加赔偿其受到的损失,增加赔偿的数额为消费者购买商品的价款或接受服务的费用的一倍。"这就在法律上确立了经营欺诈惩罚性损害赔偿制度。

12.6.5　违约责任的免除

免责条件即法律明文规定的当事人对其不履行合同不承担违约责任的条件。我国法律规定的免责条件主要如下。

(1) 不可抗力。《合同法》第一百一十七条规定："因不可抗力不能履行合同的,根据不可抗力的影响,部分或者全部免除责任,但法律另有规定的除外。当事人迟延履行后发生不可抗力的,不能免除责任。本法所称不可抗力,是指不能预见、不能避免并不能克服的客观情况。"不可抗力免除是合同当事人不履行合同义务的主要事由。当事人一方因不可抗力不能履行合同的,应当立即通知对方,以减轻可能给对方造成的损失,并且应当在合理的时间内提供证明。

(2) 货物本身的自然性质、货物的合理损耗。

(3) 债权人的过错。

对于后两种免责条件,《合同法》第三百一十一条、第三百七十条也做出了相应的规定。

12.6.6　解决合同争议的途径

当事人可以通过和解或者调解解决合同争议。

当事人不愿和解、调解或者和解、调解不成的,可以根据仲裁协议向仲裁机构申请仲裁。涉外合同的当事人可以根据仲裁协议向中国仲裁机构或者其他仲裁机构申请仲裁。

当事人没有订立仲裁协议或者仲裁协议无效的,可以向人民法院起诉。当事人应当履行发生法律效力的判决、仲裁裁决、调解书;拒不履行的,对方可以请求人民法院执行。

 补充阅读——《旅游法》关于旅游服务合同违约责任的有关条款

第七十条　旅行社不履行包价旅游服务合同义务或者履行合同义务不符合约定的,应当依法承担继续履行、采取补救措施或者赔偿损失等违约责任;造成旅游者人身损害、财产损失的,应当依法承担赔偿责任。旅行社具备履行条件,经旅游者要求仍拒绝履行合同,造成旅游者人身损害、滞留等严重后果的,旅游者还可以要求旅行社支付旅游费用一倍以上三倍以下的赔偿金。

由于旅游者自身原因导致包价旅游服务合同不能履行或者不能按照约定履行,或者造成旅游者人身损害、财产损失的,旅行社不承担责任。

在旅游者自行安排活动期间,旅行社未尽到安全提示、救助义务的,应当对旅游者的人身损害、财产损失承担相应责任。

第七十一条　由于地接社、履行辅助人的原因导致违约的,由组团社承担责任;组团社承担责任后可以向地接社、履行辅助人追偿。

由于地接社、履行辅助人的原因造成旅游者人身损害、财产损失的,旅游者可以要求地接社、履行辅助人承担赔偿责任,也可以要求组团社承担赔偿责任;组团社承担责任后可以向地接社、履行辅助人追偿。但是,由于公共交通经营者的原因造成旅游者人身损害、财产损失的,由公共交通经营者依法承担赔偿责任,旅行社应当协助旅游者向公共交通经营者索赔。

第七十二条　旅游者在旅游活动中或者在解决纠纷时,损害旅行社、履行辅助人、旅游从业人员或者其他旅游者的合法权益的,依法承担赔偿责任。

第七十三条　旅行社根据旅游者的具体要求安排旅游行程,与旅游者订立包价旅游服务合同的,旅游者请求变更旅游行程安排,因此增加的费用由旅游者承担,减少的费用退还旅游者。

第七十四条　旅行社接受旅游者的委托,为其代订交通、住宿、餐饮、游览、娱乐等旅游服务,收取代办费用的,应当亲自处理委托事务。因旅行社的过错给旅游者造成损失的,旅行社应当承担赔偿责任。

旅行社接受旅游者的委托,为其提供旅游行程设计、旅游信息咨询等服务的,应当保证设计合理、可行,信息及时、准确。

第七十五条　住宿经营者应当按照旅游服务合同的约定为团队旅游者提供住宿服务。住宿经营者未能按照旅游服务合同提供服务的,应当为旅游者提供不低于原定标准的住宿服务,因此增加的费用由住宿经营者承担;但由于不可抗力、政府因公共利益需要采取措施造成不能提供服务的,住宿经营者应当协助安排旅游者住宿。

小结

1. 合同是平等主体的自然人、法人及其他组织之间设立、变更、终止民事权利义务关系的协议;旅游服务合同是旅游者与旅游经营者之间签订的合同。

2. 《合同法》所规定的基本原则主要包括平等原则、自愿原则、公平原则、诚实信用原则、遵守法律和维护道德原则、对当事人具有法律约束力原则。

3. 合同的订立是指当事人依法对合同的主要条款经过平等协商,达成一致并签订协议的法律行为。当事人订立合同要经过要约、承诺这一过程。实践中常见的合同形式是书面形式和口头形式。

4. 合同的内容由当事人约定,一般包括以下条款:当事人的名称或者姓名和住所,标的,数量,质量,价款或报酬,履行期限、地点和方式,违约责任,解决争议的方法。

5. 合同的法律效力是指已成立的合同对合同当事人乃至第三人产生的法律后果,或者说法律约束力。

6. 合同无效是指当事人之间已经形成的合同,由于违反法定事由而导致法律不予认可其约束力的情形。无效的合同,国家不予确认,从订立时就不具有法律效力。

7. 可撤销及可变更合同是指合同成立后,因存在法定事由,人民法院或者仲裁机构根据一方的申请,变更合同的有关内容或者将合同撤销。

8. 合同履行是指当事人按照合同约定,全面完成自己的义务,实现合同权利。合同履行实质上是对合同义务的履行。

9. 合同变更是指依法成立的合同于其尚未履行或者尚未完全履行完毕之前,由当事人达成协议而对其内容进行修改和补充。合同变更的形式有协议变更和依法变更两种。

10. 合同的转让即合同主体的变更,是指合同的一方当事人在不改变合同条款的情况下,依法将自己所享有的合同的全部或者部分权利义务转让给他人的法律行为。

11. 合同的权利义务终止也就是合同的终止,是指合同确立的当事人之间权利义务关系的消灭。

12. 违反合同的责任是指合同当事人不履行合同义务或者履行合同义务不符合约定时,依法应当承担的民事法律后果。

思考与练习

一、单项选择题

1.《合同法》中最重要的基本原则是(　　　)原则。

A. 平等　　　　　　B. 自愿　　　　　　C. 公平　　　　　　D. 诚实信用

2. 下列不属于要约的失效的是(　　　)。

A. 拒绝要约的通知到达要约人

B. 受要约人依法撤销要约

C. 承诺期限届满,受要约人未做出承诺

D. 受要约人对要约内容做出实质性变更

3. 依据《中华人民共和国担保法》的规定,定金的数额可以由当事人约定,但不得超过主合同标的额的(　　　)。

A. 5%　　　　　　B. 10%　　　　　　C. 15%　　　　　　D. 20%

4. 下列(　　　)不是承担违约责任的方式。

A. 赔偿损失　　　B. 采取补救措施　　　C. 违约金　　　　D. 终止履行

5.《合同法》第九十一条规定,下列(　　　)不属于合同的权利义务可以终止的法定原因。

A. 债务相互抵消　　　　　　　　B. 债权人免除债务

C. 债权债务同归于一人　　　　　D. 合同履行

6.《合同法》施行的起始日期是(　　　)。

A. 1999 年 1 月 1 日　　　　　　B. 1999 年 5 月 1 日

C. 1999 年 10 月 1 日　　　　　　D. 1999 年 12 月 1 日

7. 合同的书面形式内容不包括(　　　)。

A. 合同书　　　　　B. 信件　　　　　C. 数据电文　　　　D. 推定形式

8. 下列(　　　)不是解决合同争议的途径。

A. 协商　　　　　　B. 投诉　　　　　C. 调解　　　　　　D. 仲裁

9. 下列(　　　)不属于违约责任的分类。

A. 过错责任与无过错责任　　　　B. 单独责任与共同责任

C. 单方责任与混合责任　　　　　D. 违约责任与无违约责任

10. 合同(　　　)是指合同成立以后,尚未履行完毕之前由合同当事人双方依法对原合同的内容进行的修改。

A. 变更　　　　　　B. 转让　　　　　　C. 解除　　　　　　D. 终止

11. 合同(　　)是指合同当事人依法将合同的全部或者部分权利义务转让给其他人的合法行为。

A. 转移　　　　　B. 权利转让　　　　　C. 义务转让　　　　　D. 转让

12. 我国《合同法》在违约责任归责原则上采取的是(　　)原则。

A. 责任自负　　　　　　　　　　　B. 权责对等

C. 减轻责任　　　　　　　　　　　D. 严格责任

二、多项选择题

1. 合同法的基本原则有(　　)。

A. 平等原则　　　　　B. 自愿原则　　　　　C. 公平原则　　　　　D. 诚实信用原则

2. 合同的内容由当事人约定,一般包括的条款有(　　)。

A. 数量　　　　　　　　　　　　　B. 质量

C. 违约责任　　　　　　　　　　　D. 解决争议的方法

3. 根据《合同法》有关规定,承担违约责任的方式有(　　)。

A. 继续履行　　　　　　　　　　　B. 采取补救措施

C. 赔偿损失　　　　　　　　　　　D. 违约金

4. 违约责任的免责条件主要有(　　)。

A. 不可抗力　　　　　　　　　　　B. 货物本身的自然性质

C. 货物的合理损耗　　　　　　　　D. 债权人的过错

5. 我国《合同法》上的支付损失赔偿金的构成要件有(　　)。

A. 违约行为

B. 违约行为与损害事实之间有因果关系

C. 违约一方没有免责事由

D. 损害事实

6. 下列(　　)属于完全民事行为能力人。

A. 18 周岁以上且可以独立进行民事活动的成年人

B. 不能完全辨别自己行为的精神病患者

C. 16~18 周岁的公民,以自己的劳动收入为主要生活来源的

D. 10 周岁以下的儿童

7. 合同的形式有(　　)。

A. 书面形式　　　　　B. 口头形式　　　　　C. 推定形式　　　　　D. 默示形式

8. 旅游服务合同作为一种独立的合同类型,除了一般合同的特征外,与其他合同相比,还具有的特征有(　　)。

A. 旅游服务合同主体的特定性　　　B. 旅游服务合同是要式合同

C. 旅游服务合同为双务、有偿合同　　D. 旅游服务合同多为格式合同

9. 根据我国《合同法》规定,出现(　　)情况时,合同无效。

A. 一方以欺诈、胁迫的手段订立合同,损害国家利益的

B. 恶意串通,损害国家、集体利益或者第三人利益的

C. 以合法形式掩盖非法目的的

D. 损害社会公共利益的

10. 合同履行的原则有( )。

　　A. 全面履行原则　　　　　　　　B. 自愿原则

　　C. 诚实信用履行原则　　　　　　D. 公平原则

11. 合同生效的时间是( )。

　　A. 依法成立的合同,自成立时生效

　　B. 法律、行政法规规定应当办理批准、登记等手续才能生效的合同,还必须经过批准、登记才能生效

　　C. 依法成立的合同,自成立后生效

　　D. 法律、行政法规规定应当办理批准、登记等手续才能生效的合同,不必经过批准、登记才能生效

12. 根据我国《民法》规定,赔偿损失原则通常包括( )。

　　A. 完全赔偿原则　　　　　　　　B. 合理预见原则

　　C. 减轻损害原则　　　　　　　　D. 经营欺诈惩罚性赔偿原则

13.《旅游法》规定的旅游服务合同的主要类型有( )。

　　A. 口头合同　　　　　　　　　　B. 包价旅游服务合同

　　C. 旅游代订合同　　　　　　　　D. 旅游设计、咨询合同

三、名词解释

1. 旅游服务合同

2. 无效合同

3. 定金

4. 违约责任

四、简答题

1.《合同法》中平等原则的基本含义是什么?

2. 简述旅游服务合同的法律特征。

3. 简述旅游服务合同的形式。

4. 可变更和可撤销合同的变更和撤销必须具备哪些要件?

五、案例分析

(一)

某年 2 月,北京某旅行社接待香港地区某旅游团。按照合同规定,该旅游团在北京游览 4 天,其中,2 月 11 日游览长城,12 日游览颐和园,13 日游览故宫,14 日游览市容后出境。该旅行社未征得旅游团同意,将游览长城改为 2 月 14 日。不料 2 月 13 日北京突降大雪,14 日积雪封路,无法游览长城。该旅游团要求旅行社赔偿,但旅行社辩称,未游览

长城因天降大雪,属不可抗力,拒绝承担责任,旅游者遂投诉至旅游质监所。

请问:

1. 旅行社的说法是否成立? 为什么?

2. 此事件最终应如何处理?

(二)

某年春节期间,云南某旅行社组团前往香港地区旅游。但这些旅游者都不幸成了"猪仔团"的成员,被组团社"贩到"香港,因无人接待,扫兴而归。这些被香港旅游界戏称为"猪仔团"的游客,都正式与组团社签了旅游服务合同,并按合同付清了钱款。那么,这究竟是怎么回事呢? 原来这些旅游者随组团社到香港后,香港地接社却拒绝接待,原因是组团社未预付团款给香港地接社,香港地接社因此拒绝给旅游团安排食宿及旅游项目。组团社与香港地接社交涉失败后,带领游客"无游而归"。游客返回后,向当地旅游管理部门投诉,要求该组团社承担全部责任;而该旅行社则称,造成此种结果本社也属无奈,"无游而归"主要是香港地接社违约所致,因此,只愿意承担一部分责任。经查,香港地接社曾表示愿意接待该团,但需提前预付团款。

请问:

1. 该组团社的辩解是否成立? 为什么?

2. 香港旅行社是否存在违约行为? 为什么?

3. 旅游管理部门应如何处理此起投诉?

参 考 文 献

[1] 中国旅行社协会.旅行社常见疑难法律问题(上册)[M].北京:中国旅游出版社,2010.

[2] 李兴荣,李其原.旅游法规[M].成都:西南财经大学出版社,2014.

[3] 王立龙.旅游法规实务教程[M].重庆:重庆大学出版社,2014.

[4] 孙子文.旅游法规教程[M].6 版.大连:东北财经大学出版社,2018.

[5] 国家旅游局人事劳动教育司.旅游政策与法规[M].3 版.北京:旅游教育出版社,2014.

[6] 瞿大风.旅游法规与案例评析[M].天津:南开大学出版社,2014.

[7] 杨朝晖.旅游法规实务[M].3 版.大连:东北财经大学出版社,2019.

[8] 王莉霞.旅游法规——理论与实务[M].4 版.大连:东北财经大学出版社,2017.

[9] 李文汇,朱华.旅游政策与法律法规[M].北京:北京大学出版社,2014.

[10] 法律出版社法规中心.2014 最新旅游法规汇编[M].北京:法律出版社,2014.

[11] 李娌.案例解读《旅游法》[M].北京:旅游教育出版社,2014.

[12] 全国导游人员资格考试教材编写组.政策与法律法规[M].4 版.北京:旅游教育出版社,2019.

[13] 王世瑛.旅游政策与法规[M].3 版.北京:旅游教育出版社,2016.

[14] 童碧莎.旅游政策与法规[M].北京:北京交通大学出版社,2019.

[15] 《〈中华人民共和国旅游法〉解读》编写组.《中华人民共和国旅游法》解读[M].北京:中国旅游出版社,2013.

相关法律法规

1.《中华人民共和国旅游法》：2013 年 4 月 25 日，第十二届全国人民代表大会常务委员会第二次会议通过，2013 年 4 月 25 日中华人民共和国主席令第 3 号公布，自 2013 年 10 月 1 日起施行。根据 2016 年 11 月 7 日第十二届全国人民代表大会常务委员会第二十四次会议《关于修改〈中华人民共和国对外贸易法〉等十二部法律的决定》第一次修正；根据 2018 年 10 月 26 日第十三届全国人民代表大会常务委员会第六次会议《关于修改〈中华人民共和国野生动物保护法〉等十五部法律的决定》第二次修正。

2.《旅行社条例》：2009 年 2 月 20 日，国务院令第 550 号发布，根据 2016 年 2 月 6 日《国务院关于修改部分行政法规的决定》第一次修订，根据 2017 年 3 月 1 日《国务院关于修改和废止部分行政法规的决定》第二次修订。

3.《旅行社条例实施细则》：2009 年 4 月 2 日，国家旅游局第四次局长办公会议审议通过，自 2009 年 5 月 3 日起施行。2016 年 12 月 6 日，根据国家旅游局第十七次局长办公会议审议通过，自 2016 年 12 月 12 日起施行。

4.《导游人员管理条例》：1999 年 5 月 14 日，国务院令第 263 号令发布，自 1999 年 10 月 1 日起施行，1987 年 11 月 14 日国务院批准、1987 年 12 月 1 日国家旅游局发布的《导游人员管理暂行规定》同时废止。根据 2017 年 10 月 7 日国务院令第 687 号《国务院关于修改部分行政法规的决定》修改。

5. 2017 年 11 月 1 日，国家旅游局令第 44 号公布，自 2018 年 1 月 1 日起施行。

6.《旅游饭店星级的划分与评定》（GB/T 14308—2010）：国家旅游局提出，国家质量监督检验检疫总局、国家标准化管理委员会 2010 年 10 月批准，自 2011 年 1 月 1 日起实施。

7.《中国旅游饭店行业规范》：中国旅游饭店业协会 2002 年 5 月 1 日颁布实施，2009 年 8 月修订。

8.《娱乐场所管理条例》：2006 年 1 月 18 日，国务院第一百二十二次常务会议通过，自 2006 年 3 月 1 日起施行。根据 2016 年 2 月 6 日国务院令第 666 号《国务院关于修改部分行政法规的决定》第一次修订。

9.《旅馆业治安管理办法》：1987 年 9 月 23 日，经国务院批准，1987 年 11 月 10 日公安部发布并施行。根据 2011 年 1 月 8 日《国务院关于废止和修改部分行政法规的决定》修订。

10.《中华人民共和国食品安全法》：2009 年 2 月 28 日，第十一届全国人民代表大会常务委员会第七次会议通过，2009 年 2 月 28 日，中华人民共和国主席令第 9 号公布，自 2009 年 6 月 1 日起施行。此前实施的《中华人民共和国食品卫生法》同时废止。2015 年 4 月 24 日，第十二届全国人民代表大会常务委员会第十四次会议修订。根据 2018 年 12 月 29 日第十三届全国人民代表大会常务委员会第七次会议《关于修改〈中华人民共和国产品质量法〉等五部法律的决定》修正。

11.《中华人民共和国民用航空法》：1995 年 10 月 30 日，第八届全国人民代表大会常务委员会第十六次会议通过，根据 2009 年 8 月 27 日第十一届全国人民代表大会常务委员会第十次会议《关于修改部分法律的决定》第一次修正，根据 2015 年 4 月 24 日第十二届全国人民代表大会常务委员会第十四次会议《关于修改〈中华人民共和国计量法〉等五部法律的决定》第二次修正，根据 2016 年 11 月 7 日第十二届全国人民代表大会常务委员会第二十四次会议《关于修改〈中华人民共和国对外贸易法〉等十二部法律的决定》第三次修正，根据 2017 年 11 月 4 日第十二届全国人民代表大会常务委员会第三十次会议《关于修改〈中华人民共和国会计法〉等十一部法律的决定》第四次修正，根据 2018 年 12 月 29 日第十三届全国人民代表大会常务委员会第七次会议《关于修改〈中华人民共和国劳动法〉等七部法律的决定》第五次修正。

12.《国内航空运输承运人赔偿责任限额规定》：2006 年 1 月 29 日，经国务院批准，2006 年 2 月 28 日，中国民用航空总局令第 164 号发布，自 2006 年 3 月 28 日起施行。

13.《中华人民共和国铁路法》：1990 年 9 月 7 日，第七届全国人民代表大会常务委员会第十五次会议通过，1990 年 9 月 7 日，中华人民共和国主席令第 32 号公布，自 1991 年 5 月 1 日起施行。根据 2015 年 4 月 24 日第十二届全国人民代表大会常务委员会第十四次会议《关于修改〈中华人民共和国义务教育法〉等五部法律的决定》修正。

14.《铁路旅客运输规程》：铁道部铁运〔1997〕101 号文件发布，根据铁运〔2007〕53 号文件修改，2007 年 4 月 18 日起施行，2010 年 10 月 13 日根据铁运〔2010〕190 号文件再次修改，2010 年 12 月 1 日起施行。

15.《铁路旅客运输损害赔偿规定》：1994 年 8 月 13 日，经国务院批准，1994 年 8 月 30 日铁道部发布，1994 年 9 月 1 日起施行。

16.《铁路旅客人身伤害及自带行李损失事故处理办法》：2003 年 7 月 11 日，第七次铁道部部长办公会议通过，2003 年 8 月 1 日，中华人民共和国铁道部令第 12 号公布，自 2003 年 9 月 1 日起施行。

17.《中华人民共和国公路法》：1997 年 7 月 3 日，第八届全国人民代表大会常务委员会第二十六次会议通过，根据 1999 年 10 月 31 日第九届全国人民代表大会常务委员会第十二次会议《关于修改〈中华人民共和国公路法〉的决定》第一次修正，根据 2004 年 8 月 28 日第十届全国人民代表大会常务委员会第十一次会议《关于修改〈中华人民共和国公路法〉的决定》第二次修正。

18.《中华人民共和国道路交通安全法》：2003 年 10 月 28 日，第十届全国人民代表大会常务委员会第五次会议通过，2003 年 10 月 28 日，中华人民共和国主席令第 8 号公布，自 2004 年 5 月 1 日起施行。

19.《旅游安全管理办法》:2016年9月29日,国家旅游局令第41号公布,2016年12月1日起施行。国家旅游局1990年2月20日发布的《旅游安全管理暂行办法》同时废止。

20.《中华人民共和国保险法》:1995年6月30日,第八届全国人民代表大会常务委员会第十四次会议通过,根据2002年10月28日第九届全国人民代表大会常务委员会第三十次会议第一次修正,根据2009年2月28日第十一届全国人民代表大会常务委员会第七次会议第二次修正,根据2014年8月31日第十二届全国人民代表大会常务委员会第十次会议《全国人民代表大会常务委员会关于修改〈中华人民共和国保险法〉等五部法律的决定》第三次修正,根据2015年4月24日第十二届全国人民代表大会常务委员会第十四次会议《全国人民代表大会常务委员会关于修改〈中华人民共和国计量法〉等五部法律的决定》第四次修正,中华人民共和国主席令第26号公布,自公布之日起施行。

21.《旅行社责任保险管理办法》:2010年7月29日,国家旅游局第九次局长办公会议、2010年11月8日中国保险监督管理委员会主席办公会审议通过,2010年11月25日公布,自2011年2月1日起施行。国家旅游局2001年5月15日发布的《旅行社投保旅行社责任保险规定》同时废止。

22.《旅游投诉处理办法》:2010年1月4日,国家旅游局第一次局长办公会议审议通过,2010年5月5日国家旅游局令第32号公布,自2010年7月1日起施行。

23.《旅游景区质量等级评定管理办法》:2005年7月6日,国家旅游局局长办公会议讨论通过,2005年7月6日国家旅游局令第23号公布,自2005年8月5日起施行,根据2016年2月6日国务院令第666号修改。2012年5月1日,国家旅游局将2005年颁布的《旅游景区质量等级评定管理办法》修订为《旅游景区质量等级管理办法》。

24.《风景名胜区条例》:2006年9月6日,国务院第一百四十九次常务会议通过,2006年9月19日国务院令第474号公布,自2006年12月1日起施行。2015年11月,住房和城乡建设部制定《国家级风景名胜区管理评估和监督检查办法》。

25.《中华人民共和国自然保护区条例》:1994年9月2日国务院第二十四次常务会议讨论通过,1994年10月9日国务院令第167号发布,自1994年12月1日起施行,根据2017年10月7日国务院令第687号修改。

26.《中华人民共和国文物保护法》:1982年11月19日,第五届全国人民代表大会常务委员会第二十五次会议通过,根据1991年6月29日第七届全国人民代表大会常务委员会第二十次会议《关于修改〈中华人民共和国文物保护法〉第三十条、第三十一条的决定》第一次修正,2002年10月28日,第九届全国人民代表大会常务委员会第三十次会议修订,根据2007年12月29日第十届全国人民代表大会常务委员会第三十一次会议《关于修改〈中华人民共和国文物保护法〉的决定》第二次修正,根据2013年6月29日第十二届全国人民代表大会常务委员会第三次会议《关于修改〈中华人民共和国文物保护法〉等十二部法律的决定》第三次修正,根据2015年4月24日第十二届全国人民代表大会常务委员会第十四次会议《关于修改〈中华人民共和国文物保护法〉的决定》第四次修正,根据2017年11月4日第十二届全国人民代表大会常务委员会第三十次会议《关于修改〈中华人民共和国会计法〉等十一部法律的决定》第五次修正。

27.《中华人民共和国出境入境管理法》：2012 年 6 月 30 日，第十一届全国人民代表大会常务委员会第二十七次会议通过，2012 年 6 月 30 日中华人民共和国主席令第 57 号公布，自 2013 年 7 月 1 日起施行。《中华人民共和国外国人入境出境管理法》和《中华人民共和国公民出境入境管理法》同时废止。

28.《中华人民共和国护照法》：第十届全国人民代表大会常务委员会第二十一次会议于 2006 年 4 月 29 日通过，2006 年 4 月 29 日中华人民共和国主席令第 50 号公布，自 2007 年 1 月 1 日起施行。

29.《中华人民共和国国境卫生检疫法》：1986 年 12 月 2 日，第六届全国人民代表大会常务委员会第十八次会议通过，根据 2007 年 12 月 29 日第十届全国人民代表大会常务委员会第三十一次会议《关于修改〈中华人民共和国国境卫生检疫法〉的决定》第一次修正，根据 2009 年 8 月 27 日第十一届全国人民代表大会常务委员会第十次会议《关于修改部分法律的决定》第二次修正，根据 2018 年 4 月 27 日第十三届全国人民代表大会常务委员会第二次会议《关于修改〈中华人民共和国国境卫生检疫法〉等六部法律的决定》第三次修正。

30.《中华人民共和国出境入境边防检查条例》：1995 年 7 月 20 日，国务院令第 182 号公布，自 1995 年 9 月 1 日起施行。

31.《中国公民出国旅游管理办法》：2001 年 12 月 12 日，国务院第五十次常务会议通过，2002 年 5 月 27 日国务院令第 354 号公布，自 2002 年 7 月 1 日起施行。

32.《中华人民共和国消费者权益保护法》：1993 年 10 月 31 日，第八届全国人民代表大会常务委员会第四次会议通过，2009 年 8 月 27 日根据第十一届全国人民代表大会常务委员会第十次会议《关于修改部分法律的决定》第一次修正，2013 年 10 月 25 日根据第十二届全国人民代表大会常务委员会第五次会议《关于修改〈中华人民共和国消费者权益保护法〉的决定》第二次修正，2014 年 3 月 15 日起施行。

33.《中华人民共和国民法通则》：1986 年 4 月 12 日，第六届全国人民代表大会第四次会议通过，1986 年 4 月 12 日中华人民共和国主席令第 37 号公布，1987 年 1 月 1 日起施行。2009 年 8 月 27 日第十一届全国人民代表大会常务委员会第十次会议决定：对民法通则中明显不适应社会主义市场经济和社会发展要求的规定作出修改。

34.《中华人民共和国合同法》：1999 年 3 月 15 日，第九届全国人民代表大会第二次会议通过，1999 年 3 月 15 日中华人民共和国主席令第 9 号公布，自 1999 年 10 月 1 日起施行。